U0688021

新时代高校
"三全育人"理论研究
与实践创新丛书

**XIN SHIDAI
GAOXIAO**
SAN-QUAN YUREN
LILUN YANJIU
YU SHIJIAN CHUANGXIN
CONGSHU

新时代高校"三全育人"理论研究与实践创新丛书

编审委员会

顾 问

袁寿其　颜晓红

主 任

李洪波

委 员

金丽馥　马志强　石宏伟　王　谦

李　红　任旭东　马国建　杨道建

沈　晨　王善民

主 编

李洪波

副主编

杨道建　陈　权

新时代高校
『三全育人』
理论与实践

主 编 杨道建
副主编 陈 权 董秀娜 石 梦
刘 洁 朱永跃

江苏大学出版社
JIANGSU UNIVERSITY PRESS
镇 江

图书在版编目(CIP)数据

新时代高校"三全育人"理论与实践 / 杨道建主编
. — 镇江：江苏大学出版社，2021.4(2022.8 重印)
(新时代高校"三全育人"理论研究与实践创新 /
李洪波主编)
ISBN 978-7-5684-1600-9

Ⅰ. ①新… Ⅱ. ①杨… Ⅲ. ①高等学校－教育工作－
研究－中国 Ⅳ. ①G649.2

中国版本图书馆 CIP 数据核字(2021)第 061586 号

新时代高校"三全育人"理论与实践
Xin Shidai Gaoxiao "San-quan Yuren" Lilun yu Shijian

主　　编/杨道建
责任编辑/柳　艳
出版发行/江苏大学出版社
地　　址/江苏省镇江市京口区学府路 301 号(邮编：212013)
电　　话/0511-84446464(传真)
网　　址/http://press.ujs.edu.cn
排　　版/镇江市江东印刷有限责任公司
印　　刷/江苏凤凰数码印务有限公司
开　　本/710 mm×1 000 mm　1/16
印　　张/18.25
字　　数/303 千字
版　　次/2021 年 4 月第 1 版
印　　次/2022 年 8 月第 2 次印刷
书　　号/ISBN 978-7-5684-1600-9
定　　价/78.00 元

如有印装质量问题请与本社营销部联系(电话：0511-84440882)

总　序

习近平总书记强调，高校立身之本在于立德树人。党的十八大以来，习近平总书记对教育事业特别是培养社会主义建设者和接班人工作高度重视，多次强调"要坚持把立德树人作为中心环节，把思想政治工作贯穿教育教学全过程，实现全程育人、全方位育人，努力开创我国高等教育事业发展新局面""要把立德树人的成效作为检验学校一切工作的根本标准""要把立德树人内化到大学建设和管理各领域、各方面、各环节，做到以树人为核心，以立德为根本"等。习近平总书记的重要论述为进一步开创新时代高校思想政治工作新局面指明了方向。2017 年 12 月，教育部印发《高校思想政治工作质量提升工程实施纲要》，强调要充分发挥课程、科研、实践、文化、网络、心理、管理、服务、资助、组织方面工作的育人能力，构建"十大"育人体系，大力提升高校思想政治工作质量。2020 年 4 月，教育部等八部门联合印发《关于加快构建高校思想政治工作体系的意见》，强调要健全立德树人体制机制，加快构建目标明确、内容完善、标准健全、运行科学、保障有力、成效显著的高校思想政治工作体系。

江苏大学历来重视思想政治工作，紧扣立德树人根本任务，按照"贴近实际、贴近学生、贴近生活"的要求，逐步构建形成了"全员化参与、全过程教育、全方位引导、全媒体跟进"的"四全"学生成长成才服务引导体系。学校多次荣获"江苏省高等学校思想政治教育工作先进集体"称号，学校思想政治工作经验入选教育部《高校德育成果文库》，教育部《加强和改进大学生思想政治教育工作简报》6 次刊发学校的经验做法，2016 年 12 月 8 日全国高校思政工作会议结束当天，专题刊发《江苏大学以实施思想政治教育质量提升工程为抓手加强大学生思想政治教育》。2019 年 1 月，学校获批为教育部"三全育人"综合改革试点高校。

以试点建设为契机，江苏大学认真贯彻落实党中央的决策部署和江苏省委、教育部的工作要求，以立德树人为根本，以强农兴农为己任，积极推进"三全育人"综合改革，健全"三全育人"体制机制。以"十大"育人体系为载体和依托，充分整合全校育人力量，着力构建育人机制"大协同"、思政教育"全贯通"、育人要素"强融合"的"大思政"格局，一体化构建内容完善、标准先进、运行科学、保障有力、成效显著的"三全育人"工作体系，打造"知农爱农、工中有农、以工支农、强农兴农"育人特色，形成了育人的江苏大学模式和经验。

为总结"三全育人"综合改革的经验，江苏大学组织编写了"新时代高校'三全育人'理论研究与实践创新"系列丛书。本套丛书共 11 本，包括 1 本"三全育人"总论和 10 本"十大"育人专题论著，主要介绍了"三全育人"及课程育人、科研育人、实践育人、文化育人、网络育人、心理育人、管理育人、服务育人、资助育人、组织育人的基本理论和江苏大学的具体实践。总论以高校"三全育人"及其实践探索为对象，围绕如何在新时代开展"三全育人"工作，践行立德树人的根本使命展开论述，从理论和实践两个层面全面阐述了"三全育人"的理论逻辑与实践路径。10 本专题论著分别围绕"十大"育人体系的理论与实践展开论述，力图呈现江苏大学在习近平新时代中国特色社会主义思想指导下，大力推进"三全育人"工作，全面落实立德树人根本任务方面的理论依据、实践探索和方案启示。

沐浴新的阳光，播种新的希望。随着中国特色社会主义进入新时代，我国高等教育也进入新的发展阶段。新时代高等教育面临着新形势、新任务，那就是要适应建设高等教育强国需要，适应高校思想政治工作质量提升需要，着力健全和完善全员全过程全方位育人格局，大力培养能够担当民族复兴大任的时代新人。发展没有终点，改革永无止境，实践不会终结。站在新的起点上，我们要始终坚持以习近平新时代中国特色社会主义思想为指导，增强"四个意识"，坚定"四个自信"，做到"两个维护"，坚定不移地全面贯彻党的教育方针，始终坚持社会主义办学方向，坚守为党育人、为国育才的初心，改革创新，奋发进取，以坚如磐石的信心、只争朝夕的干劲、坚忍不拔的毅力，立足新发展阶段，贯彻新发展理念，服务构建新发展格局，推动"三全育人"综合改革不断走向深入，在育人工作中创造出无愧于新时代的新业绩，努力创造"三全育人"的江苏大学实践、江苏大学经验。

　　期望本套丛书能为我国高等教育深化"三全育人"改革、落实立德树人根本任务、推进高质量发展贡献绵薄之力，为兄弟院校提供些许借鉴，不胜欣慰。

2021.4.19

前　言

党的十八大以来，党和国家把立德树人确立为教育的根本任务，把人才培养提上战略高度。2016年12月，习近平总书记在全国高校思想政治工作会议上发表重要讲话，强调要坚持把立德树人作为中心环节，把思想政治工作贯穿到教育教学全过程，实现全程育人、全方位育人，努力开创我国高等教育事业发展新局面。深刻回答了高校培养什么样的人、如何培养人及为谁培养人这一根本问题。构建"三全育人"工作格局，是贯彻落实习近平新时代中国特色社会主义思想、实现人才培养目标的基本要求。

2017年2月，中共中央、国务院印发了《关于加强和改进新形势下高校思想政治工作的意见》，指出要坚持全员全过程全方位育人。把思想价值引领贯穿教育教学全过程和各环节，形成教书育人、科研育人、实践育人、管理育人、服务育人、文化育人、组织育人长效机制。坚持遵循教育规律、思想政治工作规律、学生成长规律，把握师生思想特点和发展需求，注重理论教育和实践活动相结合、普遍要求和分类指导相结合，提高工作科学化精细化水平。

党的十九大对高校人才培养提出了新任务新要求，在习近平新时代中国特色社会主义思想的统领和指导下，高校思想政治工作的理念思路、体制机制、内容形式、方法手段不断创新，"三全育人"的时代内涵和意义也不断深化。

2017年12月，中共教育部党组印发了《高校思想政治工作质量提升工程实施纲要》，详细规划了课程育人、科研育人、实践育人、文化育人、网络育人、心理育人、管理育人、服务育人、资助育人、组织育人"十大"育人体系的实施内容、载体、路径和方法，为各高校进一步提升高校思想政治工作质量，构建一体化育人模式做出了明确指引。

2018年5月，教育部出台了《"三全育人"综合改革试点工作建设要求和管理办法（试行）》，鼓励各高校构建校内校外、课内课外、网上网下协同育人

"立交桥"，着力打造"三全育人共同体"，有力地推动了"三全育人"综合改革，确保十九大精神在高校思政工作领域落地落实。

培养社会主义合格建设者和可靠接班人是我国所有高校的共同使命。立德树人是高校的立身之本。当前，高校思想政治工作要立足新时代，坚持育人导向，全面统筹各领域、各环节、各方面的育人资源和育人力量，推动知识传授、能力培养与理想信念、价值理念、道德观念教育的结合，使思想政治工作体系贯通学科体系、教学体系、教材体系、管理体系，把我们的特色和优势转化为培养社会主义建设者和接班人的能力。必须将构建思想政治工作体系摆在重要位置，把它作为高水平人才培养体系的基础和主干，坚持全员、全过程、全方位育人，把思想价值引领贯穿教育教学的全过程和各环节。因此，高校如何在新时代开展"三全育人"工作，践行立德树人的根本使命，成为一个迫切需要从理论和实践层面予以回答的新命题。

基于以上思考和认识，本书以马克思主义理论和习近平新时代中国特色社会主义思想为指导，以人的全面发展的系统论、协同论相关理论为基础，以"三全育人"及其实践探索为研究对象，以增强大学生思想政治教育实效性为目的，将宏观、中观、微观相结合，对"三全育人"的内涵和特征、基本要素进行分析，构成了"三全育人"的学理基础，进而分析目前"三全育人"工作开展的现状及存在的问题，探索"三全育人"的内在机理与影响因素，构建"三全育人"科学运行机制，通过江苏大学"三全育人"的典型案例总结，努力构建新时代高校"三全育人"的理论框架与实践路径，以期为高校深入推进"三全育人"综合改革，扎实有效开展"三全育人"工作提供参考，也将为提高大学生思想政治教育的实效性，拓宽人才培养的新路径，为培养社会主义合格建设者和接班人贡献力量。

本书主要包括以下几个方面的内容：第一章对"三全育人"进行了概述，包括"三全育人"理念的起源和发展、内涵和特征、意义和价值等。第二章主要介绍了"三全育人"的时代背景和理论基础。第三章主要介绍了"三全育人"的基本要素，包括"三全育人"的目标、内容及载体等。第四章分析了新时代高校"三全育人"工作的发展动态、成效与影响因素，主要描述了当前"三全育人"工作的发展现状，指出当前"三全育人"工作的成效与现实困境，并对影响因素进行全面分析。第五章探讨了新时代高校"三全育人"运行机制，主要介绍了新时代高校"三全育人"的领导机制、协同机制、保障机制的内涵，构建的必要性及如何实施等。第六章以教育部"三全育人"综合改革试点高校——江苏大学为例，主要介绍了江苏大学在"三全育人"方面的总体规划、实施路径和工作成效。第七章对江苏大学微观的"三全育人"典型案例进行分析，包括"三全育人"综合改革的示范学院、示范专业、示范岗位、示范导师团队等先进典型的经验启示等。

　　"三全育人"是一种理念，也是育人的途径和方法，我们需要在实践中不断深化、不断创新、不断加强、不断赋予其新意。"三全育人"工作是一项艰巨漫长且复杂的工程，未来还需要不断加强理论研究，探索育人新模式，构建育人新格局，最终实现为社会主义现代化建设培养合格建设者和可靠接班人的目标。

编　者
2021 年 3 月

本书是以下项目的阶段性成果：

教育部"三全育人"综合改革试点项目

2020 年度江苏省高等教育学会专项课题："三全育人"视角下大学生综合素质提升策略研究
（课题号：2020NDKT007）

2020 年度江苏省社科应用研究精品工程高校思想政治教育专项课题：生态系统视角下高校
"三全育人"体系构建与实践创新研究（课题号：20SZC‐002）

江苏大学 2019 年高等教育教改研究课题：生态系统视角下"三全育人"模式优化与实践
创新

江苏高校哲学社会科学研究一般项目《新时代高校"三全育人"生态系统优化与实践创新
研究》（课题号：2020SJA2067）

2020 年江苏大学思想政治工作研究重点课题《"三全育人"视角下高校思想政治工作体系
构建与创新》（课题号：2020JDSZZD004）

2019 年度江苏省教育系统党的建设研究会立项重点课题《推进"三全育人"综合改革研究》
（课题号：2019JSJYDJ01013）

目　录

第一章 "三全育人" 概述

"培养什么人、怎样培养人、为谁培养人"是习近平总书记始终高度重视的根本问题。全国高校思想政治工作会议以来，习近平总书记提出一系列重要论断，多次强调"实现全员全程全方位育人"。"三全育人"是新时代推进育人理念和育人方式变革的重大命题，体现了立德树人的根本任务和"育人为本"的教育理念，扎根中国大地，融通古今中外，立足时代发展，面向未来世界。

本章以中西方"育人为本"教育思想的内涵和发展脉络为基础，梳理了"三全育人"理念的形成过程，阐述了"三全育人"的内涵和特征。

第一节 "育人为本"教育思想的内涵与发展

教育人类学家哈梅斯贝克指出："所有的教育行为，都与人的概念有关。"① 探索教育的本质和教育区别于其他社会活动的前提性问题是思考人的发展特性及其规律。教育的本真诉求是育人，教育的内在使命是对人的关怀。教育的核心是"育人"，教育通过认识"人"，了解"人"，更好地完成培养人的实践活动。教育具有"为人"和"属人"的品格，是以育人为本的教育理念的基础。因此，从本质上讲，教育的终极目的就在于使人成之为人，真谛在于"育人"，以人为出发点和最终归宿。古今中外的教育思想，无不蕴含着"育人"的价值理念和目标。"人"不仅作为教育的起点，也是教育的归宿。中国正处于特殊的社会转型期，时代的进步和社会的发展对人的各方面素质都提出了更高的要求。以人为本的社会发展理念深入人心，为人的转型提供了历史条

---

① 冯增俊. 教育人类学教程 [M]. 北京：人民教育出版社，2005：141.

件和现实基础。育人是教育得以存在并不断向前发展的内在生命力，教育理应秉持自身育人的内在使命，坚持以人为本的人学立场，积极落实教育中的以人为本理念，真正把人的发展放在首位，既要以培养"完整的人""全面发展的人"为本质要务，积极实现人的转型，同时也要促进社会的发展、进步。

一、"育人为本"的内涵解读

对"育人为本"的概念解读，应建立在对"教育"内涵的解读的基础上。由于文化的差异，中西方对教育的解读存在语境上的差异。西方教育经典中，教育主要是"引出"之意，暗含教育的内发性，对个体的影响建立在"引导"的基础上。赫尔巴特也认为，教育是从训育和牵引两词而来。因此，教育是以一定的价值目标为导向，运用一定的教育内容和手段，把潜藏于人身上个体的东西"引导"出来的过程。在中国的文化背景下，"教育"是使人"向善"。《说文解字》中说"教，上所施，下所效也"，"育，养子使做善也"。《孟子·尽心上》中说"得天下英才而教育之"，是"教育"第一次出现在古籍中。但中国古代一般用"教"或"学"来指称"教育"，且二者存在一定的差异。到了19世纪末20世纪初，随着日本教育类著作的翻译和介绍，"教育"一词逐渐取代传统的"教"与"学"成为一个基本的概念。由此可见，无论是中国还是西方，"教育"与"教"都有本质的区别，"教育"一词更多地强调"使人向善"的内涵，而"教"更多是一个中性动词，是一种技术层面的体现。"教育"通常是以"教"为载体，"育"为指向，"教"仅仅是手段和外在的表现形式，"育"才是根本目的。此外，教育者的"教"也蕴含着对受教育者的"育"。通过受教育者的自我建构，实现对其矫治引导。教育"虽然是一种外部施加影响的过程，但主题却是促进、改善受教育者主体建构、自我改建的实践活动的过程"①。

教育是融价值引导与价值构建为一体的育人活动，"育"是教育的本质展现，"育人"是教育的本职任务，是教育自产生之时起就具有的内在特质，因此"育人为本"是教育的目的要求。"育人为本"是教育的基本价值立场与本真价值样态，"育人"是教育的首要任务，表现了教育的基本价值诉求，回答

---

① 鲁洁. 教育：人之自我建构的实践活动 [J]. 教育研究，1998（9）：13-18.

了"教育何以称其为教育"的本质问题。"育人为本"凸显了教育作为一种专门培养人的、带有价值引导与价值建构的实践。

"教育的原点"即育人，意味着教育要以"育人为本"。教育所回归的"人"，是"现实的、单个的社会存在，个体既是一个独立的分子，又作为社会共同体中有机的组成而存在"。"育人为本"强调教育应当站到"人"的立场上来，以人的生成、完善为基本出发点，将人的发展作为衡量的基本尺度，用人自我生成的逻辑去理解和运作教育①。从教育的原点出发，以育人为实践指向，以培养"完整的人"为终极目标的一种价值理念，是敦促教育回归实践本质的一种价值使命。"育人为本"坚持以人为本的人学立场，关注具体教育情境中的现实的人，以"育人"为核心，通过"育"这一中介性实践，实现人成为人的目标。同时，以人的可塑性为前提，以培养"完整的人"为归宿，极力彰显人的主体性，强调"教"与"育"融为一体。

社会科学发展观的核心与本质是"以人为本"，体现了建构和谐社会的基本价值理念，表现了人的价值主体性与实践能动性，突出人在社会发展过程中的历史地位与目的，是人类社会发展的最高价值原则，肯定人的生存与发展，以惠及人的需要和发展为终极的理想追求。"育人为本"是"以人为本"在教育领域的体现。人是教育的对象，教育面对的是处于发展中的、有自身发展差异性的人。培养人是教育的根本所在，教育的专职任务在于"育人"，既体现了教育本真的实践行为，又体现了教育的价值指向。教育正是以"育人"为根本，以"以人为本"为基本的价值取向，才能通过培养人的实践，实现教育存在与发展的目的。由此，"育人为本"和"以人为本"的价值理念，从根本上服从于培养人的教育实践目标。

"育人为本"最本真的意涵坚持以"育人"为本体，以"人"为价值核心，既关涉教育的"起点"，也反映教育的实践归宿与精神品格。首先，"育人为本"体现了以"育"为教育的实践规定，在学校教育中，"育人"应当是学校教育工作的根本和最终归宿。以"育"为实践指向，开展各项教育教学工作。其次，以"人"为教育的价值核心，作为人之所以为"人"的基本权利与尊严的教育，是近代以来人类进步的结果。教育"要以人的方式对待

---

① 鲁洁. 教育的原点：育人 [J]. 华东师范大学学报（教育科学版），2008（4）：15–22.

人，培育理性而自由的主体"，这是教育之为"教育"的人性准则。再次，以"育人"为教育之"本"，教育是"属人"的实践活动，其根本出发点和最终归宿是培养现实的、完整的、全面发展的人。可见，教育的原点和根本就是"育人"。教育、人和社会三者的矛盾统一于"育人"的实践中，教育的转化功能的着眼点首先是"育人"，它通过人的"社会化"来达到"化社会"的目的。最后，作为教育使命的"育人为本"，在社会转型期，不仅对人的素质发展要求提高，而且对教育的价值期待也变得强烈。不懈地坚持"育人"的内在使命，信守"育人为本"的宗旨，始终把人的成长放在首位，作为内在的价值目标，是教育之为教育的标尺。由此，"育人为本"构成了教育历久弥新的根本准则，也应当成为评估教育改革与发展的重要价值依据①。

二、"育人为本"思想的发展脉络

对历史上"育人"思想进行简要梳理后发现，无外乎两条主线：一个是"人"，主要关注在教育中各时期对"人"如何认识及培养什么样的人；一个是"育"，主要关注各时期"育"的方式及指导思想。

（一）中国教育史中的"育人思想"

先秦时期诸侯争霸，社会动乱，却带来了百家争鸣、思想繁荣的文化盛况。各家各派的学说中都有关于教育的论述。《学记》中记载，"君子如欲化民成俗，其必由学乎"，"玉不琢，不成器；人不学，不知义"，概括了教育与人、教育与社会的关系，隐含着不同的"育人思想"。孔子充分肯定教育的作用，认为教育在促进社会的发展和人的发展中起关键作用，提倡"有教无类，因材施教"等原则。孔子十分重视教师的作用，强调教师自身的道德修养和职业道德对学生的影响，提倡"学而不厌，诲人不倦，以身作则"等。教学过程重视学生的主动性，提倡"不愤不启，不悱不发，举一隅不以三隅反"，要深入了解学生的情况，善于启发诱导。孟子的教育思想建立在"性善论"的基础上，"人皆可以为尧舜"，教育的作用在于扩充"四心"，肯定个体发展的可能性，强调内心的体认反省，培养具有浩然之气的"大丈

---

① 李颖辉，杨兆山. 论"育人为本"及其内在意蕴［J］. 基础教育，2017（2）：14-24.

夫"人格。

荀子认为人性恶，对人的天性若不加以控制和引导，人性中有趋向"恶"的可能，教育的作用在于"化性起伪"。他认为教育和后天的环境决定一个人是好还是坏。荀子重视教师的地位和作用，从社会赋予教师的社会地位出发强调尊师，"尊师"则"国兴、法度存"，"贱师"则"国衰、法度坏"。在对教育的认识上，虽然儒家思想对"人性"的认识不同，但都非常重视人自身的修养，通过教育实现人格的完善。

墨子认为教育对人的思想如同染丝，"染于苍则苍，染于黄则黄，所入者变，其色亦变"。教育在于培养"贤士"或"兼士"，以备担当治国利民的职责。墨子以"兼爱""非攻"为教，同时重视文史知识的掌握及逻辑思维能力的培养，注重实用技术的传习，重视思维的发展，注意逻辑概念的启迪。道家强调顺应自然之性而不是人为的限制，"法自然"，反对教条和人为。

王充认为，大多数人生下来是"中人"，中人之性可以通过教育使之定型。统治者应该重视教育，发挥教育在治国化民中的重要作用。王充认为，教育的目标是培养"文人"和"鸿儒"，即杰出的政治人才和学术人才，教育应以培养具有创造精神的学术人才作为最高理想。

韩愈提倡尊师重道。他认为，"人非生而知之者"，所以"学者必有师"，教师的任务在于"传道、授业、解惑"，选择教师首先要参考"道"，"道之所存，师之所存"。师生之间的地位是相对的，可以转换的，"弟子不必不如师，师不必贤于弟子。闻道有先后，术业有专攻"。

朱熹是宋代理学的集大成者，他重视教育对于改变人性的作用，学校教育的目的在于"明人伦"。他说："古之圣王，设为学校，以教天下之人……必皆有以去其气质之偏，物欲之蔽，以复其性，以尽其伦，而后已焉。"朱熹在总结前人教育经验和自己教育实践的基础上，根据对人的心理特征的初步认识，把教育分为"小学"和"大学"两个阶段，并提出了相应的教学任务、内容和方法。道德教育是朱熹教育思想的重要内容，他认为"德行之于人大矣……故古之教者，莫不以是为先"。德行不仅可以修身，还可以推而广之去治人、治国。所以，朱熹认为道德教育的方法包括立志、居敬、存养、省察、力行。

王守仁和朱熹一样，都将"理"作为思想的出发点和世界的本源，用以维护封建统治。王守仁认为，教育的作用是"不假外求，求理于吾心，致良知"。"致良知"就是去除物欲对"良知"的蒙蔽，使人本心上的良知得以发现，也就是他认为的"明其心"。他认为，应该坚持"随人分限所及"的教育原则，即因材施教，根据儿童发展程度及接受能力，恰到好处地施教，同时教学应该留有余地，使得儿童"精神力量有余"。

维新运动时期，大批仁人志士为教育奔走呼吁，他们大力改革科举，兴办学堂，将教育作为救国救民的良药。康有为继承了中国古代重视教育的传统，提出"欲任天下之事，开中国之新世界，莫亟于教育"，通过与西方国家的教育比较，提出"夫才智之民多则国强，才智之士少则国弱"。他主张，重教育、开民智、废八股、改科举，学西学、派游学。他的教育思想开风气、促解放，对后世引进西方教育学说、教育制度，都起到了很大的导向作用。

蔡元培先生的教育思想是中国传统文化的精华与西方现代文明相结合的产物。在"教育培养什么样的人"的问题上，他提出教育要培养具有"完全人格"的个人，"完全人格"是他要培养的自由、民主、平等等社会新人的目标。为实现"完全人格"的培养，他提出了"五育"并重、和谐发展的教育方针。蔡元培是第一位提出国民教育、实利主义教育、公民道德教育、世界观教育和美感教育"皆今日之教育所不可偏废"的教育思想家。蔡元培针对封建教育无视学生特点，违反自然，压抑、禁锢、束缚个性而提出"尚自然，展个性"的教育主张。他主张教育独立，推行"思想自由、兼容并包"的办学原则。他认为，大学是研究高深学问的学府，大学的办学原则是思想自由、兼容并包，实行教授治校等。

杨贤江是早期在中国系统传播马克思主义教育思想的理论家。他明确以马克思主义的唯物史观为理论基础，分析教育在社会中的地位与作用，认为教育属于"观念形态的劳动领域之一，学校是赋予劳动力以特种资格的地方"。杨贤江一向关怀青年，主张教育应注重青年身心的全面发展，使青年成为一个健全的完人。"健全的完人"要有强健的体魄和精神，有工作的知识及技能，有服务人群的理想和才干。帮助青少年树立正确的人生观是教育的头等大事。

陶行知的教育思想大致可以概括为"一个理论，三大原理，四种精神"。"一个理论"即生活教育理论。"三大原理"是"生活即教育""社会即学校""教学做合一"。"四种精神"是"爱满天下"的大爱精神，"捧着一颗心来，不带半根草去"的奉献精神，"敢探未发明的新理，敢入未开化的边疆"的创造精神，"千教万教教人求真，千学万学学做真人"的求真精神。陶行知认为，新教师不重在教，重在如何引导学生去学。对于教育，要有信仰心、责任心、同理心，要有开辟精神和试验精神。对学生，陶行知说，"学"字的意思，是要自己去学，并不是坐而受教；"生"的意思，是生活或者生存。将二字放在一起，就是自主地学会生活，就是学习人生之道。陶行知认为，理想的新学校是以生活为中心，不只是在书本上下功夫；师生共同生活，彼此感化；以健康的生活和教育为出发点；学校与社会生活息息相通；人人具有高尚的生活精神，以学生发展为本等。而新教育的功能是改良个人之天性，养成团队合作的好习惯，传承优秀的文化，成就教师自己的事业。新教育的目的是养成"自主、自立和自动"的国民。新教育的标准是"自新、常新、全新"。他主张创造的儿童教育，教育要解放儿童的创造力。他还提出"六大解放"，即解放小孩子的头脑、眼睛、双手、嘴、空间和时间，进一步培养儿童的创造力。

(二) 西方教育史育人思想回顾

古希腊是西方文明的源头，其教育思想也在文明发展史上占据重要地位。西方教育史的"育人思想"，要从"古希腊三哲"说起。苏格拉底的教育思想是以其哲学思想为基础的。"善"是苏格拉底哲学思想的核心，把人作为有思想、有理性的动物来看待。人应本着良心和理智去活动，把追求善和美德作为人生在世的目的。苏格拉底认为，教育目的是造就治国人才，是挖掘、发展人的美德和善性。在论及美德与知识的关系时，他提出"美德即知识"，美德和善可以通过教育、学习各种知识而获得。人的天赋虽然各有差异，但是都应该通过教育获取知识、完善美德。在教育方法上，苏格拉底提出"产婆术"，也称"苏格拉底法"，是一种以师生共同谈话、共同探讨问题而获得知识的问答式教学法。这种方法强调以学生为主体，注意调动学生的主动性和积极性，促使学生独立思考问题，锻炼学生的思维能力，从而辩证地、具体地看待问题。柏拉图的哲学思想与他的老师苏格拉底一脉相承。

他将世界分为现象世界和理念世界。认识不是对万物存在的现象世界的感知，而是对理念世界的回忆。柏拉图的哲学思想体现在教育上，他认为教育是改造人性、陶冶情操、实现理想国的唯一手段，教育应为国家培养哲学家和军人，主张国家对教育的控制权和管理权，采取公养公育的方法培养人才，柏拉图第一次提出了从学龄前教育至高等教育无所不包的教育制度体系。柏拉图认为，知识是对理念的认识，学习就是回忆。理念世界是永恒不变、绝对真实、完美无缺的，只有认识理念世界，才能获得可靠的、真实的知识，学习是重要的途径，学习的过程就是回忆的过程。"灵魂在取得人形以前，就早已在肉体之外存在着，并且具有知识……通过使用各种感觉官能重新得到原来具有的知识，那么，我们称为学习的过程，实际上不就是恢复我们固有的知识吗？那些所谓学习的人后来只不过在回忆，而学习只不过是回忆。"① 亚里士多德的教育思想与他的政治思想紧密结合在一起，他认为教育就是为城邦培养具有德行的公民，为政治服务。他反对家庭教育，认为教育应该是由城邦统一施行的整体。根据亚里士多德的灵魂论，凡有生命的地方就有灵魂，包括理性的灵魂、动物的灵魂、植物的灵魂，教育的核心内容就是促进公民的德、智、体的全面和谐发展，相应的就需要有智育、德育和体育三方面的训练。他提出儿童年龄分期，强调教育应当遵循儿童发展的自然顺序。他认为，在教育儿童时，应该把功夫用在他们的习惯方面，然后再及于理性方面，我们必须首先训练其身体，然后启发其理智。

古希腊三哲均把理性视为人的本质，主张从理性的角度出发寻求人的价值。到了中世纪，宗教占有主导地位，教育思想具有浓厚的神学色彩，强调神性，理性服从于信仰，教育的目的是培养"宗教人"。一直到文艺复兴时期，才出现了以人文主义为核心的人文主义教育思想。

洛克开创性地将新生儿的心灵形象地比喻为白板，认为儿童在受到经验影响之前就显示出个体差异。洛克认为，"为自己的孩子提供良好的教育是父母非常重要的职责和应该关注的事情，社会福利和国家的繁荣昌盛也都非常需要教育"，并认为"人们在举止和能力方面存在的差异是由于他们所接受的教育不同引起的"。洛克关注的教育问题是特殊阶级成员的教育——是

---

① 北京大学哲学系外国哲学史教研室. 西方哲学原著选读（上卷）[M]. 北京：商务印书馆，1982：81-82.

一种"绅士"教育。洛克认为，"美德应当是教育的主要目标，因此家庭教师应该将美德放在教学活动的中心位置"。洛克重视身体健康的重要性，宣称男童的身体健康和心理健康之间存在相互依赖的关系，"健康之精神寓于健康之身体"。理性在洛克的思想中扮有非常重要的角色，他认为儿童应该能克制个人嗜欲，修身养性，培养顺从的性格，在逆境中苦其心智劳其筋骨，达到身体健康强壮与精神饱满安适的良好状态。

夸美纽斯是世界上第一个伟大的现代教育理想主义者，他认为，教育是普遍的，适合社会中所有的孩子，每一个秩序井然的人类居住区，都应该提供学校。教育作为一项人权应由所有人分享。教育体系应该保证年轻人在所有学科中得到教育，这种教育能够使年轻人有知识、美德和虔诚。教育是把"所有事物教授给所有人的教学艺术"，教育必须以可靠的、令人愉快的、有趣及完整的方式进行，"这样才能得到真正的知识、公认的道德，以及最深的虔诚"。夸美纽斯从宏观的教育体系，中观的教育组织和教学方法，到微观的课堂教学都提出了有建设性的、实用的意见和建议。他的教育法方案认可了能够使每个人都有足够的机会获得自身发展的一种权利。

卢梭提出了自然主义教育，他认为"出自造物主之手的东西，都是好的，而一到了人的手里，就全变坏了"。卢梭将人类的教育来源划分为三类，即或受之于自然，或受之于事物，或受之于人，教育者的首要任务是尽最大可能让三种教育形式和谐发展，这意味着教育者应该遵循自然教育规律。教育应该首先理解儿童的权利，要克服"普通教育"引导儿童关注他们的责任带来的驯服和顺从。对于童年时期的教育，卢梭主要的教育方法就是不干预，反对任何以未来生活为幌子而阻碍了儿童天性发展的童年时期的教育。教育的目标是幸福，儿童教育应该由儿童的需求引起，应该来源于儿童天性或者他们的倾向性。在教学方法上，剔除正规语言教学中的道德说教，主张从经验和观察中学习。

裴斯泰洛齐是卢梭教育思想的真正继承者，他一直在践行《爱弥儿》中的教育思想，将教育的对象面向真正的贫苦大众。他认为，教育在帮助个人获得社会地位并积极参与民主政治团体活动的过程中起关键的作用，教学是推动人发展的一个过程。有效的教学秘诀是让授课内容与特定年龄段的儿童能力水平保持一致，制订适合儿童能力发展的有组织的授课计划，提倡以学习者心理为主的教学方法。在尊重学习者心理发展的同时，试图重塑从感觉经验转变为理解力的自然发展过程，这一教学法的核心是"直观"概念，是所有知识和经验获得的基础。他呼吁现代意义上的政府"教育授权"，知识必须具有实用价值，必须为国民的个体生活提供有益的帮助。他强调教育三分的观点，即体育、智育和德育三种教育应该得到和谐发展。裴斯泰洛齐认为，教育的最终目标是为儿童的独立做准备，为他们未来的生活而量身定做。他的教育思想既包括高尚的道德，也包括实用主义内容。

苏霍姆林斯基的教育思想饱含着对学生的爱和人道主义精神，认为学校的任务就是培养全面、和谐发展的合格公民和幸福的人，使学生德育、智育、体育、劳动教育、美育这五个方面得以和谐发展。他认为要实现这一培养目标，必须改善教育过程，实施"和谐教育"。"和谐教育"思想重视教育同创造性的生产劳动相结合，课上与课下相结合，校内与校外相结合，影响学生发展的各种教育力量相结合，学生受教育过程与自我教育过程相结合等。"和谐教育"追求的目标是，学生在以上这些因素和谐共存的状态中得以全面发展。教师在"和谐教育"实施过程中扮演指导者和学生朋友的双重角色，同时处理好学生的理论学习与实践活动，学生各种才能的发挥，学生情绪和情感动力的问题。他的"和谐教育"观念是"全面发展"理论的重要组成部分。

杜威是实用主义教育流派的代表人物，他认为"教育即生活""教育即生长""教育即经验的改造""学校即社会"。教育是儿童生活的过程，最好的教育是从生活中学习、从经验中学习，教育是要给儿童提供生活的条件。在《民主与教育》一书中，杜威认为"教育的目的是要使个人能够继续他的教育，不是要在教育历程以外去寻觅别的目的，把教育作为别的目的的附属物"，即教育就是它本身的目的。"从做中学"是杜威教育理论中的另一重要观点，他主张学校教育应该摆脱死板的传统教学方法而创造出社会化的生活环境，使儿童具有天赋的社交、制造、表现等本能。

西方的教育思想以苏格拉底为源头，关注人自身的存在和价值，教育不仅要培养身心和谐、真善美之人，还要为人的发展构建理想社会，弘扬个性，培养人的创新精神和独立思考的能力。中国古代的教育思想以孔子为源头，从社会视角出发，以道德任务和维系社会关系为教育的重点，重视伦理道德教育，培养"君子"的品格。中西方的育人思想既有特定的历史文化背景，同时也是社会发展的体现，为新时代育人理念奠定了基础。

第二节 "三全育人"理念的形成与发展

"三全育人"理念不是亘古就有的传统思想，也不是从国外吸收借鉴的理论，是我国政治、经济及教育发展到一定阶段的产物，是与我国国情相适应的特有教育理念。社会主义发展进入新阶段，"三全育人"理念契合时代需要、人才成长需要、社会发展需要，理念不断成熟完善，实践不断探索深化。

一、"三全育人"理念的形成

"三全育人"的历史发展轨迹，体现了我国政治经济教育文化的大背景。"三全育人"理念的演变过程可大致划分为五个历史时期。

1. 初步萌芽期（1949—1966 年）

教书育人古已有之。韩愈曾说："师者，传道、授业、解惑也。"韩愈强调了老师的工作职责，即传授知识和本领、解答疑惑。新中国办学伊始就秉承教书育人的古风，并且根据新的历史条件赋予它新的内涵。"三全育人"理念在中华人民共和国成立初期便有了初步萌芽。当时国家百废待兴，新中国的建设对人才的需求非常迫切，以毛泽东为核心的党的第一代中央领导集体意识到教育的重要性和迫切性，对中国的旧教育制度进行了改革，确立了新中国成立初期"民族的、科学的、大众的文化教育"地位。1950 年 8 月 2 日至 11 日，中国教育工会第一次全国代表大会在北京召开，在与会代表的倡议下，提出了"教书育人，管理育人，服务育人"的口号。这个口号的提出，是教育改革的一次历史性的超越，也是对教育模式探索的一种新尝试。它比"教书育人"理念所包含的内容更丰富，也更全面。新中国成立初期也正是以这种教育口号为导向，培养了一大批参与国家建设的栋梁之材。1957 年，毛泽东在《关于正确处理人民内部矛盾的问题》中指出"思想政治工作，各个部门都要负责任。共产党应该管，共青团应该管，政府主管部门应该管，学校的校长教师更应该管"，这里实际上就有了全员育人思想的萌芽。

2. 曲折幻灭期（1966—1977 年）

20 世纪六七十年代，由于国家建设进入了曲折迷惘期，我国的教育事业也陷入动荡和混乱之中，这一时期的教育事业基本处于停滞状态。这一时期，办学一度中断，学校及其教育设施遭到严重破坏。许多小学下放到村，中学下放到公社办学，国家支持减弱，教学质量下降。这一阶段采取的精简课程、缩短学制、弱化考试、学工学农等政策措施对教育产生了深远的不利影响。这一时期以阶级斗争为纲，"育人思想"发生了极大的偏离。

3. 复苏中探索期（1978—1998 年）

党的十一届三中全会之后，以邓小平为核心的党的领导人进行拨乱反正，正本清源，抛弃了"两个凡是"和阶级斗争为纲的错误方针，重新确立了实事求是的思想路线，教育界又重新提出和恢复了之前的教育原则和理念，如教书育人等。邓小平同志强调，"教育是一个民族最根本的事业"，倡导全党全社会树立"尊重知识、尊重人才"的观念，教育工作重点是恢复正规学校学历教育，兴起补文化补学历热潮，加快扭转专业人才青黄不接、劳动力素质偏低的局面。70 年代中后期，教育战线逐步形成"教书育人，管理育人，服务育人"的共识。1982 年，党的十二大把教育作为实现 20 年国民经济翻两番的重要保证，首次把教育放在现代化建设战略重点位置。1983 年，邓小平同志提出"教育要面向现代化，面向世界，面向未来"，为开辟中国特色社会主义教育发展道路定下了重要基调。教育要培养"有理想、有道德、有文化、有纪律"的社会主义"四有新人"。党的十四大确定我国经济体制改革的目标是建立社会主义市场经济体制，随着经济体制、政治体制和科技体制改革的深化，必须建立起与经济体制、政治体制和科技体制相适应的新的教育体制，只有这样才能适应经济和社会发展的要求。1992 年，党的十四大报告提出："我们必须把教育摆在优先发展的战略地位，努力提高全民族的思想道德和科学文化水平，这是实现我国现代化的根本大计。"1993 年，中共中央、国务院发布《中国教育改革和发展纲要》。1994 年召开改革开放以来第二次全国教育工作会议，确立到2000 年基本普及义务教育和基本扫除青壮年文盲的国家级目标，分区规划分步实施，赋予地方政府更多管理义务教育和职业教育的权责，形成财政投入为主、分担学习成本、多渠道筹措经费的体制，建立贫困学生资助体系，倡导社会捐集资助学，鼓励社会力量办学，探索中外合作办学。1996 年 10 月，党的十四届六中全会后，为了深化"三育人"活动，大力推进教师队伍建设和精神文明建设，中国教育工会四届七次常委会决定，在全国开展以加强师德建设为中心的"树师表形象，创文明校风，为实现跨世纪宏伟目标做贡献"的活动，使得"三育人"活动向新的深度和广度发展，组织全国十大"师德标兵"评选活动，为教育战线精神文明建设起到良好的推动作用①。

4. 蓬勃发展期（1999—2011 年）

1999 年，中共中央、国务院颁布了《关于深化教育改革，全面推进素质教育的决定》，这是从社会主义现代化建设全局和战略的高度，对我国面向新世纪的教育改革和发展做出的重要部署。江泽民在全国教育工作会议上提出，要以培养学生的创新精神和实践能力为重点，努力造就"有理想、有道德、有文化、有纪律"的德育、智育、体育、美育等全面发展的社会主义事业建设者和接班人。它不仅对我国的教育目标指明了新方向，即从应试教育转向素质教育，同时也对我国的教育模式提出了新的要求。如提出"要更新旧的教育观念，改革对教书的理解"，教书不仅仅指传授学生书本知识，还应培养学生的创新精神和实践能力，同时"素质教育还应加强师德教育，提高教师的能力和水平是三全育人工作新的工作内容"。2004 年 8 月 26 日，中共中央、国务院发出《关于进一步加强和改进大学生思想政治教育的意见》（后简称中央 16 号文件），提出了进一步加强和改进大学生思想政治教育的指导思想、基本原则、主要任务和有效途径，提出了一系列新思想、新思路、新举措，如"坚持与育人相结合""坚持教育与管理相结合""坚持教育与自我教育相结合"等基本原则，通过"服务育人，管理育人""主动占领网络思想政治教育新阵地"等促进大学生全面发展。中央 16 号文件是新时期党中央、国务院下发的加强和改进大学生思想政治教育文件，它标志着党和政府在新的历史条件下深化了对大学生思想政治教育的重要性及科学性的认识。2004 年 11 月 20 日，时任中共中央政治局常委李长春出席广东大学生思想政治教育工作座谈会，提出要"牢固树立教书育人、育人为本、德智体美、德育为先的观念"，把思想政治教育贯穿到学校工作的全过程，做到全员育人、全程育人、全方位育人。2005 年 1 月 17 日，胡锦涛同志在全国加强和改进大学生思想政治教育工作会议上明确

---

① 王文学. 对素质教育中加强"三育人"工作的思考 [J]. 中国冶金教育，2000 (3)：14 – 16, 40.

指出，"加强和改进大学生思想政治教育是一项涉及方方面面的系统工程""各高校要努力形成党委统一领导，党政群团齐抓共管，全体教职员工全员育人，全方位育人，全过程育人的工作机制"。这是党中央第一次在会议上明确提出"三全育人"的口号。

5. 成熟完善期（2012年至今）

党的十八大以来，习近平总书记高度重视立德树人在教育中的重要地位和作用，多次强调要坚持把立德树人作为根本任务，培养德智体美劳全面发展的社会主义建设者和接班人。2016年，召开全国高校思想政治工作会议，习近平总书记在会上强调：把思想政治工作贯穿教育教学全过程，开创我国高等教育事业发展新局面。高校思想政治工作关系高校培养什么样的人、如何培养人及为谁培养人这个根本问题。要坚持把立德树人作为中心环节，把思想政治工作贯穿教育教学全过程，实现全程育人、全方位育人，努力开创我国高等教育事业发展新局面。2018年5月，教育部办公厅发布《关于开展"三全育人"综合改革试点工作的通知》，决定委托部分省（区、市）、高校和院（系）开展"三全育人"综合改革试点工作。经报送单位推荐、专家审议遴选等程序，委托北京市等5个省（区、市）、清华大学等10个高校、北京师范大学教育学部等50个二级院（系）开展首批"三全育人"综合改革试点。2019年1月2日，教育部办公厅公示了第二批"三全育人"综合改革试点单位遴选结果。在这一阶段，"三全育人"模式构建实施的途径和方式更全面，并根据新形式提出了新举措，研究的范围也更广泛。2018年9月，习近平总书记在全国教育大会上指出，"思想政治工作是学校各项工作的生命线，各级党委、各级教育主管部门、学校党组织都必须紧紧抓在手上"。2019年3月18日，习近平总书记在人民大会堂主持召开学校思想政治座谈会，强调用新时代中国特色社会主义思想铸魂育人，贯彻党的教育方针，落实立德树人的根本任务，体现了党对思想政治工作的高度重视。以党的十八大为契机，再次强调教育立德树人的根本任务，高校思想政治教育的重要性和紧迫性，将"三全育人"理念真正落到实处，以试点单位的实践探索为引领，各省（区、市）和高校开展"三全育人"活动，这一理念开始成熟完善。

二、 "三全育人" 理念的推进与落实

思想政治工作是我国高校的特色。思想政治工作是高校各项工作的生命线，也是办好我国高校的优势。习近平总书记高度重视教育，十分关心高校思想政治工作，2016 年以来在全国教育大会、全国高校思想政治工作会议、学校思政课教师座谈会上多次做出重要讲话，围绕落实立德树人根本任务，坚持社会主义办学方向，加强党对教育工作的全面领导，提高学生思想政治素质，加强教师队伍建设，推动高校思想政治工作改革创新，培养德智体美劳全面发展的社会主义建设者和接班人，提出了一系列高瞻远瞩的新思想新观点。2016 年12 月，习近平总书记在全国高校思想政治工作会议上强调指出："要坚持把立德树人作为中心环节，把思想政治工作贯穿教育教学全过程，实现全程育人、全方位育人，努力开创我国高等教育事业发展新局面。"这为新时代加强和改进高校思想政治工作提供了基本遵循。深入研究"三全育人"内涵，积极构建"三全育人"的思想政治工作大格局，对于落实立德树人根本任务具有重要意义。

2018 年5 月，教育部办公厅发布《关于开展"三全育人"综合改革试点工作的通知》要求，各地要分类开展"三全育人"综合改革试点工作，从宏观、中观、微观三个层面，着力构建一体化育人体系。确立试点改革的总体目标是以习近平新时代中国特色社会主义思想为指导，坚持和加强党对高校的全面领导，紧紧围绕立德树人根本任务，充分发挥中国特色社会主义教育的育人优势，以理想信念教育为核心，以社会主义核心价值观为引领，以全面提高人才培养能力为关键，切实提高工作亲和力和针对性，强化基础、突出重点、建立规范、落实责任，一体化构建内容完善、标准健全、运行科学、保障有力、成效显著的高校思想政治工作体系，使思想政治工作体系贯通学科体系、教学体系、教材体系、管理体系，形成全员全过程全方位育人格局。以新思政观引领改革，构建一体化育人体系，打通育人"最后一公里"。主要任务是强化高校思想政治工作领导体制，完善高校思想政治工作统筹协调落实机制，创新高校思想政治工作实施体系，加大高校思想政治工作保障力度，改进高校思想政治工作评价管理规范。该通知以习近平新时代中国特色社会主义思想为指引，全面贯彻落实全国高校思想政治工作会议精神，深入学习贯彻习近平总书记在

北京大学师生座谈会上的重要讲话精神，推动实施高校思想政治工作质量提升工程。通知要求坚持育人导向和问题导向，分类型开展"三全育人"综合改革试点工作，建设"三全育人"综合改革试点区、综合改革试点高校、综合改革试点院（系），按照"重点突破、标准引领、数量从严、质量从优"的原则，从工作基础、能力意向、条件保障等角度，通过专家论证和实地考察等方式，择优确定一批委托开展试点工作单位。在这一工作的推动下，高校思想政治工作呈现新气象，"三全育人"工作新格局逐步形成。为深入贯彻落实习近平新时代中国特色社会主义思想，贯彻落实党的十九大和十九届二中、三中、四中全会精神，学习贯彻习近平总书记关于教育的重要论述，加快构建高校思想政治工作体系，努力培养担当民族复兴大任的时代新人，培养德智体美劳全面发展的社会主义建设者和接班人，2020 年 4 月，教育部等 8 部门印发《关于加快构建高校思想政治工作体系的意见》，从理论武装、学科教学、日常教育、管理服务、安全稳定、队伍建设、评估督导等七个方面，加快构建目标明确、内容完善、标准健全、运行科学、保障有力、成效显著的高校思想政治工作体系，推动形成"三全育人"工作格局。高校思政工作"三全育人"工作新格局逐步形成。十三五时期，全面实施高校思想政治工作质量提升工程，在 8 个省（区、市）、25 所高校、92 个院系开展"三全育人"综合改革试点。各省（区、市）、各高校在相关政策的引导下，组织开展"三全育人"改革试点，取得了卓越的成绩。

第三节　"三全育人"的内涵和特征

"三全育人"重心在"全"，核心在"育人"，通过育人范围、时间维度、空间维度的扩展和融合，营造立体、全方位的教育格局，培养有健全人格和全面素质的时代新人。这一理念具有时代性、发展性、创新性，有力推动了高校思想政治教育工作的开展和育人体系的完善。厘清"三全育人"理念的内涵、特征，是开展育人工作的前提。

一、"三全育人"的基本内涵

所谓"三全育人"是指全员育人、全过程育人、全方位育人。"三全育人"

内涵丰富，兼具理念引领和实践导向。具体来说，"全员育人"强调的是育人支持系统，是最具能动性的育人要素，包括学生本人、家庭成员、学校教职员工、社会力量等；"全过程育人"强调的是育人的时空轨迹，是最具可塑性的，从时间上来看包括从学生入学到毕业，从空间上来说包括对学生进行的教育、管理、资助帮扶等各个环节；"全方位育人"强调育人成效的全面性，既包括第一课堂、第二课堂、网络空间等立体育人场域，也包括德育、智育、体育、美育、劳育的全面育人指向。

（一）全员育人

全员育人，强调的是施教者的范围。对学生进行思想政治教育，不仅仅是学校的事，家庭、社会乃至学生自身都是思想政治教育的施教者。"全员育人"指高校全体教职工都应该参与育人工作，强化育人意识和育人责任，自觉将育人要求和育人要素落实到各群体、各岗位中去，通过多种途径对大学生进行思想政治教育。这里的"全员"既包括党员领导干部、思想政治理论课教师、辅导员班主任、心理健康教育教师、就业指导教师等党建和思想政治工作队伍，也包括直接对学生进行知识教育的全体专业课教师，以及间接对学生产生价值影响的管理教辅人员和后勤服务人员等，同时也应涵盖学生自身、校友和校外人士，形成全学校、家庭、社会、学生"四位一体"的育人共同体。

从学者们关于"三全育人"的内涵阐述方面看，全员育人的要素是人，强调育人主体由"单"变为"全"，拓宽范围，与学生成长相关的群体都要有育人意识，承担育人职责，发挥育人作用。教师的本职是教书育人，既要向学生传播科学文化知识、正确的思想、真理，又要塑造学生的品格、品行、品位，帮助学生健康成长、成人。无疑，教师已成为全员育人的主体。而对育人对象产生教育影响的不仅包括学校的教师主体，还有学校的管理、服务岗位上的教职工和学生群体，及以父母为中心的血缘关系的亲属团体和社会主体。传统思想过分强调教师"传道、授业、解惑"的职责和任务，忽视了其他主体对学生成长的影响和引导，导致对学生的思想政治引导过多集中于学校、课堂，形式单一，效果有限。"全员育人"扩大了育人范围，形成育人共同体，客观上也推动了社会成员道德意识的加强。

（二）全过程育人

全过程育人是从时间维度提出的育人要求，强调大学生的思想政治教育是一个贯穿始终的过程。将立德树人的要求融入学校教育教学、学生成长成才、教师成长发展的全过程，建立大学生从入学到毕业、就业的全过程育人环节，甚至是推进至大中小学一体化发展，建立长时段、可持续、贯穿式的育人链条。学生从一进校门到毕业，从每个学期开学到结束，从双休日到寒暑假，学校都应精心安排思想政治教育，不能出现空白点，思想政治教育要贯穿大学生就学全过程。

全过程育人，强调遵循学生成长规律，体现了对大学生阶段特点及心理变化的关注。人的身心发展具有顺序性、阶段性和特殊性等特征，不同年级学生的身心发展、学习需求、思想道德具有不同特征，新生更关注大学生活的适应，大三大四的学生更关注就业、升学等，应该对不同阶段的学生开展不同类型的思想教育工作，针对学生的特点和需求，有的放矢，既强调学生从基础教育到高等教育的衔接性和持续性；又强调遵循学生成长规律，深入研究学生身心发展特点，做好阶段性育人工作；强调教育内容、方法、载体等要素的适当选择、灵活运用，使育人主体和育人对象达成思想上的交流、情感上的共鸣，使育人对象在德、智、体、美、劳方面得到全面发展。

（三）全方位育人

全方位育人是从空间维度提出的育人要求。全方位育人，是指形成从上到下的纵向育人空间，通过多种有效的教育方式和手段，形成由内而外的横向育人空间。打通校内校外、课内课外、线上线下等通道，充分利用各种教育资源和载体，将思想政治教育渗透到课堂教学、科学研究、学生管理和社会实践等各方面，实现育人工作的协同联动。具体来说，全方位育人就是以立德树人为中心，使育人主体协同配合，充分利用各种育人资源、育人要素，营造有利的育人环境，带领学生走入各种含有育人功能的环境中，使学生德智体美劳等各方面得到全面发展。

全方位育人具有丰富的内涵，包括教育教学思维方法的立体性，教育教学方式与手段的多样性、层次性，教育教学内容的全面性、系统性与整体性等。教育教学思维方法的立体性是强调在思想政治教育过程中，要教育学生多角度、全方位，全面、整体、综合地看问题，就是要跳出点、线、面的限制，能从上下左右、四面八方去思考问题的思维方式，也就是要"立起来"思考问题。教育教学方式和手段的多样性是强调要充分运用各种方式和手段开展思想政治教育工作，教育教学的方式和手段既不能过于单一，也不能过于落后与守旧。教育教学方式和手段的层次性是强调我们在思想政治教育工作中使用的方式和手段要有系统性和层次性，针对不同的教育对象和不同的教育内容要选择不同系统和层次的方式和手段，不能随意使用。教育教学内容的全面性、系统性与整体性是强调思想政治教育的内容应该是全面的、成体系的，而且能相互联系成为一个整体，而不是片面的、碎片化的，甚至相互割裂、相互孤立的。

从对"三全育人"的内涵剖析可以看出，"三全育人"作为一种教育理念，并不局限于德育这个范畴，而是指在整个教育过程中，教育者对受教育者进行的一种立体的、全方位的教育。从宏观层面来说，"三全育人"是党和国家推进新时代高校思想政治工作的战略性方针。教育部做出"三全育人"综合改革试点的工作部署，既是对高校思想政治工作规律的深刻总结，也是从落实高校立德树人这一根本任务出发，围绕"如何育人"这一主题进行的全局思考、系统设计、整体推进。将"三全育人"上升为教育政策方针，主要是着眼于完善和优化教育行政部门和高校现行的育人政策设计，从政治方向、政策导向和价值取向上要求高校积极推行"三全育人"改革，将"三全育人"贯穿办学治校各领域、教育教学各环节、人才培养各方面，构建"十大育人"体系。

从中观层面来说，"三全育人"是指高校从责任主体、经费支持、队伍建设、制度保障、评价监督等方面构建的思想政治工作体制机制。高校是否建立了科学、合理、务实、有特色的"三全育人"体制机制，并将其贯穿学科体系、教学体系、教材体系、管理体系建设中，关乎"三全育人"的氛围营造、路径选择、格局形成和成效取得。高校是落实"三全育人"的中枢系统，只有充分发挥高校"三全育人"体制机制的功能，才能统一育人共识、整合育人资源、形成育人合力。

从微观层面来说，"三全育人"侧重于指导高校教师将这一理念及方法贯穿教育教学全过程。只有高校教师从思想深处意识到自己应尽的育人职责，将"三全育人"的理念自觉融入工作中，并深入把握"三全育人"的方法论要领，"三全育人"才能落到实处。因此，从这个意义上讲，"三全育人"的精髓在于其先进的理念价值和方法论意义，形成"三全育人"格局，关键是理念要深入人心、方法要深得要领。

二、 "三全育人" 的核心要义

三全育人是一项系统工程，"三全育人"重心在"全"，要求实现"教"与"育""管"与"育""服"与"育"的融合贯通，这是其深刻的内在含义。

（一）育人为本，致力于培养有健全人格和全面素质的时代新人

育人为本是教育的生命和灵魂，是教育的本质要求和价值诉求。育人为本的教育思想，要求教育不仅要关注人的当前发展，还要关注人的长远发展，更要关注人的全面发展；不仅要关注被育之人、育人之人，还要关注所服务之对象——国家和人民，为国家服务、为人民服务，不断满足国家和人民群众的需要。"育人为本、德育为先"是实施教育的主导思想。

高等教育作为最高层次的国民教育，集中代表了一个国家发展的水平和潜力，肩负着人才培养、科学研究、社会服务、文化传承创新、国际交流合作的重要使命。其中人才培养是高等教育安身立命的根本所在。伴随中国特色社会主义进入新时代，我国高等教育迎来了从"大"到"强"、从规模增长到质量提升的历史飞跃，高校人才培养面临着新的更高的要求。如何建立同党和国家事业发展要求相适应、同人民群众期待相契合、同我国综合国力和国际地位相匹配的世界一流高等教育，培养大批拥护中国共产党领导和我国社会主义制度、立志为中国特色社会主义奋斗终身的有用人才，是新时代我国高等教育发展面临的重大问题。对此，习近平总书记指出，必须把社会主义建设者和接班人作为教育工作的根本任务和教育现代化的方向目标，努力构建德智体美劳全面培养的教育体系，形成更高水平的人才培养体系。

（二）体现高等教育立德树人的内在要求

"三全育人"理念是在新时代背景下，对大学生全面培养和高校思想政治教育工作的全面思考。虽然"育人"之中必然地包含了生活和生产的知识教育，但就"三全育人"而言，其重心所在则是育人之"德"。这里的"德"是广义的，不仅包含了个人修身自律的品德，营造良好家教家风之私德，还包括遵守社会优良生活和生产秩序之公德，乃至关心国家和民族命运、推动国家和民族发展的大德。因此，这里"德"离不开对人生价值的选择，离不开看待世界和社会的立场、观点和方法。从根本意义上说， "三全育人"所要育的

"德"，就是要在思想观念层面培育教育对象树立正确的世界观、人生观和价值观，培育教育对象切实把握好其成长成才和成人的人生"总开关"。

深入贯彻和落实党的教育方针以及立德树人的目标，不仅是党的十九大报告中十分重要的要求，更是新时代下高校教育发展的前进方向。世界一流大学的核心是为社会培养出一流的人才①。推进高等教育"三全育人"，归根结底是要把立德树人融入思想道德教育、文化知识教育、社会实践教育各环节，贯穿基础教育、职业教育、高等教育各领域，体现在学科体系、教学体系、教材体系、管理体系各方面，全员、全过程、全方位锻造堪当民族复兴大任的时代新人。

（三）构建跨时空、全领域、全要素的人才培养体系

我国不断推进现代化教育进程，不仅是为社会源源不断输送创新型发展人才的重要举措，更是我国实现人才强国和人力资源强国的重要内容之一。创新人才教育培养作为《国家教育事业发展"十三五"规划》中的重要内容，其人才培养模式的转变既满足了人民群众的需要，也是社会经济发展提升的关键突破口。工业4.0时代的到来，让我国高校的人才教育培养模式面临前所未有的挑战。传统的教育教学方法及人才培养模式已经不能满足当前社会的发展和变革。因此，以创新人才培养模式为主导，将课堂教育教学内容进行深化，并不断对高校教学方式方法进行优化和创新，才可以为高校提供和营造更加有力的环境。与此同时，在创新人才模式的构造过程中，还需要进行不断的完善和细化，在互联网信息技术大背景的依托下，通过大数据及人工智能等增加高校课堂的个性化和人性化教学，积极将互联网与高校人才培养教育进行促进和融合，继而提升高校教育教学质量，为高校提供多样性的发展可能。

"三全育人"提倡全员、全过程、全方位的育人体系，坚持"十体系联动"，构建课程育人、科研育人、实践育人、文化育人、网络育人、心理育人、管理育人、服务育人、资助育人、组织育人的"十大"育人体系，实现了育人资源共享、育人力量汇聚，体现了对人才培养体系的创新，通过构建跨时空、全领域、全要素的立体、复合人才培养体系和模式，健全人才培养机制，保证人才培养效果。

---

① 张佳晨. 基于新时代下高校落实"三全育人"的理论与实践探索 [J]. 教育现代化, 2019 (55)：16－17.

（四）满足人民群众对教育的共性和个性需要

教育是现代社会中人们的最大需要之一。教育发展必须不断满足人民群众日益增长的科学文化教育需要，特别是要满足人民群众渴望子女接受优质教育的需要，切实保障人民群众及其子女接受良好教育的权益，努力办好让人民满意的教育，办好让人民满意的学校，让教育发展的成果惠及全体人民，真正体现出发展为了人民、发展依靠人民、发展成果由人民共享。让所有人都能够享有公平的受教育机会是教育最崇高的理想。教育公平是社会主义教育的本质要求。保障人人享有公平的受教育权利和机会，使全体人民学有所教，是教育工作者义不容辞的责任。教育的最高境界是满足每个人的个性需要和他们的期望。1994 年，联合国教科文组织通过的《萨拉曼卡宣言》首次提出了"全纳教育"的概念，就是为每个人提供一个有效的教育机会，同时符合每个学生或学习者不同的需求，也就是要让每个人获得他所需求的有效的学习机会。"三全育人"的教育理念要求教育既要了解社会和文化的多样性，也要了解每个人、每个学生都有着不同的个性，使教育能够满足每一个学生的需求和他们的期望。

三、"三全育人" 的特征

"三全育人"既是教育理念，也是行动指南。要牢牢把握新时代"三全育人"的理论特征和时代价值，在树立理念、掌握方法上下足功夫，把握"三全育人"的特征，构建"三全育人"体制机制，形成"三全育人"人才培养格局。

（一）实践性："三全育人" 是对高校育人现实问题的有力回应

当前，高校育人工作还存在诸多现实问题，既有思想认识问题，也包含具体实践问题，既有方式方法问题，也有体制机制问题，核心的问题还是"围绕学生、关照学生、服务学生"的育人意识不强。一直以来，高校育人工作主要由学生思想政治工作者和思想政治理论课教学工作者两支队伍来承担。相比较而言，高校其他教职工群体的育人主体责任是模糊不清的，他们在承担育人责任方面也没有行之有效的考核方式。这势必导致高校中不同程度地存在"重教书、轻育人""重管理、轻育人""重智育、轻德育""重科研、轻教学"的现象。在全过程全方位育人方面，由于过度依赖上述两支队伍，高校育人资源整合、育人方式转变、育人意识提升、育人时空拓展都滞后于人才培养需求。此外，由于育人的协同效应较弱、载体和方法欠缺，高校"三全育人"工作亟待从供给侧方面进行改革，以实现与需求侧的契合发展。"三全育人"理念是回应以上现实问题的钥匙，新时代"三全育人"理念的核心价值在于厚植"人人育人、时时育人、处处育人"的工作意识，增加科学育人的供给，以回应思想政治工作需求侧的新变化。

（二）发展性："三全育人"内涵随着育人环境的改变不断丰富

在国际国内形势深刻变化，不同思想文化交流交融交锋，社会思潮多元多样多变的时代背景下，高校的育人环境发生了深刻变化。新形势下高校的育人资源更加丰富，育人要素更加多元，育人过程更加复杂，育人空间极大拓展。首先，在全员育人方面，除了校内承担育人职责的所有教职工应主动参与育人工作，高校还应积极调动各种社会力量参与支持育人工作，形成协同育人格局。其次，在全过程育人方面，思想政治工作有向前延伸、向后拓展的发展态势，教师不只是在课堂上育人，学生也不只是在学校受教育，思想引领要贯穿教师教育教学和学生成长成才的全过程。最后，在全方位育人方面，育人的时空场所被不断拓展，线上线下、课内课外、校内校外都要聚焦"如何更好育人"这一主题。就高校而言，不同学科的授课教师、从事管理和服务的工作人员，是否置身于"育人"之外？无疑，这是需要特别予以避免的。

（三）创新性："三全育人"是新思政观引领下的高校思想政治工作改革

"思想政治工作绝不是单纯一条线的工作，而应该是全方位的，无处不在、无时不在的。"育人工作需要全员参与、全过程贯穿、全方位渗透，需要在新思政观的引领下进行综合改革。要从中国特色社会主义教育是知识体系教育同思想政治教育相结合这一基本认识出发，坚持两者的辩证统一，科学认识和把握思想政治工作的定位，整合各方育人资源，把促进学生成长成才作为学校一切工作的出发点。各地区、各学校乃至各院系，应该针对各自的特殊性，从学生的视角、学科的视角、工作任务和职能的视角，创新三全育人的开展路径和实施办法，突出重点，彰显特色①。

---

① 王艳平. 高校"三全育人"的特征及其实施路径［J］. 思想理论教育，2019（9）：103－106.

四、"三全育人" 的意义

"全员育人、全程育人、全方位育人"德育机制的实践有助于发挥学校、家庭、社会在教书育人、管理育人、服务育人方面的作用，有助于学生的全面发展和综合素质的提升。高校"三全育人"工作是一项富有创新性和创造性的工作体系，在立德树人的教育细化中，将社会主义核心价值观进行有效融入，才可以将教育理论根植于高校教学课程中，促使其落地生根并枝繁叶茂。这也是全面建设创新型社会主义接班人的重要内容。"三全育人"体现了立德树人的内在要求，顺应了人才培养的发展趋势，契合了思政工作的发展规律，努力构建德智体美劳全面培养的教育体系，形成更高水平的人才培养体系。加强党对教育工作的全面领导，统筹协调家庭、学校、政府、社会各方面育人责任，具有十分深远的意义。

第一，建立"三全育人"德育机制是立德树人的根本要求。青年兴则国家兴，青年强则国家强。大学生担负着实现中华民族伟大复兴的责任与使命。近年来，很多高校围绕学生成长成才开展了一系列工作，但对以学生为中心的"三全育人"理念的重要性认识不足，重知识讲授、忽视人格塑造的现象仍然存在，"三全育人"格局尚未完全形成。

第二，建立"三全育人"德育机制是我国高等教育政策调整的必然要求。党的十八大以来，国家提出培养技能型人才和高素质劳动者的要求，"三全育人"机制适应了新形势下高等教育人才培养模式改革的要求，有助于各高校加快转型，提高人才培养质量，为实现中华民族伟大复兴的中国梦和"两个一百年"奋斗目标提供坚实的人才保障和智力支持。

第三，建立"三全育人"德育机制是大学生成长成才的时代要求。当代大学生具有新的时代特点与性格特征，获取知识和信息的途径从书本、课堂拓展到了微信、微博等新媒体，教师的权威面临挑战，学校已不再是学生获得知识的唯一场所。社会的多元化给学生带来了深刻影响，部分学生自理能力比较差、自控能力差、心理素质不高，极易产生思想和心理问题。

第四，建立"三全育人"德育机制是高校实现转型发展的客观要求。当前，我国高校在实现规模扩张的同时，越来越关注质量提高和内涵建设。育人是大学的核心，德育是一项系统工程，需要动员和整合学校、社会、家庭、学生等各方面的力量，形成德育合力。

　　"三全育人"是新时代党和国家从培养社会主义建设者和接班人的战略高度出发对高等教育提出的重大命题。作为新时代高等教育发展的创新理念和实践模式，"三全育人"不仅反映了党和国家对教育本质和教育规律的深化认识，也是对"培养什么人、怎样培养人、为谁培养人"这一根本问题的生动解答，体现了高等教育立德树人的内在要求，顺应了人才培养的发展趋势，契合了高校思想政治工作的发展规律。

第二章 "三全育人" 的时代背景和理论基础

当今世界正在经历新一轮大发展大变革大调整，世界多极化、经济全球化、社会信息化、文化多样化深入发展，各国经济社会发展相互联系和相互依存日益加深，人才培养和争夺成为焦点，教育的基础性、先导性、全局性和重要性愈发凸显。"三全育人"是在中国特色社会主义进入新时代，中国教育发展面临新任务、新要求的背景下形成的，这一理念建立在科学理论的基础上，体现了时代特征和问题意识，是对实现"立德树人"根本目标的科学回应。

第一节 "三全育人"的时代背景

党的十九大报告指出，中国特色社会主义进入新时代，我国社会主要矛盾也发生了变化。高校作为社会子系统之一，作为矛盾变化最敏感的传感器，应该直面新的社会主要矛盾，以马克思主义唯物辩证法为基本遵循，立足系统论与整体主义哲学世界观，深刻分析和把握思想政治教育工作的具体矛盾，做好育人工作，为新时代青年大学生提供"适销对路"、喜闻乐见、管用有效、立意高远的思想政治教育产品。"三全育人"思想的完善、立体化和实践化，体现了新时代社会背景和人才培养的需求。

一、 中国特色社会主义进入新时代的机遇与挑战

党的十八大以来的五年，是党和国家发展进程中极不平凡的五年。从国际上看，和平、发展、合作、共赢的时代潮流没有变，世界多极化、经济全球化、文化多样化、社会信息化深入发展和科技创新加快推进，以经济实力、科技实力、文化实力、军事实力为主要内容的综合国力竞争日趋激烈，国际力量

对比总体上有利于保持世界和平。同时，国际金融危机深层次影响尚未消除，主要发达国家经济增长乏力，世界经济复苏缓慢；发达国家贸易保护主义、孤立主义、民粹主义、逆全球化思潮抬头；等等。随着我国日益走近世界舞台的中央，国际影响力、感召力、塑造力进一步提高，"树大招风"效应日益显现，面对的外部阻力和战略遏制日益增多。

从国内来看，我国经济发展进入新常态等一系列深刻复杂变化，经济长期向好的基本面没有变，改革发展的良好态势没有变，人民生活继续改善的态势没有变，社会总体和谐稳定的态势没有变。同时，经济下行压力加大，我国发展长期面临的一些突出矛盾和问题尚未得到根本解决，又出现了一些新情况新问题。产能过剩和需求结构调整矛盾突出，经济增长内生动力不足，金融风险有所集聚，部分地区困难增多，一些地区环境污染问题依然严重，改革处于爬坡过坎阶段，人民群众在生产生活方面还有不少困难，推动我国经济社会持续健康发展的内外环境更加复杂，等等。

2017年10月18日，习近平在中国共产党第十九次全国代表大会上的报告指出："经过长期努力，中国特色社会主义进入了新时代，这是我国发展新的历史方位。""这个新时代，是承前启后、继往开来、在新的历史条件下继续夺取中国特色社会主义伟大胜利的时代，是决胜全面建成小康社会、进而全面建设社会主义现代化强国的时代，是全国各族人民团结奋斗、不断创造美好生活、逐步实现全体人民共同富裕的时代，是全体中华儿女勠力同心、奋力实现中华民族伟大复兴中国梦的时代，是我国日益走近世界舞台中央、不断为人类作出更大贡献的时代。""中国特色社会主义进入新时代，意味着近代以来久经磨难的中华民族迎来了从站起来、富起来到强起来的伟大飞跃，迎来了实现中华民族伟大复兴的光明前景；意味着科学社会主义在二十一世纪的中国焕发出强大生机活力，在世界上高高举起了中国特色社会主义伟大旗帜；意味着中国特色社会主义道路、理论、制度、文化不断发展，拓展了发展中国家走向现代化的途径，给世界上那些既希望加快发展又希望保持自身独立性的国家和民族提供了全新选择，为解决人类问题贡献了中国智慧和中国方案。"中国特色社会主义进入新时代，意味着中国面临更多的机遇与挑战，对人才也产生新的需求，社会、文化必然要面临新的变革，教育更是走在变革的前列。

二、 建设教育强国的迫切需求

"教育兴则国家兴，教育强则国家强。"当今世界强国无一不是教育强国，在其发展过程中，都十分重视发展教育。教育也为其经济社会发展、确立和维持强国地位发挥了巨大作用。建成社会主义现代化强国是中国共产党人不懈奋斗的目标，也是近代以来中国人民和中华民族孜孜以求的梦想。教育强国是现代化强国的重要内容，也是建设现代化强国的基础。没有现代化的教育，就不会有现代化的事业。习近平总书记指出，"'两个一百年'奋斗目标的实现、中华民族伟大复兴中国梦的实现，归根到底靠人才、靠教育"。改革开放40多年来，特别是党的十八大以来，党中央一直十分重视教育事业发展，先后提出并实施了科教兴国战略、人才强国战略和创新驱动发展战略，把教育放在优先发展的战略位置上，全面深化教育改革，大力推进教育事业发展，建成了世界上最大规模的教育体系，使我国教育迈进世界中上行列，为我国社会主义现代化建设事业提供了坚实的人才支撑和智力保障，促进了我国由人口大国向人才资源大国的转变，为加快教育现代化和教育强国建设奠定了坚实的基础。

强国必强教，强国先强教。教育本质上是培养人的事业，是面向未来的事业。在经济社会发展中，教育具有基础性、全局性和战略性作用，同时也有周期长、效益滞后的特点。今天的学生是未来建设社会主义现代化强国、实现中华民族伟大复兴中国梦的主力军。习近平总书记指出："教育是民族振兴、社会进步的重要基石，是功在当代、利在千秋的德政工程，对提高人民综合素质、促进人的全面发展、增强中华民族创新创造活力、实现中华民族伟大复兴具有决定性意义。"党的十九大做出了在全面建成小康社会的基础上到2035年基本实现社会主义现代化，到本世纪中叶把我国建成富强民主文明和谐美丽的社会主义现代化强国的战略安排，为新时代中国特色社会主义发展和中华民族伟大复兴展现了光明前景，指明了前进方向。"时代越是向前，知识和人才的重要性就愈发突出，教育的地位和作用就愈发凸显。我国正处于历史上发展最好的时期，但要实现'两个一百年'奋斗目标、实现中华民族伟大复兴的中国梦，必须更加重视教育，努力培养出更多更好能够满足党、国家、人民、时代需要的人才。"建设社会主义现代化强国、实现中华民族伟大复兴中国梦，对新时代我国教育提出了新的使命和要求，迫切需要"对加快推进教育现代化、建设教育强国作出总体部署和战略设计"，准确把握新时代加快教育强国建设的着力点。教育是一个复杂的系统，教育强国建设是一个复杂的系统工程。加快教育强国建设必须找准着力点，系统推进，重点发力。具体包括：着力提高人才培养质量，转变教育发展方式；着力完善教育体系，努力建成高水平的人才培养体系；着力深化教育体制机制改革，加快教育治理体系和治理能力现代化；着力推进教育公平，促进教育均衡发展；着力建设高水平的教师队伍等措施。"教育是国之大计、党之大计。"加快教育强国建设必须毫不动摇地坚持党对教育事业的全面领导，"坚持把优先发展教育事业作为推动党和国家各项事业发展的重要先手棋"，要在以习近平同志为核心的党中央坚强领导下，以习近平教育强国重要论述为指导，深化教育改革创新，加快教育强国建设，筑牢中华民族伟大复兴的基础工程。

三、以立德树人为教育的根本任务

"大学之道，在明明德，在亲民，在止于至善"的醒世教育格言，跨越几千年的时空仍在警醒世人。纵观古今，"德"一直是中华民族文化的核心，也是培养人才的核心。立德树人可谓中华民族永恒的教育价值追求，绵延不断，源远流长。习近平总书记在2018年5月2日与北京大学师生座谈时指出："要把立德树人的成效作为检验学校一切工作的根本标准，真正做到以文化人、以德育人，不断提高学生思想水平、政治觉悟、道德品质、文化素养，做到明大德、守公德、严私德。要把立德树人内化到大学建设和管理各领域、各方面、各环节，做到以树人为核心，以立德为根本。""广大青年要努力成为有理想、有学问、有才干的实干家，在新时代干出一番事业。""要爱国，忠于祖国，忠于人民""要励志，立鸿鹄志，做奋斗者""要求真，求真学问，练真本领""要力行，知行合一，做实干家"。习总书记的重要讲话，在为我国教育工作坚持立德树人根本任务提出新要求的同时，也为我们在新时代牢牢抓住理想信念铸魂这个关键环节，完成立德树人根本任务指明了方向。

习近平总书记始终把"理想信念"作为"灵魂"在落实立德树人根本任务中加以强调。党的十八大提出"把立德树人作为教育的根本任务，培养德智体美全面发展的社会主义建设者和接班人"以来，习近平总书记围绕坚持立德树人根本任务，提出了"理想指引人生方向，信念决定事业成败。没有理想信念，就会导致精神上'缺钙'""青年一代有理想、有担当，国家就有前途，民族就有希望，实现我们的发展目标就有源源不断的强大力量""广大青年一定要坚定理想信念""把理想信念建立在对科学理论的理性认同上，建立在对历史规律的正确认识上，建立在对基本国情的准确把握上"等一系列新论断新理念。在党的十九大报告中，习近平总书记明确指出："要全面贯彻党的教育方针，落实立德树人根本任务，发展素质教育，推进教育公平，培养德智体美全面发展的社会主义建设者和接班人。"进一步明确和发展了"立德树人"的目标、任务与使命，强调"要以培养担当民族复兴大任的时代新人为着眼点"，要"加强马克思主义理论教育""广泛开展理想信念教育，深化中国特色社会主义和中国梦宣传教育，弘扬民族精神和时代精神""培育和践行社会主义核心价值观"，引导青年"有理想、有本领、有担当"，更好地"构筑中国精神、中国价值和中国力量"。从基础教育到高等教育，从与青年座谈到与师生座谈，从全国性工作会议到党的全国代表大会，只要讲到教育的立德树人根本任务，习近平总书记都会把理想信念教育作为"灵魂"和首要任务加以明确和强调，揭示了理想信念教育对培育和践行社会主义核心价值观、培育和弘扬中国精神的强基固本功能，明确了理想信念铸魂作为立德树人关键环节的重要作用。

在《路易·波拿巴的雾月十八日》中，马克思从三个本质向度出发，揭示了构筑人们思想灵魂的三重世界：一是由"希望、信念、信条"等理想性因素构成的以"信仰"为核心的意义世界，发挥着统摄和主宰作用；二是由"原则、人生观"等规范性因素构成的以"价值"为核心的观念世界，发挥着基础作用；三是由"旧日的回忆、忧虑和希望、独特的情感、同情和反感"等基础性因素构成的以"精神"为核心的情感世界，发挥着支撑作用。意义世界是人们思想灵魂的信仰主宰，观念世界是思想灵魂的价值基础，精神世界是思想灵魂的情感支撑。铸魂的关键在于构筑意义世界和理想信念，并以观念世界与核心价值观为价值基础，以情感世界和国家精神为情感支撑。马克思说："人不是个体人的抽象物，就其本质而言，人是一切社会关系的总和。"也就是说，人不但具有自然属性，更为本质的是人具有社会属性。依此来看，理想信念是"魂中之魂"，核心价值观是"魂中之介"，中国精神是"魂中之基"。在落实立德树人根本任务中牢牢抓住理想信念铸魂这个关键，就是要紧紧围绕理想信念教育这个中心环节，培育和践行社会主义核心价值观，培育和弘扬中国精神，使坚定的理想信念作为指引和支撑青年学生成长发展的"政治灵魂"与"精神之钙"。

四、 思想政治工作贯穿教育教学全过程

古人说："敬教劝学，建国之大本；兴贤育才，为政之先务。"教育是民族振兴、社会进步的重要基石，是功在当代、利在千秋的德政工程，对提高人民综合素质、促进人的全面发展、增强中华民族创新创造活力、实现中华民族伟大复兴具有决定性意义。教育强则国家强，高等教育发展水平是一个国家发展水平和发展潜力的重要标志。实现中华民族伟大复兴，教育的地位和作用不可忽视。我们对高等教育的需要比以往任何时候都更加迫切，对科学知识和卓越人才的渴求比以往任何时候都更加强烈。党中央做出加快建设世界一流大学和一流学科的战略决策，就是要提高我国高等教育发展水平，增强国家核心竞争力。习近平指出，我国高等教育肩负着培养德智体美全面发展的社会主义事业建设者和接班人的重大任务，必须坚持正确的政治方向。高校立身之本在于立德树人，只有培养出一流人才的高校，才能够成为世界一流大学。办好我国高校，办出世界一流大学，必须牢牢抓住全面提高人才培养能力这个核心点，并以此来带动高校其他各项工作。

高校思想政治教育是帮助大学生走出思想困境的重要工具。高校大学生处于思想道德体系尚未稳固的阶段，刚脱离高中紧张的学习生活，步入大学校园，无论在学习、生活还是思想方面，都需要极大的自主性和能动性。面对复杂的社会环境、中西方观念的碰撞、各种思想的冲击、各种利益的诱惑，难免会产生思想上的危机感，例如道德危机、心理危机、信仰危机等。高校思想政治教育重在帮助大学生树立正确的思想观念，提高分辨是非的能力，对学生的成长和发展具有十分重要的现实意义。

高校思想政治工作，既是我国高校的特色，又是办好我国高校的优势。青年正处在价值观形成和确立的关键时期，是一个人成长、成才的关键起点，习总书记始终高度重视对青年的思想政治培养，提出"要因事而化、因时而进、因势而新"。在全国高校思想政治工作会议上，习总书记给出了明确而系统的答案："要遵循思想政治工作规律""要用好课堂教学这个主渠道""要加快构建中国特色哲学社会科学学科体系和教材体系""要更加注重以文化人以文育

人""要运用新媒体新技术使工作活起来"。必须坚持以马克思主义为指导，全面贯彻党的教育方针。要坚持不懈传播马克思主义科学理论，抓好马克思主义理论教育，为学生一生成长奠定科学的思想基础。要坚持不懈培育和弘扬社会主义核心价值观，引导广大师生做社会主义核心价值观的坚定信仰者、积极传播者、模范践行者。要坚持不懈促进高校和谐稳定，培育理性平和的健康心态，加强人文关怀和心理疏导，把高校建设成为安定团结的模范之地。要坚持不懈培育优良校风和学风，使高校发展做到治理有方、管理到位、风清气正。

第二节　"三全育人"的理论基础

教育的本质是促进人的发展。培养什么样的人，是教育的首要问题。纵观古今中外，每个国家都是按照自己的政治要求培养人才。培养社会所需要的人，就是培养社会发展、知识积累、文化传承、国家存续、制度运行所要求的人①。"三全育人"理念围绕"育什么样的人"，回答了"怎样育人"的问题。"三全育人"以人的全面发展理论为基础，明确了育人目标和指导思想；以系统论和协同论为指导，构建了跨时空、全领域、全要素的人才培养体系。

一、　人的全面发展理论

人的全面发展是马克思主义基本原理之一。所谓人的全面发展，即指人的德智体美各方面全面的、自由的、充分的、和谐的发展。人的全面发展理论包含丰富、广泛的内容，是我国教育方针的理论基石。思想政治教育工作的根本出发点是人，其最终目标是促进人综合素质的全面发展和提升，促进人际交往融洽，促进社会关系和谐，形成良好的道德风尚。"三全育人"模式坚持以人为本的理念，以育人为核心，全面发展为追求目标，运用系统论原理及可利用的资源和人力，形成"三全育人"的体系，着力运用显性德育和隐形德育两种教育手段，让德育工作能渗透滋润到每个育人环节，全方位地开展育人工作。因此，人的全面发展理论既是"三全育人"模式构建的理论基石，也是最终的落脚点。大学生群体作为人类的重要组成部分，在全人类实现全面发展的同时

---

① 习近平. 在北京大学师生座谈会上的讲话［M］. 北京：人民出版社，2018：5.

必定会促进大学生这个群体的全面和谐发展。

（一）历史上的全面发展理论

教育是一种培养人的社会活动，促进人的全面成长是教育的理想之一，古已有之。古希腊哲学家亚里士多德提出身体、德行与智慧和谐发展。文艺复兴时期人文主义学家维多里诺、拉伯雷、蒙田等人文主义教育家批判经院主义思想，强调人的主体地位，强调人的身体、精神、道德的全面发展，呼吁人的个性解放。到了 17 世纪，夸美纽斯提出泛智教育，洛克提出绅士教育。18 世纪，卢梭提出自然主义教育，康德提出理性主义教育，裴斯泰洛齐提出要素主义教育等主张。他们都强调人的全面发展、自由发展，培育人的健全人格。西方教育思想将教育建立在个体发展的基础上，重视尊重人性，以满足人性的需要为教育的目的，促进人的完满发展，西方教育思想的代表有个人本位论。

教育思想的发展与教育实践水平的提高都是构成社会有机整体的不可或缺的要素。人类社会的教育既不是一种自然现象，也不是一种随机行为，它是人类社会为了保证其连续而进行的一种系统性的实践活动。西方教育思想史上出现的空想社会主义教育思想，体现了教育与社会的联系。早在文艺复兴时期，英国的莫尔、意大利的康帕内拉等思想家，批判了资产阶级的不劳而获，他们重视儿童教育，强调劳动和劳动教育，将人的发展与社会发展相联系，突破了抽象的人性论的桎梏。早期的空想社会主义者，代表了一种社会理想，缺少现实条件。随着 19 世纪资本主义的迅速发展，矛盾日益显露。欧文、傅立叶和圣西门等空想社会主义者，把教育作为社会改革和实现理想的根本手段，提倡人的全面发展和教育与生产劳动相结合。例如，傅立叶认为理想的社会是全体社会成员都能够从事多种劳动，实现"体力和智力的全面发展"[①]。欧文提倡培养"体、智、德全面发展的有理性的男男女女"[②]，实现的途径是将理论学习与实践相结合。空想社会主义者注意到了社会分工对人的全面发展的破坏，因此，主张将教育与生产劳动结合，儿童通过参加生产劳动，实现体力和脑力的全面发展。空想社会主义者相比于文艺复兴时期的人文主义思想是一个极大的进步，关注社会、劳动、教育与人的全面发展之间的关系，不仅提出了"全面发展的人"的理想，而且认识到了资本主义社会的劳动分工对人的全面发展

---

① ［法］傅立叶. 傅立叶选集（第 3 卷）［M］. 冀甫译. 北京：商务印书馆，1964：217.

② ［英］欧文. 欧文选集：第 2 卷［M］. 柯象峰，何光来，秦果显译. 北京：商务印书馆，1981：133.

的影响，通过教育与生产劳动相结合，实现人的全面发展。空想社会主义思想是构成马克思主义人的全面发展思想的直接来源。

（二）马克思主义人的全面发展的内涵

人类认识世界及认识自身是一个循序渐进的过程，任何时代的认知都有一个上限，社会的发展水平和技术条件决定人类的认知程度。马克思生活的时代，人们已经初步完成了工业革命，自然科学也得到了进一步发展，在"人"的由来问题上，生物学家提出了"细胞学说"和"进化论"，对人类自身的由来有了科学的认知。基于整个人类社会认知水平的提高，马克思在学习前人的著述中，通过对费尔巴哈观点的批判提出自己的观点。费尔巴哈认为人的本质是"哲学上最高的东西"，马克思发现了费尔巴哈关于人的本质的一个最根本的误区，那就是"费尔巴哈把宗教的本质归结于人的本质"。马克思从人的本质的现实性上给出回应："人的本质不是单个人所固有的抽象物，在其现实性上，它是一切社会关系的总和。"人的本质是由社会关系决定的，不同的人是不同社会关系的不同承担者，不同的社会关系决定了人的发展的不同状况。人和社会关系是在物质生产实践中形成的人与人之间的关系，物质生产实践是决定社会关系的根本。马克思认为，"他们是什么样的，这同他们的生产是一致的——既和他们生产什么一致，又和他们怎样生产一致"。马克思从现实、从分析现实的人和现实的生产关系入手，通过考察现实生活的物质生产实践，进而考察社会关系，把握人的发展状况。在马克思主义人学理论中，"人的发展是指每个人在劳动、社会关系和个体素质诸方面的全面、自由而充分的发展"。

马克思把人的发展归结为社会物质生产实践的产物，从分工的角度考察人的发展可以看出，分工对人的影响有两个方面：分工使每个人致力于一个方面的工作，有助于劳动者专门化和生产经验的积累；另一方面，使劳动者只关注与自己专业有关的知识和技能，对其他方面的内容漠不关心，知之甚少，甚至无知无能，使人的发展局限在某个方面，越来越片面。恩格斯在《共产主义原理》中也论述了这一观点："每个人都只隶属于某一个生产部门，受它束缚，听它剥削，在这里，每一个人都只能发展自己才能的一方面而偏废了其他方面，只熟悉整个生产的某一个部门或者某一个部门的一部分。"① 资本主义工场

---

① 马克思恩格斯文集：第1卷［M］．北京：人民出版社，2009：688．

手工业的分工，使人的片面发展达到极端。但同时工场手工业向大工业的发展，客观上为人的全面发展提出了要求，也提供了可能。机器大工业承认劳动的变换、职能的更替，使劳动分工不断发生变化，造成工人的全面流动，使他们从一个生产部门转移到另一个生产部门，从一种生产职能转变为另外一种生产职能，虽然使工人失去了安宁感和稳定感，但客观上促进了工人的全面发展。因此，人的全面发展是大工业生产的产物，也是大工业生产的内在要求。

大工业生产为消灭旧式分工提供了技术上的可能，也为人的全面发展提出了客观的要求，但大工业的出现并不意味着旧式分工的消灭和人的全面发展的实现。大工业生产要求"工人为生产过程而存在，不是生产过程为工人而存在"①。消灭私有制，使劳动为每个人而存在，成为自由的劳动，成为人的一种内在需要，这就是社会主义社会的理想。共产主义社会是"自由人的联合体，联合起来的生产者，将合理地调节他们和自然之间的物质交换，把他置于他们的共同控制之下，而不让他们作为一种盲目的力量来统治自己"②。只有消灭资本主义私有制，才能为人的全面发展的实现扫除制度的障碍。

马克思的人的全面发展理论建立在大工业生产的要求的基础上，人的全面发展是指适应大工业的劳动变换、职能更替、工人的全面流动所要求的人的劳动能力或才能的全面发展，这是马克思主义人的全面发展的基本含义。这里的"人"指"每个人"，即"社会上的每个成员"；这里的"能力"，既包括人的体力，也包括人的智力；这里的"发展"，是尽可能多方面的、充分的、自由的发展。因此，马克思主义人的全面发展，是指每个社会成员的体力和智力尽可能多方面、充分、自由发展。从这个意义上讲，马克思所说的"全面发展的人"是指"各方面都有能力的人，即通晓整个生产系统的人"③。

人的发展是劳动能力和社会关系的全面、和谐的发展，也是自由的发展。自由发展是马克思主义人全面发展的重要方面，马克思经常把全面发展和自由发展联系起来，称之为"每个人的全面而自由的发展"或"自由的全面发展"。"人的自由发展"是人作为主体的自觉、自愿、自主的发展④。这种发展

① 马克思恩格斯文集：第5卷 [M]. 北京：人民出版社，2009：563.
② 马克思恩格斯文集：第7卷 [M]. 北京：人民出版社，2009：928.
③ 马克思恩格斯文集：第4卷 [M]. 北京：人民出版社，2009：370.
④ 袁贵仁. 马克思主义人学理论研究 [M]. 北京：北京师范大学出版社，2012：269.

不是指人的天性的自由发展，而是指人在社会关系中的自由发展。马克思认为，旧的社会分工不仅造成了人的片面、畸形发展，也使人的发展失去了自由而被奴役，这是"偶然的个人"。人的全面发展，在一定意义上就是"有个性的个人"逐步取代"偶然的个人"。没有自由发展，全面发展就可能成为平均发展和整齐划一的同质性发展，自由发展使每个人的才能在基本素质发展中形成自己独特的个性。从这个意义上讲，全面发展是自由发展的基础，全面而自由的发展是一个具有个性的人，这是马克思期盼的人的发展的最高形态。"建立在个人全面发展和他们共同的、社会的生产能力成为从属于他们的社会财富这一基础上的自由个性。"①

现实的个人的发展是人类发展的基础。马克思将"人"解读为作为个体存在的人和作为"类"存在的人，他将作为个体存在的人称为"个体"的人，将作为类存在的人称为"类"。"个体"指的是相对他人而言的个人，"类"是由每个人组成的整体。马克思人的全面发展理论的出发点是"个体"，或者说是"现实中的个人"，而理论的终极目标则是完成现实的个人和整个人类的全面自由发展。马克思注重关怀现实的个人的发展，他认为"全部人类历史的第一个前提无疑是有生命的个人的存在"，在人类历史发展中，现实的个人占核心主体地位，马克思的哲学相对于以往哲学的超越性与科学性体现在，他对人采用"现实的个人"的定义，把人当作鲜活的、生活在社会中的人，而不是当作与社会割裂开的、孤立的人。马克思在文本中对人的类本质的阐述从辨析人与动物的区别出发。他认为，人的类本质就是人的自由自觉的劳动，这也是人与动物之间最本质的区别。马克思总结出人的共同性并以此解读生产劳动，认为人自由自觉地生产劳动是人的发展的基础。

马克思指出，劳动首先是人和自然之间的过程，是人以自身的活动为中介，调整和控制人和自然之间物质变换的过程。人自身作为一种自然力与自然物质相对立，为了在对自身生活有用的形式上占有自然物质，人就使他身上的自然力——臂和腿、头和手运动起来。当他通过这种运动作用于他身外的自然并改变自然时，也就同时改变他自身的自然。随着劳动力发展，人类也在自然进化和社会劳动实践中得到了发展。马克思认为，人作为"个体"的人和

① 马克思恩格斯文集：第8卷［M］．北京：人民出版社，2009：52.

"类"的人两个方面存在，因此"类"也沿袭"个体"的独特性和普遍性。"个体"的存在是"类"存在的基础，"类"的存在是"个体"存在抽象的概括。两者互为存在的必要条件，不能突兀地分离出来。就人的全面发展而言，它的起点是"个人"的发展，"类"的全面发展则是它的价值归宿，两者有极大的同一性。马克思认为，"只有在共同体中，个人才能获得全面发展，也就是说，只有在共同体中才可能有个人自由"。而在《共产党宣言》中，他以"代替那存在着阶级和阶级对立的资产阶级旧社会的，将是这样一个联合体，在那里，每个人的自由发展是一切人的自由发展的条件"，来论述人类的发展是以"个体"为基础。因此，马克思得出结论："个体"与人类发展表现出的背道而驰，只是一定历史阶段的特殊现象而已，随着社会的发展，二者必然统一。当生产力发展到某一程度时，它会与其存在、活动的所有制形式不相适应，社会最终会以革命的形式变革私有制形式，公有制取缔私有制，成为社会所有制形式。此时"个体"也自然而然从私有制和旧式分工下的自我异化形式中解救出来，最终"个体"的发展与"类"的发展走向和谐统一。

综上所述，马克思的人的全面发展理论认为：人的全面发展要与社会全面发展相统一。人与社会是不可分割的。社会是由人所构成的，同时人也在社会当中进行一切生产生活活动。个人与集体是无法完全分开的，而社会当中所包含的集体是千千万万的，只有在集体当中，个人才能够获得生活所需的各种要素。因此，个人与集体是不可分割的两个要素。在发展的过程当中，一个人发展的历史被包含在社会发展的历史当中，是一个集体发展的缩影。人同时也是社会的主体构成要素，只有人不断追求自身的突破，才能够带动社会整体进步。社会产生于任何人的社会交流互动，因此可以说，没有人就没有社会，没有人的交流也就没有社会的活动。社会一切活动都离不开人的活动要素，这说明了社会发展与人自身能力发展具有一定程度上的统一性，因此必须要保障社会历史发展不断朝着人与社会相统一的方向进步。

人的全面发展要求与自由发展相统一。如果离开自由发展，那么人的发展也终将失去其本来的意义。就目前来说，人在某些方面的发展受到了严重的阻碍，例如，在部分人的发展过程中，受到分工的影响，其仅仅侧重一个层面发展，这种情况导致个人能力发展不均衡，仅在一个方面能够实现一定的发展，而在其他方面极其欠缺。例如，在私有制的条件之下，社会分工产生了极大的差距，部分资本富有者及劳动者之间所产生的差距，不仅包含社会地位，更涵盖了教育、生活等，部分劳动者在劳动过程中无法得到应有的回报，欠缺必要的知识文化教育等，都会造成社会的严重分层。如果外部影响强化了分工活动，那么也终将反作用于这个社会，使社会发展停滞不前。

人的全面发展离不开实践。人的全面发展不能够脱离实践活动，因此在发展与实践结合的过程中体现了人的主观能动性。人的全面发展涵盖多方面，因此造就了人在社会实践当中的丰富性及综合性。首先，人的全面发展理念是在实践中归纳总结得出的，如果没有实践的经验和实践的进程，人的全面发展理论也将无迹可寻。同时，人进行全面具体的发展，其最终目的是在实践中得到有效的发展，充分发挥全面发展自身所蕴含的实践意义。社会实践的进步促进对人的全面发展的有效认知与了解，而这种认知的提升也会有效推进人的全面发展能力的提高，进而能够促使其在社会实践中发挥更大的作用，创造出更多的价值。

马克思的人的全面发展理论的提出有着重要意义。首先，理论提出的必要性，即人为什么要全面发展。马克思认为，人是具有思想的个体，在思想的推动下会产生内在的动力，这个动力的具体来源是人的需求，人在有需求时，会采取行动来获取，周而复始，人不停止地采取行动，训练自身以实现需求。其次，人与社会之间的关系要求人全面发展。一个人只是单独的个体，人与人发生联系后形成关系网，通过这个关系网形成人类社会。人的能力得到提升，会在小范围内提升团体能力，进而影响到整个人类社会的发展。人类社会的良好发展，会为其中的个体提供良好的发展环境，使个体有机会获得全面发展。从上述论述中可以看出，人的全面发展理论的内涵主要是突出人与社会的关系，人的全面发展要求源于自身对社会内容的需求，社会在给予人需求的同时提出继续发展的要求，人为了自己的需求不断地提升自己，从而满足社会发展的需求；反之，社会发展会提供一定的发展条件，为个人的发展提供基础[①]。

综上，"人的全面发展"是个人和社会全体成员以体力和智力的充分协调发展为目标的精神、道德、情感等各方面的全面和谐发展。人的全面发展理论的目标从提出到最终确立经历了一个漫长的历史过程，贯穿马克思主义发展的

---

① 蒋艳鸿. 马克思人的全面发展理论及其当代价值研究［J］. 科教文汇，2019（8）：66–67.

全过程，经过历史上的深刻辩论，得出人的发展的终极目标，适应生产力的高度发展与人类的彻底解放。厘清马克思主义的人的全面发展理论的提出过程和深刻理解其内涵非常必要。人的全面发展理论对于指导人才培养，开展思想政治教育，促进社会的和谐发展，具有重要的指导意义。

（三）党和国家领导人对人的全面发展理论的再阐释

毛泽东的人民主体思想，是毛泽东思想活的灵魂和重要的哲学基础。它是在马克思主义关于人的全面发展理论的基础上，结合中国实际，对人的本质、地位的再认识。毛泽东认为，人的问题，是一个根本的问题，原则的问题。他对人民的地位和作用，做了深刻的论述，"人民、只有人民，才是创造世界历史的动力"，强调了人民作为历史主体的唯一性。他在《论联合政府》中号召："全心全意地为人民服务，一刻也不脱离群众；一切从人民的利益出发，而不是从个人或小集团的利益出发；向人民负责和向党的领导机关负责的一致性；这些就是我们的出发点。"① 要求"共产党人的一切言论行动，必须以合乎最广大人民群众的最大利益，为最广大人民群众所拥护为最高标准"。

邓小平认为，"群众路线是我们党的组织工作中的根本问题，是党章中的根本问题，是需要在党内反复进行教育的"②。改革开放之后，中国社会面临前所未有之变局，涉及的范围广，关系一大批人的切身利益，一定会出现各种各样的复杂情况和问题，遇到重重障碍。只要我们信任群众，走群众路线，把情况和问题向群众讲明白，任何问题都可以解决，任何障碍都可以排除。邓小平将人放在生产力的整体范畴内考察，将提高生产力作为提高人民生活水平，改善生存现状的手段，进而实现"人的解放"，并提出"社会主义的本质就是解放和发展生产力"的基本论断，论述了"人""人的关系""生产关系"之间的联系，认为要想改变人，首先应改变"人的关系"，尤其是生产关系，"要发展就要变，不变就不会发展"，改革就是改革生产关系中不合理的限制人的因素③。

江泽民提出的"三个代表"重要思想，将"促进人的全面发展"提升到

① 毛泽东. 毛泽东选集：第 3 卷［M］. 北京：人民出版社，1991：1094 – 1095.
② 邓小平. 邓小平文选：第 1 卷［M］. 北京：人民出版社，1994：216.
③ 刘朝霞. 当代中国马克思主义人的全面发展理论探析［J］. 文化创新比较研究，2019，3 (15)：4 – 5.

了新的高度。他指出，社会进步与人的全面发展互为前提，是相互促进的辩证统一关系，人的全面发展是在社会进步的过程中实现的。我们党要始终代表中国最广大人民的根本利益，就是党的理论、路线、纲领、方针、政策和各项工作，必须坚持把人民的根本利益作为出发点和归宿，充分发挥人民群众的积极性、主动性、创造性，在社会不断发展进步的基础上，使人民群众不断获得切实的经济、政治、文化利益。他指出了人的全面发展与满足人民群众根本利益的关系，结合中国实际，对马克思主义人的全面发展理论与社会发展的思想进行了中国化的论述。

胡锦涛在十七届中央纪委六次全会上的讲话中指出："以人为本、执政为民是马克思主义政党的生命根基和本质要求。"坚持以人为本，就是要以实现人的全面发展为目标，从人民群众的根本利益出发谋发展、促发展，不断满足人民群众日益增长的物质文化需要，切实保障人民群众的经济、政治和文化权益，让发展的成果惠及全体人民①。以人为本，体现了马克思主义历史唯物论的基本原理，体现了我们党全心全意为人民服务的根本宗旨和我们推动经济社会发展的根本目的。科学发展观核心是以人为本，我们党的一切奋斗和工作都是为了造福人民。上述论断充分体现了胡锦涛"以人为本"的"民本位"思想。

人的全面发展是马克思主义的最高价值追求和崇高理想，追求人的全面发展是我们共产党人一以贯之的最高理想目标。党的十八大以来，以习近平同志为核心的党中央掌舵引航，开创了马克思主义中国化的新境界，对人的全面发展思想做出了生动诠释，凝结了全党智慧，体现了我们党全心全意为人民服务的根本宗旨，体现了人民是推动发展的根本力量的唯物史观。习近平提出，一切为了人的全面发展，"要坚持以人民为中心的发展思想，这是马克思主义政治经济学的根本立场。要坚持把增进人民福祉、促进人的全面发展、朝着共同富裕方向稳步前进作为经济发展的出发点和落脚点，部署经济工作、制定经济政策、推动经济发展都要牢牢坚持这个根本立场"。人的全面发展最根本是指人的劳动能力的全面发展，即人的智力和体力的充分、统一的发展。通过"两个一百年"奋斗目标和中国梦的宏观引领，"五位一体"的总体布局和"四个

---

① 胡锦涛. 十六大以来重要文献选编（上）[M]. 北京：中央文献出版社，2005：850.

全面"的战略布局，推动实现人的解放和全面自由发展。

（四）人的全面发展理论对我国人才培养及思想政治教育的启示

马克思主义作为一种科学世界观，是我们学习和研究教育学最根本的理论基础。马克思主义理论是指导我们认识普遍存在于人类社会之中的教育现象，阐释教育概念和基本理论，揭示人类教育活动基本规律的重要思想原则和理论基础。对教育问题的理论论述，对教育现象的认识，对教育基本概念的建立和阐释，对教育规律的揭示和确证，指导教育实践的思想和方法，都必须从马克思主义基本立场出发。马克思主义学说为教育的研究和发展提供理论基础，是中国特色马克思主义教育学认识一切教育现象及其内在规律的科学保障。因此，马克思主义是研究和解决教育问题的指导思想和理论基础。

辩证唯物主义和历史唯物主义是认识教育问题最基本的思想方法。毛泽东同志曾经说过："马克思主义有几门学问，但基础的东西是马克思主义哲学，他灵活运用了辩证唯物主义世界观和方法论，形成了具有鲜明中国特色的马克思主义哲学思想，为我们党掌握和运用辩证唯物主义树立了光辉典范。"邓小平同志非常善于运用辩证唯物主义解决实际问题。他强调，必须抓住社会主义初级阶段的主要矛盾，坚持以经济建设为中心；必须用实践来检验工作，坚持"三个有利于"标准；坚持"两手抓、两手都要硬""摸着石头过河"，处理好计划和市场、先富和共富等关系。江泽民同志指出："如果头脑里没有辩证唯物主义、历史唯物主义的世界观，就不可能以正确的立场和科学的态度来认识纷繁复杂的客观事物，把握事物发展的规律。"胡锦涛同志也说过，"辩证唯物主义和历史唯物主义的世界观和方法论，是马克思主义最根本的理论特征"，要学习掌握马克思主义哲学，努力提高探索解决新时期基本问题的本领。习近平同志强调，辩证唯物主义是中国共产党人的世界观和方法论。我国的教育改革和发展实践，是建设中国特色社会主义伟大实践的一部分，因此，辩证唯物主义和历史唯物主义也是阐述教育方针、教育目的、指导教育活动的原则和教育教学方法，解决教育问题的重要方法论基础。

马克思主义理论是在中国教育改革和发展实践中解决实际教育问题，提出教育学理论的重要行动指南。马克思主义原理与中国革命和建设的具体实践相结合，是科学地认识中国特色社会主义建设过程中各种问题的基本途径和重要原则，这一思想在革命和实践过程中得到印证。在教育改革和发展的过程中，将马克思主义理论与社会主义教育实践结合起来，在运用马克思主义科学理论指导教育实践的同时，推动中国特色的马克思主义教育学的发展。

在具体的教育实践过程中，马克思主义是指导教育者认识学生身心发展规律，正确运用规律开展教育活动，促进学生身心发展的重要指南。马克思主义是马克思和恩格斯等在吸收人类关于自然科学、社会科学和思维科学等一切优秀成果的基础上，结合各国革命和建设的实践，创立起来的科学理论体系。人类思维的产生和发展规律，个体与社会之间的辩证关系，知识与客观世界之间的关系，教育对人类发展的作用，这些都离不开马克思主义理论的科学指导。马克思主义思想对中国教育发展的影响，既表现在教育理论和教育研究过程中，也表现在对教育实践活动的指导中，是开展教育研究和教育实践活动的基本指导原则。

1. 人的全面发展理论对我国人才培养的启示

在 2018 年召开的全国教育大会上，习近平总书记强调，在党的坚强领导下，全面贯彻党的教育方针，坚持马克思主义指导地位，坚持中国特色社会主义教育发展道路，坚持社会主义办学方向，立足基本国情，遵循教育规律，坚持改革创新，以凝聚人心、完善人格、开发人力、培育人才、造福人民为工作目标，培养德智体美劳全面发展的社会主义建设者和接班人，加快推进教育现代化、建设教育强国、办好人民满意的教育。马克思主义人的全面发展理论对于实现人的全面发展的条件进行了详细的阐述。进入新时代，我们要在马克思主义人的全面发展理论的科学指导下，大力发展生产力、不断完善生产关系、重点发挥教育，尤其是社会主义核心价值观教育的重大作用，不断推进人的全面发展事业的进步。这段话高屋建瓴地概括了我国教育的本质、人才培养目标和发展方向。在人才培养上，塑造人本主义的教育理念，彰显教育的主体性，实现人的全面发展，坚持以人为本。马克思关于人的全面发展理论的核心是以人为中心。教育的主体是人，脱离了人，脱离了学生这一主体，教育便没有了根基。在人才培养过程中，要始终将学生置于首位，加强对他们的引导，既要满足学生群体的需要，又要满足学生个体的需要。同时，发挥人的主体性。马克思认为，人应发挥主体性，反对把人当作工具或手段，尊重人的主体性，尊重每个学生的独立人格。在教育中要体现师生平等，反对教师权威至上，反对一切扼制人个性发展的教育形式。

理论与实践并重，彰显教育的全面性。人只有在社会中才能凸显自我价值，想要实现自我价值，必须重视实践，通过实践完成。理论知识固然重要，但是只重视理论而轻视实践是行不通的。只有将理论与实践结合，才能促进人的全面发展，体现教育的真正意义。现代教育中，全面发展包含德智体美劳多方面的发展，这是一种素质教育，与马克思主义关于人的全面发展理论相契合，尊重人的身心发展规律，对人的创造力和创新性的发挥起到积极作用。学生是有思想有能动性的个体，简单的知识灌输达不到教育的理想效果，需要理论与实践并重。只有结合社会实践，才能实现人的全面发展。

人的全面发展理论是习近平新时代中国特色社会主义思想关于物质文明与精神文明共同发展的深刻体现。只有不断强调精神文明发展，也就是人的精神、品质、道德、理想、作风的全面提高，中国特色社会主义新时代才能够在改革开放的基础上顺利前进，才能够在新的历史起点上继续探索中国特色社会主义未来发展的应有之路。因此，人的全面发展已成为实现中国特色社会主义可持续发展、中华民族伟大复兴与建设社会主义现代化强国的根本基础。人的全面发展决定了中国特色社会主义在走向 21 世纪中叶过程中所应坚持的中国价值、中国精神与中国力量。

2. 人的全面发展理论对学生思想政治教育的启示

马克思关于人的全面发展理论的"全面"包括人的需求、人的能力、人的社会关系和人的个性等方面，而马克思认为人生存的前提是满足人的需要，人其他方面的发展的前提也是人的需要的发展。从某种意义上来说，人的需要的满足是人的全面发展和社会历史的进步的驱动力。马克思将人的需要按一般内容划分为三个层次，分别是自然需要、社会需要和精神需要。在马克思的思想中，人的精神需要是与自然、社会两大范畴并列的重要内容。

马克思人的全面发展理论明确了思想政治教育的目标。马克思指出：任何人的职责、使命、任务就是全面地发展自己的一切能力，其中也包括思维的能力。任何人在这个社会中生存都要尽可能发展自己的能力，包括生产物质资料的能力和创造先进文化的能力。这契合了高校思想政治教育的目标，充分发挥每个学生的能力，实现人生价值，为社会主义建设贡献力量。马克思人的全面发展理论拓展了思想政治教育的核心内容，人的需要的全面实现是衡量人的全面发展的重要标志。马克思肯定了满足人的需要的重要意义，只有人的需要被满足，才能在社会中从事工作，这里的需要既代表物质生活的需要，也代表精神生活的需要。高校思想政治教育工作的核心内容就是满足大学生精神文化的需要，让他们自觉认同马克思主义意识形态，并用这种意识形态指导实践活动，从而更好地为社会主义建设服务。

大学生思想政治教育工作的最终目的是实现人的全面自由发展，把马克思意识形态中的精华传达给广大学生，引导学生形成正确的价值观和人生观。大学生思想政治教育的终极目的是发展学生各方面的能力，包括专业知识技能、人际交往能力、抗压能力等，帮助每个学生实现自己的理想，最终实现中华民族伟大复兴。

马克思人的全面发展理论是大学生思想政治教育工作的理论来源之一，对大学生思想政治教育具有促进作用，同时，大学生思想政治教育为实现人的全面发展提供了有力支持。大学时期是青年一代人生观、价值观形成的关键时期，教师要想做好大学生的思想政治教育工作，必须深入研究马克思人的全面发展理论，应用理论引导学生的体力和智力发展，帮助学生树立正确的人生观、价值观，使青年一代适应当今复杂的国际环境，为我国社会主义现代化建设注入新的活力。

二、 系统论

西方学界认为，系统论是在现代自然科学发展的基础上产生的一门综合性学科，是 20 世纪 40 年代创造的全新概念。钱学森先生反对此说法，他注意到古代中国在农业、医疗、水利、军事等多方面有大量的"朴素的系统概念的自发应用"，并反映在诗歌和哲学著作中。"朴素的系统概念，不仅表现在古代人类的实践中，而且在中国和古希腊的哲学思想中得到反映。"他以逻辑和历史相结合的方法指出，"系统来源于古代人的社会实践经验，人类在知道系统思想、系统工程之前，就已经在辩证地系统思维了"。当然，古人掌握的朴素的系统概念，与现代科学讲的系统概念不可同日而语。钱学森认为，现代系统概念不是现代科学技术的独创，而应该追溯到"马克思、恩格斯早在 100 年前奠定的系统概念"[1]。

---

[1] 钱学森. 工程控制论（修订版）[M]. 北京：科学出版社，1980：97.

（一）系统概念的起源与发展

系统的概念源于古代人类的社会实践经验。人类自生产活动产生以来，无不在同自然系统打交道。《管子·地员篇》《诗经·七月》等古籍中，都对农事活动与种子、地形、土壤、水分、肥料、季节、气候等诸因素的关系有系统的论述。齐国名医扁鹊、古代医学总集《黄帝内经》，都强调人身体各器官之间的有机联系，生理现象和心理现象的联系，身体健康与自然环境的联系。战国时期李冰设计修造的都江堰，包括三大主体工程和一百二十个附属渠堰工程，工程之间的联系处理得恰到好处，形成一个协调运转的工程总体。我国古代天文学很早就揭示了天体运行与季节变化的联系，编制出历法和指导农事活动的二十四节气。可见，在古代，农事、工程、医药、天文等领域，都不同程度地反映了朴素的系统概念，那时人们已经开始进行辩证的系统思维了。正如恩格斯所说，人们远在知道什么是辩证法以前，就已经辩证地思考了。

朴素的系统概念，不仅体现在实践活动中，同样反映在古代中国和古希腊的哲学思想中。古代中国和古希腊唯物主义思想家都承认，世界的本源是物质，把自然作为一个统一体。古希腊赫拉克利特在《论自然界》一书中说，"世界是包括一切的整体"。德谟克利特著有《宇宙大系统》一书。我国思想家老子强调自然界的统一性。南宋陈亮提出"理一分殊"思想，认为"理一"为天地万物的理的整体，"分殊"是整体中每一事物的功能，试图从整体的角度说明部分与整体的关系。可见，古代的辩证唯物的哲学思想已经包含系统思想的萌芽。但是，古代朴素唯物主义哲学思想虽然强调对自然界的整体性、统一性的认识，但缺少对这一整体各个细节的认识能力，对整体性和统一性的认识也是不完全的。

15 世纪下半叶，近代自然科学兴起，开始研究自然界这个统一体的各个细节部分，力学、天文学、物理学、化学、生物学等科目逐渐分离和独立出来。近代自然科学通过实验、解剖和观察等方法，将自然界的细节从总的自然联系中抽离出来，分门别类地加以研究。在哲学中，形成了形而上学的思维。形而上学思维在深入的、细节的考察方面相比古代哲学是一个进步，但是它抛开总体的联系考察事物和过程，"以这些障碍堵塞了自己从了解部分到了解整体，到洞察普遍联系的道路"。

19世纪上半叶，自然科学取得了很大成就，特别是能量转化、细胞生物学和进化论的发展，使人类对自然过程的相互联系的认识有很大提高。恩格斯说：由于这三大发现和自然科学的其他巨大进步，我们现在不仅能够指出自然界中各个领域过程之间的关系，而且我们能够依靠自然科学本身所提供的事实，以近乎系统的形式描绘出一幅自然界联系的清晰图画。今天，当人们对自然研究的结果只是辩证地即从他们自身的联系进行考察，就可以制成一个在我们这个时代是令人满意的"自然体系"的时候，当这种联系的辩证性质，甚至迫使自然哲学家的受过形而上学训练的头脑违背他们的意志而不得不接受的时候，自然哲学被最终清除了。19世纪的自然科学本质上是整理材料的科学，关于过程，关于这些事物的发生、发展及关于把这些自然过程结合为一个伟大整体的联系的科学，为唯物主义自然观建立了更加坚实的基础，为马克思主义哲学提供了丰富的材料。马克思、恩格斯的辩证唯物主义认为，物质世界是由无数相互联系、相互依赖、相互制约、相互作用的事物和过程形成的统一整体。辩证唯物主义体现的物质世界普遍联系及其整体性的思想，也就是系统思想。恩格斯认为，思维既把相互联系的要素联合为一个统一体，同样也把意识的对象分解为他们的要素。没有分析就没有综合。系统思想是进行分析与综合的辩证思维工具，它在辩证唯物主义那里取得了哲学的表达形式，在运筹学和其他系统科学那里取得了定量的表达形式，在系统工程那里获得了丰富的实践内容。

系统思想源远流长，但作为一门科学的系统论，则是美籍奥地利人、理论生物学家L. V. 贝塔朗菲（L. Von. Bertalanffy）创立的。他在1932年发表了"抗体系统论"，提出了系统论的思想。1937年，他提出了一般系统论原理，奠定了这门科学的理论基础。但是他的论文《关于一般系统论》，到1945年才公开发表。1948年，他在美国再次讲授"一般系统论"时，该理论才得到学术界的重视。1968年，贝塔朗菲发表的专著《一般系统论：基础、发展和应用》（*General System Theory*：*Foundations*，*Development*，*Applications*），确立了这门科学的学术地位，该书也被公认为系统科学的代表作。

（二）系统论的基本思想

系统论是综合性的学科，它的基本思想和方法就是把所研究和处理的对象当作一个系统，分析系统的结构和功能，研究系统、要素、环境三者的相互关系和变动的规律性，并用优化系统的观点看问题。世界上任何事物都可以看成是一个系统，系统是普遍存在的。无论是大至渺茫的宇宙，抑或小至微观的原子，甚至一粒种子、一群蜜蜂等都是系统，整个世界就是系统的集合。

系统论的内涵是对待所要研究的对象，将其看作一个整体，分析和研究各层次、各要素之间的关联性和互补性。针对系统的定义问题，钱学森教授做过深入分析，并指出系统是多个要素的集合，一般而言，系统要求人们从整体的视角看待问题，并强调各个因素之间的联系。因而，在建设系统工程的过程中，必须从整体出发，在统一的基础上发挥各个部分的作用。所以，要完善系统，首先需要建立整体性分析视角，这是系统分析的基础。

系统论的基本思想方法，是把所研究和处理的对象，当作一个系统。系统论认为，开放性、自组织性、复杂性、整体性、关联性，等级结构性、动态平衡性、时序性等，是所有系统的共同的基本特征。这些既是系统所具有的基本思想观点，同时也是系统方法的基本原则，表现了系统论不仅是反映客观规律的科学理论，而且具有科学方法论的含义，体现了系统论这门科学的特点。

贝塔朗菲首次明确提出系统论整体性原理，指出"系统是指处于变化、联系、交往、互动中的各要素的总体，它的价值应大于单一个体的总和，即整体大于部分之和"。系统论整体性原理是指，系统是由若干要素组成的，是具有一定新功能的有机整体，各个作为系统子单元的要素一旦组成系统，整体就具有独立要素所不具有的性质和功能，形成了新的系统的规定性，从而表现出整体的性质和功能，不等于各个要素的性质和功能的简单相加。钱学森说："什么叫系统，系统就是由许多部分所组成的整体，所以系统的概念就是要强调整体，强调整体是由相互关联、相互制约的各个部分所组成的。系统工程就是从系统的认识出发，设计和实施一个整体以求达到我们所希望得到的效果。"他强调了系统整体性的重要性，整体性是系统最为鲜明、最为基本的特征之一。系统之所以成为系统，首先就必须要有整体性。贝塔朗菲说，"当我们讲到系统时，我们指的是整体或统一体"，他强调任何系统都是一个有机的整体，不是各个部分的机械组合或简单相加，系统的整体功能是各要素在孤立状态下所没有的新质。他还用亚里士多德的"整体大于部分之和"的名言来说明系统的整体性，同时认为，系统中各要素不是孤立地存在的，每个要素在系统中都处于一定位置，有特定的作用。要素是整体中的要素，如果将要素从系统整体中割离出来，它将失去要素的作用。"正如手在人体中它是劳动的器官，一旦将手从人体中砍下来，就将不再是劳动的器官了一样。系统功能依赖于要素活动，但任何功能归根到底起源于系统内各要素之间的相互作用。"

系统的层次性原理是指由于组成系统的诸要素的种种差异（包括结合方式上的差异），从而使系统组织在地位与作用、结构与功能上表现出等级秩序性，形成了具有质的差异的系统等级，层次概念就反映这种有质的差异的不同的系统等级或系统中的高级差异性。系统的层次性犹如套箱，系统是由要素组成的。一方面，这一系统只是上一级系统的子系统——要素；另一方面，这一系统又是由低一层次的要素组成。客观世界是无限的，因此系统层次也是无穷尽的。高层次系统是由低层次系统构成的，高层次包含着低层次，低层次属于高层次。高层次和低层次之间的关系，首先是一种整体和部分、系统和要素之间的关系。高层次作为整体制约低层次，又具有低层次所不具有的性质。低层次构成高层次，受制于高层次，但也有自己的相对独立性。有机体由器官组成，各个器官统一受有机整体的制约。一个系统，如果没有整体性，这个系统也就不复存在了。相反的情形，如果一个系统中的要素完全丧失了独立性，那么系统就会变成铁板一块，这时，系统也就不复存在。系统的层次区分是相对的，相对区分的不同层次之间又彼此联系。往往可以看到这样的情况，不仅相邻上下层次之间相互影响、相互制约，而且多个层次之间也发生相互联系、相互作用，甚至多个层次之间相互作用。系统发生自组织时，系统中出现了众多要素，多个不同的部分，多个层次的相互行为，全部要素被调动起来，造成整个系统发生相变，进入新的状态。一般而言，低层次系统的要素之间具有较大的结合强度，而高层次系统的要素之间的结合强度则小一些，随着层次的升高，结合强度也越来越小，这正如从客观世界最一般物质层次所表现的那样。要素之间结合强度较大的系统，具有更大的确定性；反之，要素之间结合强度较小的系统，则具有较大的灵活性。

系统的开放性原理是指系统具有不断地与外界环境进行物质、能量、信息交换的性质和功能，系统向环境开放是系统得以向上发展的前提，也是系统得以稳定存在的条件。事物的发展变化，内因是变化的根据，外因是变化的条件，外因通过内因而起作用。为使外因通过内因起作用，便需要系统与环境之间、内因与外因之间发生相互联系和相互作用。否则，内因就只能滞留于内因之中，而外因则总是处于内因之外，而内因对于外因来说，只是潜在的可能性。同样地，外因对于内因来说，也只是潜在的可能性。一个封闭的系统，系统与环境之间没有任何联系，内因与外因也就不可能发生任何联系，即没有相互作用。现实世界中，现实的系统都是开放系统。系统总是处于与环境的相互联系和相互作用之中，通过系统与环境的交换，潜在的可能性就有可能转化为现实性，转化为现实的东西。因此，通过开放，内因与外因发生相互作用、相互转化，引起系统发生质量互变。最初是系统从环境引入某种量的变化，发生某种量的改变，经过进一步发展，终于发生质的变化，量变转变成质变，进而又开始新的量变。系统的开放，通常说的是向环境的开放，意味着系统的低层次向高一层次的开放。系统的开放，同时也指系统向自己的内部开放。系统向高层次开放，使得系统可以与环境发生相互作用，系统与环境之间既竞争又合作。而系统向低层次开放，使得系统内部可能发生多层次的、多水平的、在差异之中的协同作用，更好地发挥系统的整体性功能。

系统目的性原理指的是组织系统在与环境的相互作用中，在一定的范围内，其发展变化不受或少受条件变化或经历的影响，坚持表现出某种趋向预先确定的状态的特性。系统科学的兴起，赋予目的性以全新的科学解释，使之重新成为一个重要的科学概念。控制论的创立者们，从系统的行为角度分析了系统的复杂行为，把行为的概念变成了一个科学概念。维纳等人的一个重要结论是："一切有目的的行为都可以看作需要负反馈的行为。"因此，按照控制论的观点，目的行为也就成了受到负反馈控制的行为的同义语。这样。"目的"概念就变成了一个科学概念，用来描述一般非生物系统类似人所具有的目的性行为。系统的目的性，在系统的发展变化之中表现出来，因此就必定是与系统的开放性相联系。也就是说，一个稳定的运动的系统，必定是一个开放系统。在这种周而复始的开放、交换之中，系统的潜在的发展能力得以表现，所谓目的性也就表现于其中。从系统与环境之间的相互作用类型即线性作用与非线性作用方面，把系统分为单因果系统与目的系统。环境向系统的一定输入必定引起系统向环境的一定输出，即一定的原因必然引起一定的结果。简单的线性系统就是这样的因果系统。与此相反，目的系统则是系统与环境之间存在着复杂的非线性相互作用的系统。这种复杂的非线性相互作用表现为系统的复杂的反馈机制的建立。系统之所以具有目的性，其根本原因在于系统内部及系统与环境的复杂的非线性的相互作用。系统的目的性表现出系统发展方向的确定性。在一定的发展阶段，在一定的范围之内，无论环境条件怎样改变，系统总是要朝着某种确定的方向发展，异因同果。

（三）系统论对"三全育人"理念的启示

"三全育人"模式充分应用系统论原理，强调在育人的过程中，将各要素充分整合起来，使其互相联系、互相制约、互相作用，优化结构，形成合力，发挥整体的最大功效，从而发挥"三全育人"模式的整体性功能，增加育人的实际操作性。

"三全育人"系统作为社会道德系统的重要组成部分，不是封闭的、与世隔绝的，而是开放的、对外联系的系统。当今，飞速发展的互联网环境下，大学生可以快捷地获得各类信息，这样多元的、未经筛选的信息会对身心发展尚未成熟的大学生产生影响。高校是学生从未成年人到成年人，从"校园人"到社会人的重要过渡场所，高校培养的各类人才最终都要走入社会，服务社会。为了大学生能在步入社会之后适应急速变化的社会环境，思想政治教育工作者的任务应该是时刻把"三全育人"系统置于一个可控的、动态的社会环境中，这样的育人才能发挥针对性、实效性，才能满足社会的需求，适应社会的变化。

社会是一个大系统，而道德是社会巨系统中的一个子系统，相对于社会这个大系统而言，道德仅是社会大系统的一个要素，对于组成道德的诸要素来说，道德又是系统。和社会巨系统一样，道德系统是一个复杂的、开放的、动态的系统，是组织的全息系统。因此，德育是一项系统工程，需要方方面面的支持与配合，需要整合各种资源协调各方力量共同参与，协作完成，发挥系统的整体性功能。"三全育人"德育模式强调在德育系统内，整合各要素，使其相互联系、相互制约、相互作用，形成德育合力优化德育系统结构，发挥德育系统的整体性功能，从而实现德育工作的成效最大化，增强德育的实效性。

"三全育人"作为一个系统设计，它从整体上要求在开展教育活动的过程中思想政治教育要"全"，"全员育人"要求全体教职工都是育人的实施者，从整体上规定了育人的全面性；"全过程育人"要求把握各个时间段，各个部分相互联系，共同促进，达到无时不有；"全方位育人"则是全面育人，更加注重从各个方面，利用不同形式来提升大学生的总体道德素质水平。"三全育人"主要是从三个维度分析问题，强调思想政治教育开展的过程中高度重视全局意识，实现全员、全过程、全方位的有效融合，从而完善教育体系，并达到完善德育系统的效果。从作用来看，发挥德育的效果是实现思想政治功能的体现，还可以强化教学成效，通过与实践的结合提高教学活动的实效性。

三、 协同论

协同论也称"协同学"或"协和学"，是 20 世纪 70 年代以来在多学科研究的基础上逐渐形成和发展起来的一门新兴学科，是系统科学的重要分支理论。1971 年，著名物理学家哈肯（Hermann Haken）提出协同的概念。1976年，他系统地论述了协同理论。

（一）协同论的基本思想

协同论是研究不同事物共同特征及其协同机理的新兴学科，是近几十年来获得发展并被广泛应用的综合性学科。它以系统论、信息论、控制论、突变论等为基础，吸取了结构耗散理论的大量营养，采用统计学和动力学相结合的方法，通过对不同的领域的分析，提出了多维相空间理论，建立了一整套的数学模型和处理方案，在微观到宏观的过渡上，描述了各种系统和现象中从无序到有序转变的共同规律。哈肯认为，之所以称为"协同学"，一方面由于研究的对象是许多子系统的联合作用，以产生宏观尺度上的结构和功能；另一方面，由许多不同的学科进行合作，发现自组织系统的一般原理。

客观世界存在着各种各样的系统，社会的或自然界的，有生命或无生命的，宏观的或微观的系统，等等，这些看起来完全不同的系统，却都具有深刻的相似性。千差万别的系统，虽然其属性不同，但在整个环境中，各个系统间存在着相互影响而又相互合作的关系。协同论则是在研究事物从旧结构转变为新结构的机理的共同规律上形成和发展的，它的主要特点是通过类比对从无序到有序的现象建立了一整套数学模型和处理方案，并推广到物理学、化学、生物学、天文学、经济学、社会学及管理科学等许多领域。协同论揭示了物态变化的普遍程式，"旧结构—不稳定性新结构"，即随机"力"和决定论性"力"之间的相互作用把系统从它们的旧状态驱动到新状态，并且确定应实现的那个新状态。协同论成为软科学研究的重要工具和方法。

哈肯提出"功能结构"的概念。他认为，功能和结构是互相依存的，当能流或物质流被切断的时候，所考虑的物理和化学系统要失去自己的结构；但是大多数生物系统的结构却能保持一段相当长的时间，这样生物系统颇像是把无耗散结构和耗散结构组合起来了。他还进一步提出，生物系统是有一定的"目的"的，所以把它看作"功能结构"更为合适。

（二）协同论的特征

1. 协同论具有普适性特征

由于协同论属于自组织理论的范畴，其使命并不仅仅是发现自然界中的一般规律，还在无生命自然界与有生命自然界之间架起了一道桥梁。可见，协同学试图把无生命自然界和有生命自然界统一起来，发现它们存在的共同本质规律。协同论正广泛应用于各种不同系统的自组织现象的分析、建模、预测及决策等过程中。如物理学领域中流体动力学模型的形成，大气湍流等问题；化学领域中的各种化学波和螺线的形成，化学钟的振荡及其他化学宏观模式；经济学领域中的城市发展、经济繁荣与衰退，技术革新和经济事态发展等方面的各种协同效应问题；社会学领域中的舆论形成模型，大众传媒的作用，社会体制及社会革命等问题。因此，协同论作为一门以研究完全不同学科中共同存在的本质特征为目的的系统理论，其广泛的适用性或普适性是显而易见的。正是它的这种普适性，把协同论引入管理研究，必将对管理理论的发展及对解决现实管理领域中的问题具有启迪意义，提供新的思维模式和理论视角。

2. 序参量是现代管理发展的主导因素

序参量是协同论的核心概念，是指在系统演化过程中从无到有的变化，影响着系统各要素由一种相变状态转化为另一种相变状态的集体协同行为，并能指示出新结构形成的参量。因此，在现代管理中，尽管影响管理系统的因素很多，但只要能够区分本质因素与非本质因素、必然因素与偶然因素、关键因素与次要因素，找出从中起决定作用的序参量，就能把握整个管理系统的发展方向。因为序参量不仅主宰着系统演化的整个进程，而且决定着系统演化的结果。序参量概念为现代管理提供了新的理论视角，解释了系统如何在临界点上发生相变及序参量如何主导系统产生新的时间、空间或功能结构。序参量的特征决定了它是管理系统发展演化的主导因素，只要在管理过程中审时度势，创造条件，通过控制管理系统外部参量和加强内部协同，强化和凸显我们所期望的序参量，就能使管理系统有序、稳定地运行。

3. 自组织是管理系统自我完善的根本途径

协同论的自组织原理旨在解释系统从无序向有序演化的过程，实质上就是系统内部进行自组织的过程，协同是自组织的形式和手段。由此可以认为，现代管理系统要想从无序的不稳定状态向有序的稳定状态发展，实现自我完善和发展，自组织是根本途径。管理系统要实现自组织过程，就必须具备自组织实现的条件。首先，管理系统必须具有开放性。能与外界进行物质、能量和信息的交流，确保系统具有生存和发展的活力；其次，管理系统必须具有非线性相干性，内部各子系统必须协调合作，减少内耗，充分发挥各自的功能效应。

4. 管理系统是一个复杂性开放系统

协同论的自组织原理告诉我们，任何系统如果缺乏与外界环境进行物质、能量和信息的交流，其本身就会处于孤立或封闭状态。在这种封闭状态下，无论系统初始状态如何，最终其内部的任何有序结构都将被破坏，呈现出一片"死寂"的景象。因此，系统只有与外界通过不断地物质、信息和能量交流，才能维持其生命，使系统向有序化方向发展。管理系统是一个复杂性的开放系统，说它具有复杂性是因为管理系统一般由人、组织和环境三大要素组成，而每个要素又嵌套多个次级要素，其内部呈现非线性特征。而它又是开放系统，是因为它通过不断地接收各种信息，并经过加工整理后，将管理对象所需的信息输出。管理系统就是在不断地接收信息和输出信息的过程中向有序化方向完善和发展。

（三）协同论对思想政治教育的启示

2019 年，在学校思想政治理论课教师座谈会上，习近平总书记从党和国家事业长远发展的战略目标出发强调指出，思想政治理论课是"落实立德树人根本任务的关键课程"，"我们办中国特色社会主义教育，就是要理直气壮开好思政课"。习近平总书记的重要讲话精神，为做好新时代学校思想政治工作、培养担当民族复兴大任的时代新人提供了重要遵循。思想政治理论课是培育新时代新人的"关键课程"，为全面提升青少年奋发有为的精神境界指明航向。

思想政治教育是一个系统工程，要注重系统性、整体性和综合性。党的十九届四中全会强调，要加强系统治理、依法治理、综合治理、源头治理。对于思想政治教育而言，要更加注重系统性和综合性。思想政治教育工作是一项复杂的系统工程，既包括思想政治理论课这一主渠道，又包括日常思想政治教育这一主阵地；既包括思想政治教育专职力量，又包括思想政治教育的兼职力量；既包括思想政治教育的实施者，又包括接受思想政治教育的学生对象。思想政治教育致力于人才培养，同时人才培养中的各个环节又都需要加强思想政治教育。大中小学校思想政治教育一体化建设，以及家庭、学校、社会、政府的协同等，都深刻地体现出思想政治教育治理过程中的复杂性、系统性和综合性①。

协同论与思想政治教育相契合，首先体现在高校思想政治教育的系统性上，思想政治教育是一个系统工程，同时高校思想政治教育是和教学系统、科研系统、后勤系统、管理系统共同存在的，且有着切密不可分的联系，统一在育人系统之下；其次，高校思想政治教育具有自身独立性，包括主体、目标、内容、方法等要素，各要素之间相互联系、相互配合，决定这一系统的正常运转；最后，高校思想政治教育是一个开放的系统。在高校内，思想政治教育系统与其他系统有交叉和重合，与不同系统之间是不可分割的关系。思想政治教育的主体不仅是思想政治教师，还包括学校全体教职工，甚至是全社会的责任。思想政治教育的内容、方法和途径具有开放性、整体性和复杂性。只有在开放的状态下，高校思想政治教育才能突破藩篱，最大限度地利用资源，吸取能量，维持其生命，使系统向有序化方向发展②。

---

① 冯刚. 推进新时代思想政治教育治理体系现代化［N］. 中国教育报，2020 – 03 – 19.
② 张文强. 新时代构建高校思想政治教育协同机制研究［J］. 国家教育行政学院学报，2019（12）：75 – 80.

第三章 "三全育人" 的基本要素

"三全育人"是为了培养德智体美劳全面发展的社会主义建设者和接班人，是实现立德树人根本任务的有效途径。为实现这一根本任务，本章旨在充分挖掘"三全育人"的基本要素，从阐述"三全育人"目标出发，全面分析"三全育人"的主体和内容，深入探索实现"三全育人"目标功能依托的可靠载体。

第一节 "三全育人"的目标

"三全育人"的核心目标是育人，实现育人目标的有效路径是基于育人工作理念、内容、方法、载体上全面创新的综合改革，形成全员全过程全方位育人格局，进而构建一体化育人体系。因此，"三全育人"的总体目标和综合改革目标与一体化育人体系目标构成了"三全育人"的目标体系。

一、"三全育人" 总体目标

"三全育人"的核心目标是育人。推进高校"三全育人"工作，必须坚持以新时代党的教育方针为引领，紧紧围绕育人这个核心来展开。新时代贯彻党的教育方针，要坚持马克思主义指导地位，尤其是要贯彻习近平新时代中国特色社会主义思想，始终坚持社会主义办学方向，以理想信念教育为核心，以社会主义核心价值观为引领，更加坚定自觉地落实立德树人根本任务，坚持教育为人民服务、为中国共产党治国理政服务、为巩固和发展中国特色社会主义制度服务、为改革开放和社会主义现代化建设服务，扎根中国大地办教育，同生产劳动和社会实践相结合，加快推进教育现代化、建设教育强国、办好人民满意的教育，"努力培养担当民族复兴大任的时代新人，培养德智体美劳全面发展的社会主义建设者和接班人"。概言之，就是要解决好"培养什么人、怎样培养人及为谁培养人"这个根本问题。

习近平总书记指出："培养什么人，是教育的首要问题。"这无疑是根本性、方向性的问题。古今中外，每个国家都是按照自己的政治要求来培养人的。我国是中国共产党领导的社会主义国家，这就决定了我们的教育必须把培养社会主义建设者和接班人作为根本目标，培养一代又一代拥护中国共产党领导和我国社会主义制度、立志为中国特色社会主义奋斗终身的有用人才。习近平总书记强调："这是教育工作的根本任务，也是教育现代化的方向目标。"推进高校"三全育人"工作，首先就必须从政治的高度认清教育的首要问题，牢牢把握社会主义教育的根本任务和方向目标。

从政治高度把握育人这个核心，决定了我们工作的战略高度。青少年作为受教育者，正处于人生的"拔节孕穗期"，最需要精心引导和栽培，帮助他们在价值观形成和确立的关键时期扣好自己人生的第一粒扣子。尤为重要的是，青少年是祖国的未来、民族的希望，青少年的价值取向决定了未来整个社会的价值取向，因而更加需要教育引导他们坚守在中国大地上形成和发展起来的社会主义核心价值观。习近平总书记强调，一个国家、一个民族不能没有灵魂。做好青少年阶段铸魂育人的工作，就是为国家、民族的未来塑造了不可或缺的灵魂。可以毫不夸张地说，这就是一项战略工程。做好立德树人、铸魂育人工作，不仅关乎青少年个人的成长，而且关乎国家、民族的未来，从更长远的眼光看，关乎中国特色社会主义的坚持和发展、关乎中华民族的千秋伟业，可谓关系重大、责任重大。我国高等教育一定要全面贯彻新时代党的教育方针，更加坚定自觉地担负起培养德智体美劳全面发展的社会主义建设者和接班人这一重大任务，始终把高等教育发展方向同国家发展的现实目标和未来方向紧密联系在一起。推进高校"三全育人"工作，必须始终以这样根本性的核心要求为引领。

大学是立德树人、培养人才的地方，必须遵循党的教育方针，紧紧围绕培养社会主义建设者和接班人，始终把育人当作人才培养的核心和根本，致力于培养一代又一代拥护中国共产党领导和我国社会主义制度、立志为中国特色社会主义事业奋斗终身的有用人才。这既是政治性、战略性的问题，同时又是规律性的问题。正如习近平总书记所指出的，人才培养一定是育人和育才相统一的过程，而育人是本。人无德不立，育人的根本在于立德。高校立身之本在于立德树人，必须深刻认识和理解这里面所蕴含的人才培养的辩证法，尊重人才培养的规律。"要把立德树人的成效作为检验学校一切工作的根本标准。"推进高校"三全育人"工作，必须把坚持这样根本性的标准落实到位。

二、"三全育人"综合改革目标

"三全育人"的实现路径是综合改革。"三全育人"综合改革工作的总体目标，是以习近平新时代中国特色社会主义思想为指导，坚持和加强党对高校的全面领导，紧紧围绕立德树人根本任务，充分发挥中国特色社会主义教育的育人优势，以理想信念教育为核心，以社会主义核心价值观为引领，以全面提高人才培养能力为关键，切实提高工作亲和力和针对性，强化基础、突出重点、建立规范、落实责任，一体化构建内容完善、标准健全、运行科学、保障有力、成效显著的高校思想政治工作体系，使思想政治工作体系贯通学科体系、教学体系、教材体系、管理体系，形成全员全过程全方位育人格局。

围绕立德树人根本任务，落实"三全育人"基本要求，牵涉学校工作的各个方面，这无疑是一项系统工程。实施这项系统工程，仍面临着一些有待打通的盲区、断点，有待突破的难点、弱点，在高校育人工作中仍然存在着一些诸如工作落实不平衡不充分、工作针对性实效性不够强、工作机制不协调不顺畅、工作体系不健全等困难和问题。为此，必须坚持问题导向，着力从政策导向、资源配置、体制机制优化等方面深化改革，力求突破创新，切实把立德树人融贯于高校的各项工作之中。由于这是一项系统工程，所要实施的改革一定是综合性的。确切地说，"三全育人"本身就是系统性的综合改革，改革既是动力，更是推进工作的路径和抓手。

改革首先意味着育人工作理念、内容、方法、载体上的创新。做好高校思想政治工作，要因事而化、因时而进、因势而新。推进高校"三全育人"工作，同样需要根据新时代新形势新要求，注重改革创新。要遵循思想政治工作规律、教书育人规律和学生成长规律，不断深化对新时代高校育人工作的认识，优化内容供给、改进工作方法、创新工作载体，不断提高工作能力和水平。有些既有的工作，可以通过搭设新的工作平台、实施新的工作专项，实现形式上的创新和内涵上的深化或提升。有些工作，则需要针对新情况新问题，积极拓展工作领域、探索抓手和载体。比如，网络已深度融入青年学生生活的各个方面，日益成为他们学习、生活和人际交往中不可或缺的新的社会空间，这就要求我们紧紧抓住青年和网络的新特点、新趋势，以新技术、新机制、新模式积极推动网络育人，加强网络育人资源供给和网络文化建设，促进网络新媒体健康发展，使网络成为越来越重要的育人空间，把互联网这个最大变量转化为最大增量。

改革通常还会涉及政策、机制、体制的调整和优化。要根据"三全育人"的总体要求，系统梳理高校相关的政策、机制和体制，找到其中的薄弱点、空白点，切实予以优化，努力实现政策落实到位、机制运行有力、体制架构健全，切实推动育人资源的整合和育人工作的汇聚。这样的改革应该促进形成一系列新的育人工作规范、规则、标准和模式，如全员本科导师制、思政课程和课程思政质量标准、科研诚信制度和学术规范、管理服务岗位工作规范、师德师风建设长效机制、群团改革创新模式、育人工作激励机制等。这里的一个关键是教育评价改革问题。教育评价改革之所以是关键，因为它代表了育人工作的导向。教育部明确将教育评价改革作为贯彻落实全国教育大会精神最硬的一仗，作为新时代教育改革大厦真正建立起来的标准之作，以此开启中国教育更加波澜壮阔的篇章。结合"三全育人"来说，在学生评价上要积极探索建立学生综合素质培养测评体系，在教师评价上要坚持把师德师风作为评价教师队伍素质的第一标准，更为重要的是，要把思想政治工作评价作为衡量办学质量的核心指标，纳入"双一流"建设评估、教学审核评估、学科评估之中。这样的改革才有利于确立鲜明的育人导向，才能确保"三全育人"工作全面推进、落实见效。

"三全育人"综合改革最终应该体现为一系列制度性成果，进而成为中国特色现代大学制度建设的有机组成部分。着眼于新时代高等教育发展的战略需要，国家正在大力推动一流大学和一流学科建设。"双一流"建设不仅意味着大学办学水平和学科建设水平不断提升，而且意味着中国特色现代大学制度逐步成熟定型。换言之，"双一流"建设的过程，不仅是大学或学科向世界一流水平迈进的过程，而且是建立健全中国特色现代大学制度的过程。在这个意义上，"三全育人"综合改革既可以很好地体现"双一流"建设的育人成效，又可以为建构中国特色现代大学制度提供制度化的成果。

三、 "三全育人" 体系目标

"三全育人"的目标形态是一体化育人体系。综合改革的目标就是要通过体制机制和政策的优化，通过一系列工作规范、标准、制度等改革成果落地，促进形成育人工作一体化协同融通集成的人才培养体系。高校育人工作成效如何，同高校的人才培养体系是否健全完备密切相关。党的十九大提出，要实现高等教育内涵式发展。推进高校"三全育人"工作，建构一体化育人体系，是高等教育实现内涵式发展的关键。

（一）德智体美劳全面培养的教育体系

一体化育人体系首先是德智体美劳全面培养的教育体系。其中，德育是首要的，必须贯穿学生学习的始终，贯穿学校工作各方面各环节。围绕学生的全面发展，在育人体系上要着力实现知识传授、能力训练、价值引领、人格养成等教育目标的一体化，也就是将知识目标、能力目标、情感态度价值观目标有机整合起来，并且突出"有理想、有本领、有担当"在目标体系中的统领地位，以德育为先，实现"五育"并举和互动融合。这样的育人体系一定也是课内课外、校内校外、网上网下各方面育人资源和要素的一体化，通过全员的协同、全程的融通、全方位的集成，充分发挥"十大"育人体系的功能和作用，形成育人的合力和整体效应。这样的育人体系还是从体制机制、平台项目、组织保障等方面系统设计、整体推进的工作体系，以综合改革为牵引，明确工作目标和导向，加强组织领导，创新工作平台，实施重点项目，配齐建强队伍，强化条件保障，落实工作责任，形成全要素、多维度一体化推进的工作格局。

（二）全员全程全方位师德养成体系

一体化育人体系还应该是全员全程全方位师德养成体系。推进高校"三全育人"工作，教师至关重要。教师教书育人的过程也是自身受教育、提高自我修养的过程，是教师践行、锤炼、弘扬高尚师德，以德立身、以德立学、以德施教、以德育德的过程。做好"三全育人"工作，前提是要做到"三全"师德养成。这就要求高度重视、着力加强教师思想政治工作，把提高教师思想政治素质和职业道德水平摆在首要位置，把社会主义核心价值观贯穿教书育人全过程，突出全员全程全方位师德养成，强化理论武装，完善师德规范，提高教师理论素养、师德修养、作风涵养，进而提高教师的育人意识、育人能力、育人水平、育人成效，建设政治强、情怀深、思维新、视野广、自律严、人格正的教师队伍和教育工作者队伍，真正把"三全"师德养成同"三全育人"融合成一个有机的整体。

（三）高水平的高校思想政治工作体系

一体化育人体系从根本上说就是更高水平的高校思想政治工作体系。习近平总书记指出，人才培养体系涉及学科体系、教学体系、教材体系、管理体系等，而贯通其中的是思想政治工作体系。加强党的领导和党的建设，加强思想政治工作体系建设，是形成高水平人才培养体系的重要内容。推进高校"三全育人"工作，就是围绕立德树人根本任务，把思想政治工作贯穿教育教学全过程，就是要建立起更加健全有力的高校思想政治工作领导体制、更加协同高效的思想政治工作运行体系。

第二节　"三全育人"的主体

"三全育人"的目标需要通过主体来具体实施，根据"三全育人"综合改革工作要求，"三全育人"包括政府、学校、家庭和社会四大主体，分别从宏观、中观、微观三个层面一体化构建育人工作体系。政府全面统筹办学治校各领域、教育教学各环节、人才培养各方面的育人资源和育人力量，从体制机制完善、项目带动引领、队伍配齐建强、组织条件保障等方面进行系统设计，实现各项工作的协同协作、同向同行、互联互通。学校层面以"十大"育人体系为基础，推动将高校思想政治工作融入人才培养各环节，构建中观的一体化育人体系。家庭和社会从微观层面发挥着重要的"三全育人"协同教育主体作用。

一、政府资源统筹，做好教育顶层设计

习近平强调："道德建设，重要的是激发人们形成善良的道德意愿、道德情感，培育正确的道德判断和道德责任，提高道德实践能力尤其是自觉践行能力。"社会道德建设的成功重在凝聚价值共识，文以载道、以德化人，在崇德向善的文明环境中熏陶人、塑造人。在道德建设上，政府应激发人们形成正向的道德认同和道德情感，如通过向道德模范学习，建立社会公益品牌，人人参

与环境整治，区域化文明共同体等方式，努力创造每个角落都育人的社会氛围。要形成全社会育人氛围，政府必须拥有全局观并制定相应的激励政策。从校外选拔政治素质高、业务能力强的管理干部、业务骨干担任大学生的校外辅导员，指导学生进行社会实践，在劳动生产过程中锻炼学生。此外，协调全社会资源对家长进行子女教育方法的培训，从城市到农村，逐步覆盖，为青年学生成长成才创造良好的社会和家庭环境。

二、 学校教育落实， 搭建教育主体平台

每所学校都有其特定的发展阶段，应根据实际发展阶段，进行内部组织架构调整，优化业务分工，责任到人，以求学校职能运转体系效率最大化。"育人者先育己"，要提高学生的道德水平，首先应对育人者的政治信仰、道德水平进行考核，考核方式有教师的集体备课、阶段性考核、学生评价、家长评价等。传统学校对教师的考核方式过于形式化，没有显著的绩效色彩，应采取竞争机制提高教师本身素质。马斯洛（A. Maslow，1954）的需要层次理论把人的需求分为生理需求、安全需求、爱和归属、尊重和自我实现等五个层次。教师属于高知群体，满足其较高层次上的需求，如尊重和自我实现的需求，有利于激发教师工作活力，如通过打造学校品牌，明确学校的发展与个人发展的关系，从学校办学的历史到学校的影响力愿景，激发全体教职员工的使命感、荣誉感，凝聚人心，汇聚力量。此外，须打造育人场域，不仅育人者要优中选优，场域也要配强配齐，包括硬环境与软环境。应加强学校硬件设施配置，使学生有良好的学习生活体验，全身心投入学习和实践。应重视朋辈教育的力量，在课程学习、志愿服务、科研竞赛、心理辅导等方面设置朋辈课堂，让榜样的力量在大学生自我教育中产生蝴蝶效应。在大学生群体中设立学生信息员，掌握特定群体的思想动态，做好舆情监控，及时发现及时处理，遴选的学生信息员必须世界观、人生观、价值观端正，并且是热心助人的新时代大学生。

三、 社会环境优化， 打通实践育人环节

在人才使用上，如果说学校是生产者，企业则是消费者，培养的人才好不好，还要消费者说了算。为了使"产品"发挥更大作用，生产者、消费者之间

对于这种"产品"——人才的培养方式必须达成共识，进行无缝对接，在生产领域就明确优质"产品"所需要的素质。大学生在学校学习后，须到企业进行实践，再由企业反馈人才培养需要改进的环节，学校论证改进人才培养方案，通过学习—实践—再学习—再实践的闭环，使人才的培养得到企业的认可，也节约了国家培养人才的社会成本。研究生实行校内导师与校外导师"双导师"制的模式能否长效化发展，关键要明确企业的收益点，企业参与育人环节，实际上也要看市场运作，企业投入场地、人力培养大学生，最后能为企业带来多大收益，在校企合作之初就应明确，否则将只是昙花一现，不能最终形成育人合力。

四、 家庭教育完善， 形成家庭育人氛围

父母是孩子的第一任老师，父母的榜样示范作用将对孩子一生造成影响，因此家庭教育显得尤为重要。但从实际情况来看，在中国，很多父母是"无证上岗"。这与我国基本国情是分不开的，很多经济状况不好的家庭，父母被迫外出务工，孩子留在家中跟随祖辈生活，成了留守儿童，这类孩子成长道路上很难得到父母的及时关爱，大多数跟其父母一样，最后也成了新一代的农民工。即使在城市，因为工作节奏较快，父母往往忙于工作，晚上回到家已没有精力管教孩子，特别是很少有时间与孩子深入交谈。中国的父母基本上没有受过专业培训，不知道如何与渐渐长大的孩子打交道，这就造成了孩子如"孤儿"一般，心中困惑得不到解答，情绪不知如何宣泄。青年是祖国的未来，青年的成长代表了国家发展的方向，青年的心态一定要积极乐观，只有他们不怕困难、勇往直前，民族才有希望。因此，政府必须投入资金，协调资源，为家长办好家庭教育课堂，逐渐扩大父母"持证上岗"的覆盖面，使社会这个最小的细胞——家庭，充满和谐与温馨，最终促进家庭育人氛围的形成。

第三节　"三全育人"的内容

"三全育人"立足新时代，从中国特色社会主义教育是知识体系教育同思想政治教育的结合与综合这一基本认识出发，坚持辩证统一，科学认识把握思想政治工作的定位，把促进学生成长作为学校一切工作的出发点，全面整合思

想政治教育、道德法纪教育、心理健康教育、专业知识教育和实践技能教育资源，形成科学的"三全育人"内容体系。

一、思想政治教育

思想政治教育是"三全育人"的首要内容。习近平总书记在十八大报告中提出"实现高等教育内涵式发展"，在学校思想政治理论课教师座谈会上提出"推动思政课建设内涵式发展"，表明内涵式发展已成为新时代教育发展的新要求。内涵式发展强调的是结构优化、质量提高、实力增强，是一种相对的自然发展过程，发展更多是出自内在需求。大学生思想政治教育内涵式发展以习近平新时代中国特色社会主义思想为指导，旗帜鲜明地坚持党管意识形态，探索"凝魂聚气"与"教书育人"相结合的新途径，着力培养一批理想信念坚定、政治素质过硬、理论知识深厚的社会主义事业建设者和接班人。

（一）思想政治教育要坚持立德树人的教育方针

立德树人是我们国家的教育方针，也是教育的根本目的所在，思想政治教育的教育目标、教育内容、教育任务等编制都必须从我国的实际出发，合理地按照我国的政治、经济、社会、文化等情况严格制定。思想政治教育的实施不能脱离现实社会的基本情况，思想政治教育必须正确审视当今社会对人才需求的情况，分析社会人才形势，在保证不偏离立德树人教育方针的前提下，及时地、合理地、有预见性地制定教育方案，并按照要求实施思想政治教育活动，坚决杜绝思想政治教育和现实社会脱节，甚至相悖离。习近平总书记强调："社会并没有定于一尊、一成不变的套路，只有把科学社会主义基本原理同本国具体实际、历史文化传统、时代要求紧密结合起来，在实践中不断总结，才能把蓝图变为美好的明天。"就是告诫我们，一切从我国实际出发，而"三全育人"模式的建立，正是从思想政治教育实效性不足和新时代德育发展方向出发提出的一种思想政治教育方式。"三全育人"教育模式立足于现实问题，致力于解决现实问题，符合国家立德树人的教育方针，也符合当前我国的国情。因此，坚持立德树人教育方针，是协调控制各种矛盾，形成思想政治教育合力的第一步。

（二）思想政治教育要与时代精神相融合

思想政治教育内容是在一定社会背景下教育者有目的、有计划、有组织地传递给受教育者的具有时代精神和价值的政治观点、思想观念、道德规范等。思想政治教育内容必须时刻彰显时代精神，突出时代问题，体现时代特征。党的十九大报告从"五位一体"战略布局的高度，正式将"美丽"作为社会主义现代化建设的一个标准，明确提出建成"富强、民主、文明、和谐、美丽"的社会主义现代化强国的奋斗目标。十九届五中全会上明确提出，"十四五"期间生态文明建设目标，2035 年基本实现社会主义现代化远景目标。在生态环保方面提出"广泛形成绿色生产生活方式，碳排放达峰后稳中有降，生态环境根本好转，美丽中国建设目标基本实现"。在新时代思想政治教育过程中，应加强生态文明教育，将其与物质文明、精神文明等置于同等重要的地位，教育引导广大学生牢固树立"绿水青山就是金山银山"的理念，传承弘扬"右玉精神"，助力美丽中国建设。

（三）思想政治教育要与国情特色相结合

思想政治教育是教育者帮助受教育者形成符合一定社会、一定阶级所需要的思想品德的社会实践活动，体现了思想政治教育内容的阶级性和方向性特征。马克思主义，尤其是中国化的马克思主义，不仅是思想政治教育的根本内容，而且是思想政治教育学的根本指导思想和理论基础。在坚持马克思主义在意识形态领域指导地位这一根本制度的同时，围绕"坚持和发展什么样的中国特色社会主义、怎样坚持和发展中国特色社会主义"这个重大时代课题，形成的习近平新时代中国特色社会主义思想是马克思主义中国化的最新成果。深入学习贯彻习近平新时代中国特色社会主义思想，是全党全国的首要政治任务。思想政治教育工作者要坚持用习近平新时代中国特色社会主义思想铸魂育人，推进习近平新时代中国特色社会主义思想进课堂、进教材、进头脑，把习近平新时代中国特色社会主义思想转化为高校学生增强"四个意识"、坚定"四个自信"、做到"两个维护"的实际行动。

（四）思想政治教育要发挥高校地方优势

高校思政课教材体现了国家对于人才培养的统一要求，受教材容量限制，很多教育资源不能融入其中，未得到充分利用。依据国家对于人才培养的总要求，高校应结合地方特色、学校特色，在充分利用思想政治教材这一最重要课程资源的同时，师生共同开发地方课程、校本课程作为必修课或选修课，使地方教育资源得到最充分开发，从教育内容入手增强思政课的亲和力。

（五）思想政治教育要符合当代青年特点

大学生思想还未完全成熟，其人生观、价值观、世界观还未完全定型，人格有很强的可塑性，很容易受到社会环境的影响，这些不自觉的影响又和学校教育、家庭教育相冲突，使得思想政治教育的实效性不高，这也是社会影响、家庭教育、学校教育三者没有相互协调的结果。以立德树人为基础的高校"三全育人"模式，倡导挖掘一切思想政治教育力量，拓宽育人渠道，整合学校、家庭、社会三处的思想政治教育资源，助推形成思想政治教育的强大合力，让显性的和隐性的思想政治教育双管齐下，全方位开展大学生思想政治教育工作，让人人成为教师，处处变成课堂，增强思想政治教育的实效性。

二、 道德法纪教育

道德法纪教育是"三全育人"的重要内容，是"立德树人"的重要组成部分，也是新形势下高等教育的一项根本任务。加强大学生法纪教育的培养，是全面贯彻党的教育方针，落实立德树人根本任务和深化依法治国实践的根本需要，是全面推进依法治国，加快建设社会主义法治国家，为培养德才兼备的社会主义建设者和接班人奠定坚实的基础。必须坚持厉行法治，推进科学立法、严格执法、公正司法、全面守法，加大全民普法力度，建设社会主义法治文化，构建法律面前人人平等的法治理念。加强大学生的法纪教育是培养和践行社会主义核心价值观的基本保证，要以培养担当民族复兴大任的时代新人为着眼点，强化教育引导、实践养成、制度保障，把社会主义核心价值观融入社会发展的各方面，转化为人们的情感认同和行为习惯。加强大学生的法纪教育是加强大学生思想道德建设中的重要任务，大学生是祖国的未来，民族的希望，加强和改进大学生的思想政治道德建设，提高大学生的思想政治素质，把他们培养成为中国特色的社会主义建设者和接班人，对于实现中国梦具有重大而深远的意义。加强大学生法纪教育是实现社会全面进步和人全面发展的前提条件。教育的根本目的就是实现人的全面发展，遵纪守法是人的综合素质不可或缺的构成部分。高校教育不仅要着眼于学生专业技术能力的提升、语言沟通能力的加强、创新创业能力的培养等，也要重视对学生平时的言谈举止、遵守规章制度和遵纪守法的要求，只有实现人的全面发展，才能实现社会的全面进步，精神文明建设将进入新的高度。

（一）构建四位一体的法纪教育平台

大学生的成长成才离不开社会、家庭、学校的培养，如果家庭、学校或者学生本人对于法纪教育的重视程度不够，都将会导致大学生缺少法纪观念，将会直接造成学生不学法、不懂法、不宣传法的后果。因此，要加强大学生的法纪教育，必须构建"社会—家庭—学校—本人"四位一体的法纪教育平台。社会要高度重视大学生的法纪教育，践行社会主义核心价值观，关爱大学生成长成才全面发展，创建和谐的社会氛围；家庭是法纪教育最基本的环节，家长必须履行监护人法纪教育第一责任人的基本职责，既要重视子女的专业技能，又要注重子女的道德培养及法纪教育；高校是人才培养的摇篮，加强大学生的思想政治教育，真正培养德智体美劳全面发展的新时代大学生；学生个人要认识到法纪教育使大学生具有法纪观念，形成遵纪守法的思想基础，了解自己的权利与义务，面对问题时将如何保护自己的合法权益。

（二）依法建立健全学校各项规章制度

《大学生守则》是每一所学校根据国家的法律法规制定的用于规范学生行为的规章制度，每一名学生都必须遵守，知行合一，做一名合格的大学生。但是，新时代大学生具有极其特殊的个性，偶尔会存在"夜不归宿""考试作弊"等一些违反校纪校规的行为，长此以往容易形成不良习惯，最终学生很难养成遵纪守法的自觉性。因此，要全面贯彻党的教育方针，立足学生的全面发展，构建全员全过程全方位的育人体系，从学生的日常管理抓起，将这些恶习杜绝在萌芽状态中，培养大学生遵纪守法的法律安全观念，做到校园学生管理"无死角"，时刻督促学生全面成长成才。

（三）拓宽大学生法律教育的渠道

虽然高校都会开设法律基础课程，但是单纯依靠法律基础课是不够的，可以拓宽法律教育的渠道，例如定期邀请法律专业的资深专家，进行专业的法律讲座，可以通过与专家互动的方式，将学生的问题转化成知识点的引申与剖析，学生易于理解与应用；通过新媒体的手段，利用可靠的网络平台、新闻网站，对违法违纪行为进行深刻解析，促使大学生阅读与吸收，提高法律意识；大学校园专门负责安全教育的科室可以将学生中发生的典型案例制作成展板或电子屏幕，时时刻刻提醒学生增强法律意识，善于应用法律手段。

（四）建设高校周边良好法制环境

高校是培养人才的教育基地，应联合地方政府职能部门齐抓共管，共同建设和谐的校园环境。创建高校周边和谐环境，仅仅靠高校本身是不够的，需要公安、税务、工商等部门的通力合作。另外，为满足构建和谐社会的需要，每所高校目前都安排了专门的警察人员，他们的信息在校园内随处可见，学生一旦发生问题，专职警员第一时间赶到。在大学生当中深入开展网络安全教育，增强他们的网络责任意识，有效防控各种不良信息的散播，大力倡导健康的网络文化，从而能够自觉抵制各种有害信息的侵扰，成为"慎独"的网民。

（五）营造健康向上的校园文化生活

针对社会思潮开展相应的人文素质讲座，使学生能够充分了解各种社会思潮的本质精神和核心价值诉求，不再被其新奇的外表所迷惑。以各种积极健康的经典文化和多样的文化形式充实校园文化生活，满足大学生不断高涨的求知欲。积极培育大学生的人文精神和人文关怀理念。通过多样的集体活动，大学生充分感受到集体的力量和温暖，形成关爱他人、关心集体的良好氛围。在大学生当中开展传统美德教育，以"己所不欲，勿施于人"的换位思考理念推动大学生构建和谐的人际关系，在提高大学生做事能力的同时，重视大学生做人境界的提升。引导大学生树立合理的消费理念，确立正确的价值观、荣辱观。加大宣传力度，拓展宣传空间，在大学生当中大力倡导理性消费、节俭消费，对存在的不良消费倾向和错误认识给予及时纠正。通过对于先进人物和反面教材的学习，使他们充分认识到人生价值和价值评价的真谛，为自己确立起崇高的精神家园。

三、 心理健康教育

心理健康教育是"三全育人"环节中不可或缺的内容。2016 年，习近平在全国高校思想政治工作会议上强调，要坚持不懈促进高校和谐稳定，培育理性平和的健康心态，加强人文关怀和心理疏导。党的十九大报告提出，要"培育自尊自信、理性平和、积极向上的社会心态"。调查显示，当前大学生心理健康教育面临的新挑战主要有：大学生心理健康水平逐年降低；各学科之间大学生心理健康水平存在显著差异，文科类大学生较理工科类大学生的心理健康水平要低；人际关系敏感和抑郁、焦虑情绪是大学生面对的较为突出的心理问题；大学生预约心理咨询的频率及危机个案发生的概率呈现上升趋势。社会支持系统的欠缺和心理健康教育知识的匮乏是导致大学生心理健康状况下降的重要原因。

　　心理健康教育作为思想政治工作的重要组成部分，是推进"三全育人"综合改革落实落地的有效载体。"三全育人"理念作为心理健康教育工作问题观测的科学视阈，系统折射出当前大学生心理健康教育工作还存在教育主体的全员性凸显不足、教育过程的全域性把握不够、教育方法的系统性整合不优等问题。从全员、全过程、全方位视角着力构建多元协同的组织体系、全域监控的实践体系、全方位融合的方法体系，既是解决大学生心理健康教育现存困境的客观需求，也是构建新时代大学生心理健康教育创新模式的有益尝试。

　　（一）大学生心理健康教育是推进"三全育人"综合改革的有效载体

　　"三全育人"的教育理念兴起于 20 世纪 80 年代。2005 年，全国加强和改进大学生思想政治教育工作会议明确提出"三全育人"的理念。党的十九大召开以后，广大教育工作者积极将习近平新时代中国特色社会主义思想贯穿到教育工作中，重新赋予"三全育人"新的时代内涵。各级教育主管部门也先后开展"三全育人"综合改革试点工作，探索从宏观、中观、微观各个层面构建一体化育人体系。大学生心理健康教育作为思想政治工作质量提升工程中"心理育人"的具体抓手和有效载体，既是推进育心与育德相结合的实践抓手，是全面统筹办学治校各领域、教育教学各环节、人才培养各方面的育人资源和育人力量，也是全面推进"三全育人"综合改革的有益探索。

　　（二）"三全育人"理念为新时代大学生心理健康教育提供理论指导

　　"三全育人"理念自 20 世纪 50 年代开始萌芽，在改革开放初期开始兴起，直到 21 世纪初成熟完善，切实引领了高校思想政治工作的发展航向，勾勒了高校思想政治工作的蓝图。心理健康教育工作是高校思想政治工作的重要组成部分，"三全育人"对新时代大学生心理健康教育发展同样具有理论指引意义。此外，"三全育人"理念中的全员、全过程、全方位三者之间存在着内在的关联性，全员指向育人的主体构成，全过程指向育人的时空边界，全方位则指向育人的方法路径，三者有机结合、融为一体，形成了一套科学的方法体系，系统回答了"哪些教育主体，运用怎样的育人方法，在何种时空边界里践行立德树人根本任务"这一关键问题。因此，"三全育人"理念作为大学生心理健康教育的方法遵循同样具有理论基础和现实依据。

（三）"三全育人"的全员性增强大学生心理健康教育主体力量

首先，从全员育人的要素统筹来看，当前的大学生心理健康教育存在部分主体参与不够、发力不足的问题。如家庭教育主体在大学生心理健康教育工作中很多时候均处于缺位状态。家庭作为孩子的第一所学校，是铸造孩子良好性格和人格的重要场所，家庭环境的优劣，直接影响孩子的身心健康。家庭教育主体毫无疑问在学生心理健康教育工作中占据着重要地位。然而，一段时期以来，由于应试教育的影响，许多家长只看重孩子的学习成绩，甚至片面地认为自己只要能满足孩子的生活条件就行了，对孩子的情感、心理状况缺乏关注。在校大学生出现心理问题后，家长不承担监护责任、拒绝沟通、推诿等不履责行为时有发生。其次，从全员育人的组织运行来看，当前的大学生心理健康教育还存在主体耦合不充分、工作推进不平衡的问题。如家庭教育主体和学校教育主体间尚未围绕学生全面发展这一终极目标构建心理健康教育协同机制，一些家长在孩子出现心理问题后认识不到位、干预不及时、配合不积极。多频度、常态化、系统性的多主体联动机制缺失是当前大学生心理健康教育存在的突出问题。

（四）"三全育人"的全域性强化大学生心理健康教育覆盖面

大学生心理健康教育作为思想政治教育的重要组成部分，内在地具有育人属性，它不是人的发展的异己力量，相反，是把人的本质还给人。因此，大学生心理健康教育不应该是几个孤立的点，而应纵成一条"线"，横成一个"面"，立成一个"体"。然而，单从育人线程上来看，当前的大学生心理健康教育存在全域性不够显著、育人链条不够完整的问题。当前绝大部分高校的心理健康教育工作时域范围通常界定在新生入学至毕业离校，尚未从全生命周期视角系统谋划学生的心理健康教育工作。对学生入校前的心理发展历程关注不够，中学心理健康档案获取困难，毕业后对一些重点个案的跟踪不够等，都是当前心理健康教育线程全域性缺失的显著体现。尤其当前的大学生心理健康教育更多的时候还是作为一项业务性工作在推进，心理健康教育尚未完全融入思想政治教育全过程，还没有真正被纳入学校人才培养体系的"必修课"。

（五）"三全育人"的系统性完善大学生心理健康教育方法

全方位育人作为"三全育人"理念中蕴含的方法要素，涉及理论与实践、线上与线下、课内与课外等多个维度，不同的维度在教育实施过程中均处于不同层次、面临不同问题、依循不同逻辑。从全方位场域审视当前的大学生心理健康教育工作，我们不难发现，不同的教育主体在不同层面的教育实施过程中仍然存在载体方法的融合性和系统性兼顾不够的问题。如家庭教育主体在更多时候仅仅从交流的顺畅与否、情绪的低落与否等浅层要素来评判学生在校的心理健康状况。学校教育主体从全方位视角宏观审视大学生心理健康教育的总体格局较为可观，但从全方位视角仔细窥探"五位一体"中的单个载体仍然存在诸多问题和不足。比如教育教学方面，科研成果反哺教学实践不足、课堂教学匹配育人目标不强的问题仍然显著。在咨询服务和预防干预方面，也存在方式方法较为传统、对线下资源运用较多、对线上平台创新不力、不能将大学生喜闻乐见的元素和媒介融入和应用于心理健康教育之中，目前对心理健康教育全方位育人的研究还不够，尚不能满足现实需要等问题。因此，在构建大学生心理健康教育模式时，既要从平台、载体等实践维度求创新，又要从学科、专业等理论层面求突破。要以思想政治教育理论为基础，把心理健康教育实践作为研究内容，将心理学科与思想政治教育学科有序渗透，有机融合，不断揭示全方位育人的发展规律，为进一步解决好全方位育人工作中遇到的问题提供有效支持。

四、专业知识教育

专业知识教育主要是专业理论课程教育，其为"三全育人"重要内容之一。立德树人是高校的根本任务，立德，要重视以德育为先，通过践行社会主义核心价值观引导和激励学生；树人，要坚持以育人为本，通过专业教育培养提高来塑造当代大学生。课堂教学是实施育人的主阵地。习近平总书记指出："要用好课堂教学这个主渠道，思想政治理论课要坚持在改进中加强，提升思想政治教育亲和力和针对性，满足学生成长发展需求和期待，其他各门课都要守好一段渠、种好责任田，使各类课程与思想政治理论课同向同行，形成协同效应。"专业知识教育通过知识传授与价值引领双轨并行，构建了以专业知识为主体，以提升大学生的家国人文情怀、科学文化素养、科学思维方法为主导的课程教学体系。

（一）加强理论教学工作师资建设

加强师资力量建设。在教育教学中，教师一直起到十分重要的主导作用。尤其在理论教学过程中，增强师资力量，不仅可以提高教师的课堂授课水平，同时对学生能力的提高和科研技术的提高有着十分重要的意义。引进和培养理论教育课程专业教育的教师团队，并对师资进行合理分配，形成较为合理的师资结构等级，从而使教师在提高自身素质的同时，增强学生对课堂知识的吸收和理解。

（二）积极倡导教学模式创新

采用新型教学方法。传统的教学过程中，教师一直处于单调的说教式教学和板书式教学的模式中，使学生在课堂学习过程中很难提升自身的学习兴趣，最终导致学生对课堂教学的参与度大大降低。随着科技的发展，通过互动式教学、多媒体教学及仿真教学等新型教学模式，可以明显提高学生的课堂学习兴趣，吸引学生全身心地投入课堂理论学习，从而也提升了理论教学的水平。此外，这种新型的教学模式可以充分激发教师与学生的互动教学关系，在提高学生的学习能力的同时，提高学生的交往能力及其自信心。

（三）建立科学的综合考核评价体系

改革考核要求和方式。学生在学习中，必然会涉及考试与成绩的问题，在传统的教育模式中，成绩成为每一个学生综合素质的体现。这种考核方式和对学生的评价指标存在较大问题，过度重视学生成绩最终导致学生的自信心下降，综合素质的提升遇到障碍。为更好地提高学生的综合素质，应将能力的培养作为学生培养过程中的重要环节，通过更加灵活多变的测试考试评价指标，将理论、仿真、设计、实践等多方面指标进行综合考量，形成一套适用于绝大多数学生的成熟考核方案，从而达到促进学生综合能力提高的作用。要突出思想政治教育主线，把思想政治工作作为各项工作的生命线，科学认识把握思想政治工作的定位，建立多元多层、科学有效的思想政治工作测评指标体系，完善过程评价和结果评价相结合的实施机制。

五、 实践技能教育

学生的专业理论综合素质和实践创新能力提升是育人的基石，努力提升专业的理论教育与实践教育相结合的教学模式是全面提高学生理论和实践能力的体现。实践技能教育通过课程知识与实践的有机结合，逐步实现爱国主义、哲学辩证思想、认识发展观、科学素养、品格意志力、社会规则秩序和安全意识七个育人思想。

（一）改善实践教学工作的建设

建设企业教学基地实践教学一直是各高校普遍存在的短板，大量工科学生的实践操作能力仅仅停留在实验课程之中，仅有极少数有机会进入工厂、车间，对实际生产中使用到的设备及生产过程中遇到的问题进行研究和学习，无法真正将理论与实际充分结合到一起。企业与高校共创的教学基地建设，是解决这一问题的最佳方案，高校可以将实践教学阶段的课程放在实践教学基地进行，让学生深入工厂学习；同时，对于企业存在的技术问题，可以通过高校平台进行解决。这样的培养方式不仅使学生的综合能力得到提升，同时对于学校的培养模式和企业的问题解决、人才招聘均提出了更合理的解决途径。同时，为校企间的技术转化提供了更加完善的合作平台。

（二）提高实验室和实验设备的安全使用率

高校的重点实验室和大型实验设备，在基础教学过程中存在很大的缺失和资源浪费，高校应鼓励学生参与科研活动，并对重要大型设备的使用进行学习，并有专业教师或设备工程师进行系统化讲授，提高设备使用率，加强安全管理。在学习结束后进行考核，通过考核后即可在课外学术科研中使用大型检测设备进行实验，这对学生提升实验和实践操作能力都会有很大的帮助。对于不同类型的实验室，进行规范化管理，实行安全责任制，对实验室可能出现的安全问题进行分析，在学生进入实验室前进行安全规范培训，在实验期间检查学生安全防护工作，对危险设备和危险试剂进行统一管理，保证学生在实践操作中的安全，确保无安全事故。

（三）积极鼓励科研创新

培养综合能力实践教学分为实践和教学两部分，实践教学中，将学生的学与研进行多层次的结合，可以将实践与教学部分更好地结合，实现生产与科研的一体化，锻炼学生的实践创新能力。在学生实践过程中，鼓励学生参与教师科研项目，支持学生申报各类项目、参与各项竞赛，可以最大化提高学生的自主创新能力和自主学习能力。通过各项国内实践大赛，鼓励学生在参赛过程中，学习课堂外的多种专业模拟软件的使用，例如：CAD、AspenPlus、3D Max、AIMStudio 等。多种软件的学习使用不仅可以使学生的课余活动更加丰富，同时也可以增加学生的知识储备和提高软件操作能力，对学生的综合能力提高有十分重要的作用。同时，学生在教师科研项目中的实验操作可以让学生更好地理解课堂上学到的知识，在理解的同时增强动手能力，从而使学生在未来的工作中能够快速适应工作岗位的要求。

当今社会，专业高技术人才的培养一直是我国教育中十分重要的一环，为了培养国家和社会需要的应用型高等级的技术专业人才，使学生在学习过程中起到主导作用，应更加重视学生的基础技能和操作技能的培养，提高学生的实践创新能力，使学生可以将课堂和书本上学到的知识充分运用到实际工作和生活中。高校的教育模式与教育方法在过去的一段时间依然存在着较大的问题，课堂专业知识讲授较为烦琐复杂，虽然可以使学生的基础知识的掌握有一定程度的提高，但对于学生的未来工作而言存在着十分严重的潜在问题。学生在走出校门步入企业的过程中，无法进行实践操作，大大制约了学生的发展空间。目前，教育手法和方式的改变，逐渐将这个问题进行了有效的解决，高校对学生的实践能力的培养也更加重视。教学体系将理论学习与实践操作紧密联系在一起，从而使教师的主导地位更加明确，使学生的主体地位更加突出，使学生的理论知识、实践操作有机结合，综合素质得到全面提升。

第四节 "三全育人"的载体

"三全育人"目标实现和内容实施必须依托具体载体完成。2017 年 12 月 6 日，教育部发布《高校思想政治工作质量提升工程实施纲要》，首次提出充分发挥课程、科研、实践、文化、网络、心理、管理、服务、资助、组织等方面工作的育人功能，挖掘育人要素，完善育人机制，优化评价激励，强化实施保障，切实构建"十大"育人体系。这一育人体系成为"三全育人"工作的主要载体。

一、统筹推进课程育人

大力推动以"课程思政"为目标的课堂教学改革，优化课程设置，修订专业教材，完善教学设计，加强教学管理，梳理各门专业课程蕴含的思想政治教育元素和承载的思想政治教育功能，将其融入课堂教学各环节，实现思想政治教育与知识体系教育的有机统一。

深入推动习近平新时代中国特色社会主义思想进教材、进课堂、进头脑，开展"四史"教育。完善课程设置管理、课程标准和教案评价制度，实施高校课程体系和教育教学创新计划，推动面向全体学生开设提高思想品德、人文素养、认知能力的哲学社会科学课程，创新高校思想政治理论课建设体系。修订各类专业教材，加强课堂教学设计，推进马克思主义理论研究和建设工程教材、思想政治理论课统编教材编写修订，研制课程育人指导意见，充分挖掘和运用各门课程蕴含的思想政治教育元素，作为教材讲义必要章节、课堂讲授重要内容和学生考核关键知识。发挥专业教师课程育人的主体作用，健全课程育人管理、运行体制，将课程育人作为教师思想政治工作的重要环节，作为教学督导和教师绩效考核的重要方面。加强教材使用和课堂教学管理，建立哲学社会科学专业核心课程教材目录，研制引进教材选用管理办法，建立国家优秀教材评选奖励制度，制定高校课堂教学管理指导意见，明确课堂教学的纪律要求，还要培育选树一批"学科育人示范课程"，建立一批"课程思政研究中心"。

二、 着力加强科研育人

发挥科研育人功能，优化科研环节和程序，完善科研评价标准，改进学术评价方法，促进成果转化应用，引导师生树立正确的政治方向、价值取向、学术导向，培养师生至诚报国的理想追求、敢为人先的科学精神、开拓创新的进取意识和严谨求实的科研作风。

改进科研环节和程序，把思想价值引领贯穿选题设计、科研立项、项目研究、成果运用全过程，把思想政治表现作为组建科研团队的底线要求。完善科研评价标准，改进学术评价方法，健全具有中国特色的学术评价标准和科研成果评价办法，构建集教育、预防、监督、惩治于一体的学术诚信体系，遏制学术研究、科研成果不良倾向，组织编写师生学术规范与学术道德读本，在本科生中开设相关专题讲座，在研究生中开设相应公选课程。健全优秀成果评选推广机制，服务国家和区域经济发展，促进全社会思想文化建设。培养师生科学精神和创新意识，实施科研创新团队培育支持计划、科教协同育人计划、产学研合作协同育人计划等项目，引导师生积极参与科技创新团队和科研创新训练，及时掌握科技前沿动态，培养集体攻关、联合攻坚的团队精神和协作意识。加大学术名家、优秀学术团队先进事迹的宣传教育力度，大力培育全国高校黄大年式教师团队，培养选树一批科研育人示范项目、示范团队。

三、 扎实推动实践育人

坚持理论教育与实践养成相结合，整合各类实践资源，强化项目管理，丰富实践内容，创新实践形式，拓展实践平台，完善支持机制，教育引导师生在亲身参与中增强实践能力、树立家国情怀。

整合实践资源，拓展实践平台，依托高新技术开发区、大学科技园、城市社区、农村乡镇、工矿企业、爱国主义教育场所等，建立多种形式的社会实践、创业实习基地。丰富实践内容，创新实践形式，广泛开展社会调查、生产劳动、社会公益、志愿服务、科技发明、勤工助学等社会实践活动，深入开展好大学生暑期"三下乡""志愿服务西部计划"等传统经典项目，组织实施好"牢记时代使命，书写人生华章""百万师生追寻习近平总书记成长足迹""百万师生重走复兴之路""百万师生'一带一路'社会实践专项行动"等新时代社会实践精品项目，探索开展师生志愿服务评价认证。深入推进实践教学改革，分类制定实践教学标准，适度增加实践教学比重，原则上哲学社会科学类专业实践教学不少于总学分（学时）的15%，理工农医类专业不少于25%。加强创新创业教育，开发专门课程，健全课程体系，实施"大学生创新创业训练计划"，支持学生成立创新创业类社团。完善支持机制，推动专业课实践教学、社会实践活动、创新创业教育、志愿服务、军事训练等载体有机融合，形成实践育人统筹推进工作格局，构建"党委统筹部署、政府扎实推动、社会广泛参与、高校着力实施"的实践育人协同体系，培育建设一批"实践育人"与"创新创业"示范基地。

四、 深入推进文化育人

注重以文化人、以文育人，深入开展中华优秀传统文化、革命文化、社会主义先进文化教育，推动中国特色社会主义文化繁荣兴盛，牢牢掌握高校意识形态工作领导权，践行和弘扬社会主义核心价值观，优化校风学风，繁荣校园文化，培育大学精神，建设优美环境，滋养师生心灵、涵育师生品行、引领社会风尚。

推进中华优秀传统文化教育，实施"中华经典诵读工程""中国传统节日振兴工程"，开展"礼敬中华优秀传统文化""戏曲进校园"等文化建设活动，展示一批体育艺术文化成果，建设一批文化传承基地，引导高雅艺术、非物质文化、民族民间优秀文化走近师生。挖掘革命文化的育人内涵，实施"革命文化教育资源库建设工程"，开展"传承红色基因、担当复兴重任"主题教育活动，组织编排展演一批以革命先驱为原型的舞台剧、以革命精神为主题的歌舞音乐、以革命文化为内涵的网络作品，有效利用重大纪念日契机和重点文化基础设施开展革命文化教育。开展社会主义先进文化教育，开展高校师生社会主义核心价值观主题教育活动，推广展示一批社会主义核心价值观教育典型案例，选树宣传一批践行社会主义核心价值观先进典型。大力繁荣校园文化，创新校园文化品牌，挖掘校史校风校训校歌的教育作用，推进"一校一品"校园文化建设，引导高校建设特色校园文化；实施"高校原创文化经典推广行动计划"，支持师生原创歌剧、舞蹈、音乐、影视等文艺精品扩大影响力和辐射力；广泛开展"我的中国梦"等主题教育活动，推选展示一批高校校园文化建设优秀成果。建设美丽校园，制作发布高校优秀人文景观、自然景观名录，推动实现校园山、水、园、林、路、馆建设达到使用、审美、教育功能的和谐统一。广泛开展文明校园创建，评选"全国文明校园"，把高校建设成为社会主义精神文明高地。

五、 创新推动网络育人

大力推进网络教育，加强校园网络文化建设与管理，拓展网络平台，丰富网络内容，建强网络队伍，净化网络空间，优化成果评价，推动思想政治工作传统优势同信息技术高度融合，引导师生强化网络意识，树立网络思维，提升网络文明素养，创作网络文化产品，传播主旋律、弘扬正能量，守护好网络精神家园。

加强工作统筹，建设高校思想政治工作网，打造信息发布、工作交流和数据分析平台，加强高校思想政治工作信息管理系统共建与资源互享。强化网络意识，提高建网用网管网能力，加强师生网络素养教育，编制《高校师生网络素养指南》，引导师生增强网络安全意识，遵守网络行为规范，养成文明网络生活方式。拓展网络平台，发挥全国高校校园网站联盟作用，推动"易班"和中国大学生在线全国共建，推选展示一批校园网络名站名栏，引领建设校园网络新媒体矩阵。丰富网络内容，开展"大学生网络文化节""高校网络育人优秀作品推选展示""网络文明进校园"等网络文化建设活动，推广展示一批"网络名篇名作"。优化成果评价，建设"高校网络文化研究评价中心"，建立网络文化成果评价认证体系，推动将优秀网络文化成果纳入高校科研成果统计、列为教师职务职称评聘条件、作为师生评奖评优依据。培养网络力量，实施"网络教育名师培育支持计划""校园好网民培养选树计划"，建设一支政治强、业务精、作风硬的网络工作队伍。

六、 大力促进心理育人

坚持育心与育德相结合，加强人文关怀和心理疏导，深入构建教育教学、实践活动、咨询服务、预防干预、平台保障"五位一体"的心理健康教育工作格局，着力培育师生理性平和、积极向上的健康心态，促进师生心理健康素质与思想道德素质、科学文化素质协调发展。

加强知识教育，把心理健康教育课程纳入学校整体教学计划，组织编写大学生心理健康教育示范教材，开发建设"大学生心理健康"等在线课程，实现心理健康知识教育全覆盖。开展宣传活动，举办"5·25"大学生心理健康节等品牌活动，充分利用网络、广播、微信公众号、App等媒体，营造心理健康教育良好氛围，提高师生心理保健能力。强化咨询服务，提高心理健康教育咨询与服务中心建设水平，按照师生比不低于1∶4000配备心理健康教育专业教师，每校至少配备2名专业教师。加强预防干预，推广应用"中国大学生心理健康筛查量表"及"中国大学生心理健康网络测评系统"，提高心理健康素质测评覆盖面和科学性；建立学校、院系、班级、宿舍"四级"预警防控体系，完善心理危机干预工作预案，建立转介诊疗机制，提升工作前瞻性、针对性。完善工作保障，研制高校师生心理健康教育指导意见，保证生均经费投入和心理咨询辅导专用场地面积，建设校内外心理健康教育素质拓展培养基地，培育建设一批"高校心理健康教育示范中心"。

七、 切实强化管理育人

把规范管理的严格要求和春风化雨、润物无声的教育方式结合起来，加强教育立法，遵守大学章程，完善校规校纪，健全自律公约，加强法治教育，全面推进依法治教，促进教育治理能力和治理体系现代化，强化科学管理对道德涵育的保障功能，大力营造治理有方、管理到位、风清气正的育人环境。

完善教育法律法规体系，加快制定（修订）教育规章，保障师生员工合法权益。健全依法治校、管理育人制度体系，结合大学章程、校规校纪、自律公约修订完善，研究梳理高校各管理岗位的育人元素，编制岗位说明书，明确管理育人的内容和路径，丰富完善不同岗位、不同群体公约体系，引导师生培育自觉、强化自律。加强干部队伍管理，按照社会主义政治家、教育家要求和好干部标准，选好配强各级领导干部和领导班子，制定管理干部培训五年规划，提高各类管理干部育人能力。加强教师队伍管理，严把教师聘用、人才引进政治考核关，依法依规加大对各类违反师德和学术不端行为查处力度，及时纠正不良倾向和问题。加强经费使用管理，科学编制经费预算，确保教育经费的合理使用。强化保障功能，健全依法治校评价指标体系，深入开展依法治校创建活动。把育人功能发挥纳入管理岗位考核评价范围，作为评奖评优条件。培育一批"管理育人示范岗"，引导管理干部用良好的管理模式和管理行为影响和培养学生。

八、 不断深化服务育人

把解决实际问题与解决思想问题结合起来，围绕师生、关照师生、服务师生，把握师生成长发展需要，提供靶向服务，增强供给能力，积极帮助解决师生工作学习中的合理诉求，在关心人、帮助人、服务人中教育人、引导人。

强化育人要求，研究梳理各类服务岗位所承载的育人功能，并作为工作的职责要求，体现在聘用、培训、考核等各环节。明确育人职能，在后勤保障服务中，持续开展"节粮节水节电""节能宣传周"等主题教育活动，推动高校节约型校园建设建档，大力建设绿色校园，实施后勤员工素质提升计划，切实提高后勤保障水平和服务育人能力。在图书资料服务中，建设文献信息资源体系和服务体系，优化服务空间，注重用户体验，提高馆藏利用率和服务效率，开展信息素质教育，引导师生尊重和保护知识产权，维护信息安全。在医疗卫生服务中，制订健康教育教学计划，开展传染病预防、安全应急与急救等专题健康教育活动，培养师生公共卫生意识和卫生行为习惯。在安全保卫服务中，加强人防物防技防建设，全面开展安全教育，提高安保效能，培养师生安全意识和法制观念。增强供给能力，建设校园综合信息服务系统，充分满足师生学习、生活、工作中的合理需求。加强监督考核，落实服务目标责任制，把服务质量和育人效果作为评价服务岗位效能的依据和标准。选树一批服务育人先进典型模范，培育一批高校"服务育人示范岗"。

九、 全面推进资助育人

把"扶困"与"扶智"，"扶困"与"扶志"结合起来，建立国家资助、学校奖助、社会捐助、学生自助"四位一体"的发展型资助体系，构建物质帮助、道德浸润、能力拓展、精神激励有效融合的资助育人长效机制，实现无偿资助与有偿资助、显性资助与隐性资助的有机融合，形成"解困—育人—成才—回馈"的良性循环，着力培养受助学生自立自强、诚实守信、知恩感恩、勇于担当的良好品质。

加强资助工作顶层设计，建立资助管理规范，完善勤工助学管理办法，构建资助对象、资助标准、资金分配、资金发放协调联动的精准资助工作体系。精准认定家庭经济困难学生，健全四级资助认定工作机制，采用家访、大数据分析和谈心谈话等方式，合理确定认定标准，建立家庭经济困难学生档案，实施动态管理。坚持资助育人导向，在奖学金评选发放环节，全面考察学生的学习成绩、创新发展、社会实践及道德品质等方面的综合表现，培养学生奋斗精神和感恩意识。在国家助学金申请发放环节，深入开展励志教育和感恩教育，培养学生爱党爱国爱社会主义意识。在国家助学贷款办理过程中，深入开展诚信教育和金融常识教育，培养学生法律意识、风险防范意识和契约精神。在勤工助学活动开展环节，着力培养学生自强不息、创新创业的进取精神。在基层就业、应征入伍学费补偿贷款代偿等工作环节中，培育学生树立正确的成才观和就业观。创新资助育人形式，实施"发展型资助的育人行动计划""家庭经济困难学生能力素养培育计划"，开展"助学·筑梦·铸人""诚信校园行"等主题教育活动，组织国家奖学金获奖学生担任"学生资助宣传大使"。培育建设一批"发展型资助的育人示范项目",推选展示资助育人优秀案例和先进人物。

十、 积极优化组织育人

把组织建设与教育引领结合起来,强化高校各类组织的育人职责,增强工作活力、促进工作创新、扩大工作覆盖面、提高辐射能力,发挥高校党委领导核心作用、院(系)党组织政治核心作用和基层党支部战斗堡垒作用,发挥工会、共青团、学生会、学生社团等组织的联系服务、团结凝聚师生的桥梁纽带作用,把思想政治教育贯穿各项工作和活动,促进师生全面发展。

发挥各级党组织的育人保障功能,进一步理顺高校党委的领导体制机制,明确高校党委职责和决策机制,健全和完善高校党委领导下的校长负责制,推动学校各级党组织自觉担负起管党治党、办学治校、育人育才的主体责任。启动实施高校党建工作评估,全面推开校、院(系)党组织书记抓基层党建述职评议。实施教师党支部书记"双带头人"培育工程,分中央和地方两级开展示范培训。实施"高校基层党建对标争先计划",开展"不忘初心、牢记使命"主题教育,遴选培育全国百个院(系)党建工作标杆,培育建设一批先进基层党组织,培养选树一批优秀共产党员、优秀党务工作者,创建示范性网上党建园地,推选展示一批党的建设优秀工作案例。发挥各类群团组织的育人纽带功能,推动工会、共青团、学生会等群团组织创新组织动员、引领教育的载体与形式,更好地代表师生、团结师生、服务师生,支持各类师生社团开展主题鲜明、健康有益、丰富多彩的活动,充分发挥教研室、学术梯队、班级、宿舍在师生成长中的凝聚、引导、服务作用。培育建设一批文明社团、文明班级、文明宿舍。

第四章 新时代高校 "三全育人" 现状

改革开放以来，高校的"三全育人"相关工作在党和国家的高度重视和方针政策的正确指导下取得了显著成绩，并呈现出勃勃生机的发展态势。"三全育人"工作一直深受重视，研究者们也致力于相关理论和实践的创新研究，但在这片生机的背后逐渐呈现出很多问题，当前"三全育人"存在形式主义的弊病，所提出的口号、要求要远大于具体落实的办法措施，一些现实中亟待解决的问题和深层次的理论思想问题无力解决或是无法将解决措施落到实处。因此，本章重新审视了新时代高校"三全育人"发展现状和成效，对当前"三全育人"工作所存在的问题进行深入分析，并全面分析了影响因素。

第一节 新时代高校"三全育人"发展动态

新时代下"三全育人"的教育内涵进一步深化发展，形成更为开放和动态的教育体系。新时代也对全员、全程、全方位三者高度统一、有机结合、协同发挥作用提出更高要求。在此背景下，教育部发布了两批"三全育人"综合改革试点区、"三全育人"综合改革试点高校和"三全育人"综合改革试点院（系），全国各地呈现出更为良好的"三全育人"发展态势和更为浓厚的全员育人氛围。

一、 新时代高校 "三全育人" 发展概况

党的十八大以来，习近平总书记先后主持召开全国高校思想政治工作会议、全国教育大会、学校思想政治理论课教师座谈会等重要会议，发表了一系列重要讲话，强调要加强全员育人、全过程育人、全方位育人。为此，2020年4月，教育部等八部门出台了《关于加快构建高校思想政治工作体系的意见》

等相关文件，明确提出要深化"三全育人"综合改革，以建立健全"三全育人"体制机制为关键，全面提升高校思想政治工作质量。在此过程中，各高校对思想政治工作的认识不断深化，对"三全育人"这一重要理念的贯彻落实力度不断加强。围绕"三全育人"的相关改革思路和举措充分体现了新时代高等教育立德树人的内在要求，契合了高校思想政治工作的发展规律。

新时代下，"三全育人"的时代特征和教育内涵得到进一步深化和丰富，对全员、全程、全方位三者高度统一、有机结合、协同发挥作用提出更高要求。新时代下"三全育人"中的"全员"更注重社会各种微观环境对大学生的浸润滋养，这包括家庭环境、学校环境、社会环境、社区环境、朋辈群体环境等。在这些微观环境中能够对大学生的思想观念、社会行为、价值导向产生影响的全体人员都被纳入"全员"的范畴，诸如父母亲人、课程教师、辅导员老师、党政干部、优秀校友、宿管阿姨、后勤服务人员等。同时"全程"也被赋予了新的内涵。育人是一项长期工作，它应该贯穿大学生学习成长的始终，传统的"全程"是指从入学到毕业，新时代下我们要发展终身教育。除此之外，新"全程"还强调要根据学生的身心发展规律及不同阶段的学习重点有针对性地实施教育，即抓好学生成长成才的关键点，实施有计划、有针对性、分阶段的大学生思想政治理念教育。"全方位"育人是指有效利用新时代下网络媒体的教育措施、丰富的思政教育资源，拓展教育的传播途径，实现从校园文化、网络文化到社会文化的全方位覆盖。高校的德育工作应围绕学生的全面发展而展开，以培养、完善、提高大学生的全面素质为目的，构建"多位一体"的学生成长成才教育、管理、服务体系。新时代下，"三全育人"强调以系统观念开展大学生的思想政治教育，用浸润滋养的方式，在德育为先的新时代前提下，注重培养和提升学生的实践创新能力。要求各高校的学生管理、课堂教学、思想教育、氛围引导、社会实践等教育教学的相关环节同向同行，协同育人。

随着社会发展，时代性成为育人过程的重要特征。教学内容不断融入时政热点，满足了当代学生的发展要求，提高了学科建设水平。慕课（Massive Open Online Courses，MOOC）、翻转课堂、微视频等方法为教学工作提供新思路，使教学方法增强科学实效。以微信、微博为主的社交软件，以抖音、虎牙为主的直播平台，以新浪、腾讯为主的新闻媒介，都拓宽了高校思想政治工作领域。

育人工作不是单一面，而是涵盖多个环节。多元化是育人方位的发展趋势。网络媒介拓宽育人空间，课程思政整合育人资源，社会实践增强活动体验，科研紧紧围绕教学工作，管理服务弥补育人空白点，文化环境营造良好氛围，资助工作完善育人环节。随着时代发展，育人方位会更加完善，发挥重要作用。

经历几十年的变化和发展，我们看到，"三全育人"其实是一种开放的、动态的、整合的思想政治教育模式。"三全育人"中高校围绕"育人"这个核心目标，根据时代背景的鲜明特征、根据思想政治教育的规律、根据学生身心发展的阶段性特点，不断丰富着自身的内涵。它按照育人队伍、育人时间、育人空间这三个维度来开展协同育人体系，它契合时代发展和思政理论的进化要求，"三全育人"内涵的扩展和丰富，也有利于推动我国高校思想政治教育工作的创新与发展。

二、"三全育人"综合改革试点工作

2018年10月，教育部办公厅正式发布《关于公布首批"三全育人"综合改革试点单位名单的通知》，经报送单位推荐、专家审议、结果公示，遴选产生5个"三全育人"综合改革试点区、10个"三全育人"综合改革试点高校和50个"三全育人"综合改革试点院（系）。清华大学、中国人民大学、北京科技大学、东北大学、大连理工大学、吉林大学、复旦大学、同济大学、东南大学和重庆大学10所高校首批入选。2019年1月，教育部办公厅正式发布《关于开展第二批"三全育人"综合改革试点工作的通知》，产生第二批3个"三全育人"综合改革试点区、15个"三全育人"综合改革试点高校、42个"三全育人"综合改革试点院（系），第二批"三全育人"综合改革试点建设周期为2年。北京大学、天津大学、河北工业职业技术学院、太原理工大学、哈尔滨师范大学、江苏大学、中国科学技术大学、武汉大学、武汉生物工程学院、华南农业大学、海南大学、贵州大学、云南大学、西安交通大学和塔里木大学等25所高校入选。

"三全育人"综合改革试点工作以习近平新时代中国特色社会主义思想为指引，全面贯彻落实全国高校思想政治工作会议精神，深入学习贯彻习近平总书记在北京大学师生座谈会上的重要讲话精神，推动实施高校思想政治工作质量提升工程，强化基础、突出重点、建立规范、落实责任，一体化构建内容完善、标准健全、运行科学、保障有力、成效显著的高校思想政治工作体系，形成全员全过程全方位育人格局，切实提高工作亲和力和针对性，着力培养德智体美全面发展的社会主义建设者和接班人，着力培养担当民族复兴大任的时代新人。

"三全育人"综合改革试点工作坚持育人导向和坚持问题导向，分类型开展"三全育人"综合改革试点工作。根据试点层面的不同，划分为三种类型，即综合改革试点区、试点高校、试点院（系）三类。在学校层面，"三全育人"综合改革试点高校以课程育人、科研育人、实践育人、文化育人、网络育人、心理育人、管理育人、服务育人、资助育人、组织育人等"十大"育人体系为基础，全面统筹办学治校各领域、教育教学各环节、人才培养各方面的育人资源和育人力量，推动全体教职员工把工作的重心和目标落在育人成效上，推动将高校思想政治工作融入人才培养各环节，推动实现知识教育与价值塑造、能力培养有机结合，构建中观的一体化育人体系。

自"三全育人"综合改革试点工作开展以来，各试点地区单位和高校积极响应，深入贯彻落实全国高校思想政治工作会议和全国教育大会等精神，将"三全育人"工作纳入重要工作议题，各级领导干部深入高校调研思政工作情况，各项综合改革举措落细落实落地，实现了"三全育人"综合改革试点工作周密安排部署、高位推动落实，实施高校思想政治工作质量提升工程，搭建了一大批优质的高校思政教育平台，推出了一大批优秀的高校思政工作精品项目，形成了一整套"三全育人"工作机制，打造了一大批"三全育人"的特色品牌，调动全员广泛参与，形成了一系列可复制、可推广的具有地方特色的"三全育人"工作经验。譬如，作为教育部"三全育人"综合试点省（区、市），天津市教委推行教师联合授课、构建多维导师体系、设立实践育人共同体，积极推进思政课改革、课程思政攻坚、实践育人等各项工作的开展，构建高校"三全育人"新格局，大学校园的育人环境焕然一新。2018 年 10 月，天津大学马克思主义学院 8 位青年教师分别被聘为学校化工学院、精仪学院和求是学部"本科生思想政治班主任"，深度参与学生思想政治教育工作，在价值引领、学风班风建设、形势政策教育、帮扶学生学业就业等方面发挥作用。复旦大学校党委谋划布局，系统探索新时代全员、全程、全方位育人的新体系、新思路、新方法，贯彻"三全育人"要求，激发全员育人主体活力，把思想政治工作贯穿育人全过程，全方位覆盖育人空间场域，构建"三全六度十育人"工作格局，着力形成各种育人元素作用充分发挥、全员全程全方位育人文化全面养成的一体化育人体系，实施"六度空间"协同育人工程，有效贯通第一课堂、书院和学生生活园区、科研与创新创业、劳动和社会实践、海外交流、网络新媒体，推进教师思政、思政课创优、课程思政攻坚、书院立德修身、科研育人、文化育人、劳动教育、网络育人、组织育人、管理服务育人等十项重点任务。2021 年 1 月，为系统总结湖南自 2019 年 1 月入选全国"三全育人"综合改革试点区以来的理论和实践创新成果，由中共湖南省委教育工作委员会、湖南省教育厅主办，湖南大学、湖南省教育科学研究院承办的为时代育新人"三全育人"高端论坛，汇聚了湖南省内外高校代表、知名专家学者交流"三全育人"成就、经验和思考，形成并发布了《"三全育人"湖南共识》，共识包括"理论武装，思想铸魂、立德树人，目标引领和问题导向，精准施策"，论坛总结了"坚持以新思政观引领改革，坚持全员参与、全程贯通、全方位协同和坚持政府、学校、家庭、社会四方联动"等重要经验。再譬如，作为江苏省属高校中唯一一所获批教育部"三全育人"综合改革试点高校的江苏大学，积极推进"三全育人"综合改革实践，充分挖掘、整合全校育人力量，扎实推进各项工作，聚焦"创新创业人才、卓越人才、精英人才、国际化人才、知农爱农一流人才"培养，以促进学生成长成才为中心，以提高思想政治工作质量为核心，以全面提高人才培养能力为关键，以构建协同育人机制为重点，充分发挥各类优势与资源，坚持育人与问题导向，抓好"制度、队伍、评价体系"三个关键，实施"四大工程"，推进"五项行动"，形成了育人机制"大协同"、思政教育"全贯通"、育人要素"强融合"的一体化"大思政"模式，推动各领域、各环节、各方面的育人资源协同、贯通与融合，构建以"十大"育人体系为基础的一体化育人新格局，取得了显著成效。

第二节　新时代高校"三全育人"成效与问题

"三全育人"理念的提出对高校思想政治教育工作具有深远的意义。2017

年，中共中央、国务院印发的《关于加强和改进新形势下高校思想政治工作的意见》中明确提出 "三全育人" 要求，对新时代高校思想政治教育工作的开展起到良好的指导作用。自 2018 年 5 月教育部开展高校 "三全育人" 综合改革试点工作以来，"三全育人" 积累了经验、总结了规律、取得了成效，在育人视野、育人素质、育人范围和育人资源等方面取得一定成效。但部分地方及高校在落实 "全员育人、全过程育人和全方位育人" 的具体工作过程中仍存在需要深入思考和着力破解的现实问题。

一、 新时代高校 "三全育人" 成效

（一）育人视野不断拓宽

经济全球化环境和多元文化的影响为 "三全育人" 提供了更广阔开放的发展视野，其成效主要体现在学生个体发展和高校教育理念革新这两个方面。从个体的角度来说，"三全育人" 无疑为高校学生提供了一个更加开放的教育环境，致力于促进学生多元思维的发展，使大学生的思想更加饱满成熟，表现出与以往不同的开放、独立、活跃等特点，具备全面看待问题、冷静分析问题、探索创新问题的能力，不再墨守成规，能够大胆地表达自己的看法，拥有不同的个性。在 "三全育人" 的教育理念下，学生能够通过实践育人、科研育人等途径更加密切地关注外部社会环境的变化，表现出更强烈的求知欲，喜欢接触新鲜事物并有较强的学习动手能力。随着科学技术和网络环境的迅猛发展，高校学生在思想上也不断进步，单一的文化课程学习形式已经不再是他们的主要诉求，他们更容易接受隐性教育模式，同时期望在学校中受到潜移默化的熏陶感染，以提高自己的修养素质和能力水平。"三全育人" 将立德树人理念融入大学生学习生活的方方面面，通过 "知识能力 + 道德品行" 的评价方式提高学生的综合素质，使新生代大学生学会做人做事，更具有适应社会的能力，拥有更强的竞争优势。从教育理念角度来说，"三全育人" 的育人模式正在逐渐克服传统社会应试教育带来的一系列弊端，取而代之的是以更加全面、更加开放的姿态迎接高等教育改革，强调高等教育要做到以人为本、尊重个性差异，让学生得到全方位、立体化的发展。传统教育模式下的思想政治教育具有鲜明的工具性，教育手段以灌输式为主，教师占据主体地位，在一定程度上限制了学生的自主性、独立性发展。在现代的 "三全育人" 机制下，高校育人模式开始

回归"以人为本",注重育人方式的创新转变,在立德树人理念的引导下注入新的活力,激发学生的自主能动性,更新育人理念,消除传统教育模式对学生个性发展的限制,推进育人理念的改革、创新,实现思想政治教育工作的有效渗透。

（二）育人素质不断提高

截至 2019 年,我国的高等教育毛入学率已超过 45％,即将由高等教育大众化阶段迈入普及化阶段。随之而来的主要问题是由数量扩张到内涵质量的转变,尤其是我国进入特色社会主义新时代后,对人才培养的质量要求也越来越高,急需高校引进一批具有高素质的专业人才。实行"三全育人"后,高校对教师和各部门职工的科学文化素质要求大幅度提升,对人才引进的需求门槛有所提高,教职工学历层次有了显著提升,进而使全体育人队伍的教学、科研、管理能力稳步上升。"人创造环境,环境同样创造了人",专任教师、辅导员等在承担日常教学管理事务过程中起到"活教材"的作用,能够让学生从高学历人才的学术、学业成就中切身感受到榜样的力量,激励学生在良好的育人氛围中学习。育人队伍的科学文化素质的提高为"三全育人"奠定了坚实的人力资源基础,进一步实现"教书育人",使高校更加容易通过学风建设等载体开展大学生思想政治教育。大学生既是教育对象,也是教育的主体。在"三全育人"机制下,学生占据教育的主体地位,更加配合育人工作开展,更加积极主动地参与教学全过程。在新时代,社会主要矛盾已经由物质文化的一元化层次转向美好生活的多元化层次,参与高等教育人才培养逐渐变成全社会的广泛共识,很大程度上提高了教师、家长的育人意识和育人素质,为学生营造出学校、家庭、社会等多方面共同努力的育人氛围。

（三）育人范围不断延伸

"三全育人"贯穿大学生从入学到毕业的始终,在时间上表现出持续性,育人工作覆盖到教育教学的所有环节、所有时段,甚至一些高校将育人范围延展到在校学习范围以外的假期实践,体现了"三全育人"的连续性。新时期立德树人的根本任务对人才培养提出了更全面的要求,提倡育人工作的精细化开展,更注重育人的每项工作细节展开,高校思想政治工作也需要不断扩大教育范围。在传统育人理念下,思想政治教育应该从学生接受入学教育的那一刻开始,但新时期"三全育人"的理念认为这一开端早已超越了开学的界点,众多高校在"三全育人"理念的指导下纷纷展开新的尝试。例如，清华大学在给新生邮寄的录取通知书上写下"要在平凡的世界努力做一个不平凡的人"的寄语，激励学生不忘初心、努力奋斗，规定教师和学生的"开放交流时间"，提倡每位老师都从一周中抽出一小时的时间专门与学生交流互动，教师对学生的各种问题进行解答，搭建一个师生沟通思想、生活、学习的开放平台，体现了时时、处处有育人；南开大学电光学院自 2014 级学生入学以来，每个寒暑假都会分层分类，为不同年级学生布置"作业"，将思政教育延伸到学期之外，2019 学年的寒假作业采用了网络热门的话题"集五福"，分别对应寒假学业科研、复盘规划、社会实践、人文素养提升及孝老爱亲五个专题；等等。传统的育人模式一般认为，教育工作的终点到学生毕业离校为止，而在新时代"三全育人"的模式下，大部分高校在毕业生离校后会对其后续就业、升学的情况进行跟踪调研，了解毕业生对母校教学质量的满意程度，一些高校还会定期通过校友会或校园公众号、QQ 号向毕业生推送母校各类消息等，加强校友之间的沟通。"三全育人"使高校育人的起点向前延伸、终点向后延伸，有利于引起全社会对高等教育工作的关注，拓展了立德树人的时间范围。

（四）育人资源不断丰富

"三全育人"充分利用各种教育资源和教育载体来开展育人活动。新时代中国特色社会主义的新使命不断助推立德树人内涵的深化与外延的拓展，对于社会主义新时期出现的高等教育难题，我们到底采用何种方式、何种方法予以解决，如何实现培养社会主义建设者和接班人的任务，成为"三全育人"亟待回答的难题。一方面，随着科技和网络环境的飞速发展，"三全育人"逐渐填补了育人资源上的部分空缺，产生了"网络育人"的途径，借助网络载体开展大学生思想政治教育是新兴的育人模式。如慕课的出现对传统课堂教学形式提出了新的挑战，高校纷纷反思传统课堂教学形式带来的问题，结合慕课的新手段对大学生进行思想政治教育；得益于"大数据"时代的来临，基于我国"大数据"战略实施开展，高校开始利用精准便捷的科技优势对学生进行高效便捷的教育、管理；等等。这些现实问题成为新的研究课题，使"三全育人"的意蕴更加丰富，给立德树人带来了更多机遇与挑战。另一方面，"三全育人"利用丰富的网络资源，使教师可以从海量资源中查找相关资料来丰富教学内容，学生在任何时间、任何地点都可以与老师沟通交流学习和生活上的问题，课堂教育教学不再刻板枯燥，进一步提高了思想政治教育的实效性。同时，"三全育人"将家庭、社会与学校教育融合为一体，形成强大的教育合力，为获取更多教育资源、开展更大范围的立德树人工作提供了更广阔的空间，高校学生吸收各种先进思想和优秀文化，强化了自身修养和道德品质升，形成现代化的价值观念。"三全育人"的教育机制使教育者和受教育者在学习、生活的沟通交流中保持相对平等的状态，教师的教和学生的学是双向互动的，利用更多的交流平台减轻学生的负担，更加尊重学生的隐私，能够在一个相对轻松的环境中，更加自在地畅谈自己的想法、发表自己的观点，解决生活、学习中遇到的困难和问题，有利于形成融洽的思想政治教育氛围。

二、 新时代高校 "三全育人" 存在的问题

（一）全员育人的理念共识需要强化

"全员育人"就是要调动全体教职员工的积极性，实现人人有责、人人尽责。"全员"是指学校的全体教师、辅导员、行政管理人员乃至教辅人员、后勤服务人员等所有教育主体。实现全员育人要强化高校全体教职工的育人意识，人人都要共同参与育人过程中，承担起各自的育人职责。因为，学生接受的教育，来自学校的每个岗位和每一名教职员工，只有始终围绕"学生"这一核心，根据立德树人的总体要求，结合高校教职工不同的工作属性、内容范畴、服务对象，建立富有差异性和针对性的育人责任清单，充分发挥教书育人、管理育人、服务育人、环境育人与自我教育等功能，才能达到全员力量的整合。同样，全体教师只有具有并强化全员育人的意识，才能充分认识到岗位角色与育人责任的相关性，认识到能力与责任的对应性，找到自己应该承担并承担得起的那份育人责任并发挥自身的育人作用，与其他人分工合作、相互补充、相互配合，最终实现立德树人，实现全员育人的目标。

尽管习近平总书记对高校思想政治工作和"三全育人"工作提出了明确的要求，部分高校领导及教师对"三全育人"工作的重要性仍认识不够，在全员育人方面还面临着育人力量相对分散，育人队伍的主体意识淡漠，缺乏主体责任担当，全员育人的系统合力有待进一步加强等问题。具体表现在以下方面：

1. 教师的育人功能待深挖

教师肩负教书育人职责，在育人主体队伍中发挥关键性作用，但存在轻重

偏差问题。由于长期受到科研及就业压力的影响，部分高校形成了重视学术研究、注重技能培训、轻视人文素质的风气。在部分专业课教师中，重科研轻教学、重教书轻育人、重智育轻德育的现象仍然存在，一些教师认为"只要完成手头的教学科研任务就可以了"，缺乏抓好育人工作的责任感和热情，对学生的思想生活状况和身心发展漠不关心，不能自觉将立德树人作为首要任务，立德树人意识扎根不牢，少数教师对"课程思政"重视程度不够。首先是重理论、轻实际问题。思想政治工作以传授理论知识为主，加强学生思想政治知识底蕴，引导学生坚定政治立场，树立良好品德，塑造独立人格。然而，在不同发展阶段，大学生会遇到不同的思想政治问题，如如何树立理想信念、坚定政治立场、正确看待社会热点、正确处理理想与现实的差距等实际问题。在日常教学中，教师主要通过外部灌输方式传授系统理论知识，与学生的实际生活联系不紧密。其次是重智育、轻德育问题。按规定课时向学生传授知识，成为多数教师的教学模式。这种教学模式能够迅速提升学生的思想政治理论素养，难以有效提升学生的思想道德素养。理论知识考试，或学术论文成果，成为期末考核的主要形式。这种方式只能考核学生对理论知识的掌握情况，无法直接检测学生在思想认识、政治立场、道德品质、心理素质等方面的变化。最后是重内容、轻方法问题。当代大学生生活在网络时代，思维活跃，善于运用新媒体，接受新事物能力较强。理论知识相对枯燥乏味，会造成学生不听课的隐形逃学现象。这就要求教师要运用学生喜闻乐见的教学方式，如探讨式、启发式等，使理论知识趣味化。在党中央号召下，高校教师不断学习新理论、新思想，夯实知识功底，深化理论研究。然而，仍有部分教师偏重理论知识传授，忽略教学方式对传授知识的重要作用。

2. 辅导员队伍专业化程度待提升

社会分工细化程度决定岗位工作专业化程度，辅导员岗位亦是如此。辅导员负责大学生日常管理工作，其职责定位、职业素质、知识素养和工作水平直接影响培育时代新人工作的水平，但辅导员队伍建设仍有巨大提升空间。首先是辅导员队伍建设年轻化问题。我国高等教育普及化程度提高，高校扩招成为发展趋势，辅导员数量随大学生规模扩大而增长，优秀毕业生为辅导员队伍注入新的发展动力。年轻辅导员与大学生在心理、生活、沟通或行为等方式上具有相似之处，具有工作优势。大学生是一个特殊的社会群体，处于发展阶段，会产生诸多困惑，需要外界引导。但年轻辅导员生活阅历、社会经验相对较少，面对突发性或应急性事件，难以为大学生提供指导性帮助。其次是辅导员队伍流动性过快问题。年轻化会造成岗位流动过快的弊端。年轻人工作积极性高，追求职位晋升。在从事辅导员工作后，部分年轻人认为辅导员工作偏向于行政岗位，没有发展空间，职称晋升困难，将辅导员岗位作为事业的敲门砖，或继续考博深造，或寻求调岗机遇，或选择离职。最后是辅导员岗位职责模糊化。教育部规定，专职辅导员与大学生的配备比例为1∶200，同时规定了辅导员的九项职能。在现实工作中，许多高校难以达到配备标准，或超标准为学生配备辅导员，甚至出现一名辅导员管理几届学生的混乱现象。辅导员主要负责学生思想政治工作、学生党支部建设、心理健康、学生科研、校园文化、就业事宜及实践活动等工作，还需负责诸如学生考勤、评奖评优、检查卫生、追缴学费、安排勤助等琐碎事务。总之，辅导员工作范围广，职责界定模糊，本职工作难以深入开展。

3. 职能部门的服务育人功能薄弱

目前，思想政治教育任务是专任思政教师、辅导员、班主任队伍的任务这种现象仍较为普遍，全员育人理念难以落到实处。职能部门人员是育人队伍的重要补充，其高效协作是高校思想政治工作顺利开展的重要保障。全员育人是"三全育人"的关键，然而部分教职员工对"三全育人"的理念认识不够到位，主动服务意识不足，服务效率和服务水平有待提升，这些因素都在制约着全员育人合力的提升，亟须解决。在现实工作中，高校职能部门人员的服务育人功能相对薄弱。首先是育人理念淡化问题。职能部门人员是学校教育良性运转的重要力量，高度配合院系辅导员开展学生工作，积极配合教师开展教学工作，自觉树立育人意识，有助于推动高校思想政治工作高质量发展。在传统教育理念影响下，部分职能部门人员角色定位不准，将学生工作归于院系辅导员，把教书育人工作归于担任教学工作的教师，认为岗位本职工作是完成上级部署的任务，不直接教育学生，育人主体角色定位不清晰，工作职责定位模糊，育人理念淡化。其次是服务效率低下问题。职能部门人员以为学生提供优质服务为重要工作职责，是高校育人队伍的中坚力量，尤其是与学生紧密联系的职能部门人员，更应发挥为人师表作用。部分职能部门人员不能正确认识本职工作的服务职能，单纯将工作视为谋生手段，缺乏无私奉献精神，围绕个人现实利益开展工作，为人师表作用失效。职能部门人员不直接接触学生，不了解学生的行为方式，远离学生的日常生活，不善于与学生进行沟通。少数职能部门人员为学生服务意识淡薄，服务态度散漫，服务方式粗暴，服务效率低下，严重影响学生对职能部门老师的整体认知。

（二）全过程育人的有效衔接需要落实

"全过程育人"就是要将育人贯穿教育教学全过程和学生成长成才全过程，这就要求全校各级组织、全体教职工要落实好全过程育人，坚持正确的育人导向，遵循过程育人规律，认真研究大学生从入学到毕业整个过程成长成才的基本规律，健全学校全过程育人机制。贯穿学校、家庭、社会、学生"四位一体"育人通道，精心规划从低年级到高年级不同阶段的思想政治教育的工作重点和方法措施，分年级、分时段有针对性地进行大学生思想政治教育，推动思想政治工作融入人才培养各环节，促进学生全面、健康成长。落实落细思想政治工作主体责任，实施育人职责清单制，将监督和考核融入整体制度设计和育人过程的各个环节。着力打通学校育人过程中存在的盲区、断点，加强各个环节中的思想政治教育，真正把各项工作的重点和目标落在育人效果上。

学生的全面发展是一个渐进式的过程，高校在开展思想政治工作时，应当遵循学生成长规律，根据学生在校期间不同阶段的身心发展特点，有针对性地开展教育引导，使育人的各项工作覆盖学生成长的全过程。高校育人工作起始于入学，体现于教学、学习、生活和就业等方面，贯穿于假期，终止于离校。做好育人过程的衔接工作，直接关系到育人目标能否实现。目前，在全过程育人环节中，还存在以下问题：

1. 阶段性教育衔接不够

大学是一个阶段性学习过程，分为三个时期：入学时期、关键时期和毕业时期。不同时期存在阶段性问题，入学时期问题主要在于如何迅速适应新环境，实现身份角色转换；关键时期问题主要在于素质水平和社会要求不同步问题；毕业时期主要问题在于理想和现实悬殊。在入学时期，新生会产生较大的心理变化，实现高中奋斗目标而兴奋，踏入新学校而憧憬，进入新角色而期待，失去学习动力而迷茫，面对陌生环境而焦虑，体验轻松课程而懈怠，从积极心理转变为消极心理，负面情绪表现突出。高校意识到心理健康课程的重要性，却忽略理想信念教育课程和职业规划课程的关键作用，错失思想政治素质养成初始阶段。在关键时期（大二、大三年级是思想政治素质养成的关键时期），学生已经适应新环境，积极投入新生活，却会面临新的发展问题，如"三观"养成、政治社会化、道德养成、心理素质等。思想政治课程体系完善，能提升学生认识能力，促进政治社会化，提高道德素质，增强社会适应性。在这一时期，高校主要开设各学科专业课程，举办专业技能比赛，加强学生的专业知识素养，强化实践操作和专业技能，忽视思政课程对学生综合素质的作用。在毕业时期，高校学生已基本完成专业知识输入，将要寻找工作机遇，做好踏入社会的充分准备。高校开设就业指导课程，提供多样化就业信息，却忽视严峻的就业形势，给学生造成严重的就业心理压力，未开设就业心理指导课程和职业道德课程，难以引导学生消除就业压力，提升职业道德素养。在实际育人工作过程中，高校往往存在重视大一开学季和大四毕业季两个衔接阶段的教育及管理，忽略中间阶段对学生进行思想政治教育工作的现象，导致"两头紧、中间松"，不符合"三全育人"倡导的将思想政治教育覆盖至学生求学成才全过程的教育理念。

2. 课堂与课外活动衔接相对较少

随着教育改革深入推进，高校普遍重视学科教学工作，注重教学工作高质量发展、教学目标高要求完成。然而，课堂教学和课外活动引导仍然存在许多不足。首先是教学内容与日常生活联系较少。思想政治学科主要通过向学生传授一定的思想观念、政治观点、道德规范，提升认识能力，导向奋斗目标，保证知行合一，挖掘内在潜能。大学生思想敏感，行为冲动，易受外部环境影响，产生社会道德滑坡、诚实守信缺失等道德问题，理想信念淡化、政治方向偏离、极端个人主义等政治问题，艰苦奋斗淡薄、吃苦耐劳淡化等思想问题。教学工作具有规范性特征，这导致完成知识性目标、忽视学生实际生活等问题较为突出。其次是课堂时间和课外时间差距较大。无论是哪个层次的高校学生，在校时间既包括上课时间也包括课余时间。教学是一个双向互动的教育过程，既要求教师高质量教课，也要求学生高效率学习，充分运用课余时间，巩固学习成效。同时，一些教师对大学生世界观、人生观和价值观形成的内在规律把握还不够，对如何将理想信念教育融入人才培养各个环节的针对性措施还不多，未能协同推进全程育人在时间维度上的持续性与效果维度上的深入性，一些教师和管理干部还存在着行政化倾向严重的问题，缺乏对学生的关爱和引导，导致学生群体参与课余活动积极性不高，对教师存在距离感、畏惧感等。

3. 寒暑假期教育相对欠缺

无论是专本生还是硕博生，都需要以学年为单位在学校上课，完成学校规定的学业，享受国家法定节假日，还有长达三个月甚至四个月的寒暑假。寒暑假成为高校育人工作的断点，如何有效解决育人断点成为亟待解决的问题。首先是寒暑假期思想政治教育内容缺失。寒暑假，多数学生选择回家，或去其他城市从事兼职工作，或结伴旅行，少数学生选择留校。寒暑假不仅是学生的福利，也是老师的福利。寒暑假，老师不上班，无法开展课堂教学工作，学生不上课，无法集中进行知识学习研讨，导致思政课程及学科教学无法正常开展，思想政治教育内容难以有效传授给学生，育人功能失效。学生在假期会遇到不同的人群，思想、心理和行为难免会受到潜移默化的影响。无论是对留校生还是对未留校生，学校一般强调人身财产安全问题，容易忽视思想政治教育。其次是寒暑假期思想政治教育方法不足。高校思想政治工作方法不能单一化，应具有多样性。思政课教师或各学科教师在日常课堂教学中直接传授理论知识，能及时疏导学生思想，引导学生抵制不良诱惑，消除心理障碍，实现综合育人作用。思想政治教育融入校园文化环境建设，能潜移默化地影响学生的思想、心理和行为，达到育人功效。但在寒暑假期，教师无法使用常规方法，只能多运用手机媒介或线上方法开展育人工作，育人时间零散。而且通过线上方法难以准确地掌握学生的思想动态和行为表现，育人工作缺乏针对性。相比于日常工作方法，寒暑假育人方法相对单一。

（三）全方位育人的系统联动需要完善

全方位育人是指高校各个领域中的各项工作，各项工作中的各个环节，均承担着学生教育的责任和分工，这些责任及分工的有机结合，构成学校学生思想政治教育的整体系统。根据《高校思想政治工作质量提升工程实施纲要》，高校应充分发挥网络、心理等各方面工作的育人功能，将立德树人覆盖到课上课下、网上网下、校内校外，实现处处着力、处处有力。这就要求各单位、全体教职工要高度重视全方位育人，建立和完善党委统一领导、党政群齐抓共管、专兼职队伍相结合、各部门紧密配合、学生自我教育的全方位育人领导体制和工作机制。科学认识并把握思想政治工作的定位，坚持育人导向，突出价值引领，整合各方育人资源，把促进学生成长作为学校一切工作的出发点，调动一切积极因素，利用一切条件和途径，采取多种方法和措施，对大学生进行全方位的思想政治教育，在充分发挥思想政治教育主渠道、主阵地作用的同时，着重探索新形势下大学生思想政治教育的新方法、新途径的育人功能，切实将思想政治工作全方位融入学校办学治校之中。

立德树人理念是育人工作的起始点，实践活动载体是关键点，校园建设环境是关节点，科学研究工作是连接点，优秀文化氛围是特色点。全面把握育人方位，是提升育人工作实效的重要因素。对照中共中央和教育部的要求，很多高校在全方位育人过程中还存在以下问题：

1. 育人机制协同联动存在缺陷

在长期活动探索中，高校实践育人工作取得巨大进展，但缺乏科学高效的运行机制。责任体系尚未形成，实践育人体系仍独立于学科教学体系，尚未融入学校全局工作，以党委领导、院系负责、教师指导的上下联动工作体系尚未形成，组织、监督、评价等机构设置不规范。科研育人、管理育人基本停留在理念层面，属于典型的盲点区域；部分教职工对"严格管理也是教育"的理念及"科学管理具有道德涵育功能"理解不到位，对"如何在管理岗位考核中突出育人功能发挥"或心中无谱，或瞻前顾后；管理"失之于宽、失之于软"的现象普遍存在；思想政治理论课教师与专业课教师沟通联系不足；辅导员、学业导师与专业课教师的互通互联不足；教师作用尚未发挥，许多学校困于指导教师严重缺乏、教师缺乏知识储备和实践经验；高校与社会、家庭之间互通互联不足；第一课堂、第二课堂、第三课堂之间的互通互联不足；等等。

2. 育人内容形式联动存在欠缺

一是理论与实践内容联动不足。在传统教育理念影响下，理论知识高于实践活动成为主流教育思想。随着时代发展，"内容至上的观念正在不断被颠覆和修正"，实践育人成为新的研究视角，其价值和功能不断被发掘，但仍存在发展短板。高校实践育人类型多样，包括以思想政治为中心的爱国主义教育、生产劳动教育等，以社会服务为中心的"四进社区"、环境治理等，以产学研相结合为中心的校企联合、实践基地等，以学生社团发展为中心的志愿活动、社会公益等。部分学校在开展思想政治工作中创造出形式新颖的实践育人活动，但无法与学生的现实需要、专业特征等方面高度匹配，导致活动形式重内容轻实效，实践育人活动流于形式化。实践育人活动只停留于科学理论表面，只满足表面形式，难以实现科学理论和实践活动有机结合，甚至缺乏科学理论指导，只侧重于实践性。二是知识与文化育人联动不够。部分高校在开展育人工作时，育人手段不够全面，单纯依靠思政课、专业课、德育基地等主渠道，尚未充分利用校园文化、社团活动等学生喜闻乐见的形式进行隐性教育，思政教育的趣味性不足。高校理应响应党中央号召，加强主流文化教育。然而，学校重视就业率带来的招生率，优先考虑专业技能课程安排，轻视主流文化课程。主流文化内容并未形成独立的课程体系，只散见于思政课程之中，多以主题活动、讲座论坛等形式呈现。唯有形成独立的课程体系，才能有效发挥文化育人作用。人才成为竞争的核心，而素养是人才竞争的关键，文化素养是重点。开设系统而独立的文化内容课程体系，是培养素质型时代新人的内在要求。三是科研与服务联动不足。科研育人旨在通过科学研究培养学生高尚的学术道德、坚定的政治立场、求真的科学精神，贴合以学生为中心的教育理念，契合培养时代新人的教育要求。科研工作既能增强学生的研究能力，还能发挥重要的育人功效。然而，重科研，轻育人，即科研与育人相脱离，成为科研育人工作的短板。科研是高校教师评定职称的重要标准之一。高校教师承担类型多样的科研项目，为提高项目进度，常常要求学生参与其中。部分教师只追求科研工作带来的经济效益，忽视科研精神、学术道德，给学生造成严重的负面影响和心理压力，激化师生矛盾。部分教师精神松懈，道德滑坡，未严格要求自己，不认真对待科研工作，抄袭他人科研成果，造成学术不端的严重后果，科研育人意识薄弱。引导学生将科研投入社会服务的教育欠缺，科研育人考核机制缺失，教师的科研育人成效无法评定，学生在学术道德、科研精神、人生理想等方面的成长无法测评，无法直接判断科研育人成效。

3. 育人渠道平台联动缺乏衔接

"思想政治工作过不了网络关，就过不了时代关。"网络育人起源于互联网社会发展所带来的高校育人环境、育人对象的深刻变化，逐渐成为育人新风向，是高校育人工作体系的重要组成部分，具有巨大发展空间。由于利用渠道有限、方式方法单一，对基于网络技术的新媒体平台等学生使用率较高的平台不够重视，拘泥于传统的教育方式，教育过程中理论讲授居多，实践领悟较少，影响了育人的实际效果。首先表现在网络育人内容单一。"00后"成为当代大学生的主力军，伴随互联网高质量发展而成长，具有较强的信息敏感性，身处融媒体时代，深受网络影响。在线学习、网上购物、信息收集成为高校学生使用互联网的主要目的。运用网络媒介开展育人工作成为时代潮流。然而，现实供给和学生需求存在偏差，即网络育人内容单一性和学生网络需求多样化之间的矛盾。网络是宣传社会主流意识形态的主阵地，但多数高校在网络平台以宣传政策性内容为主，宣传内容相对单一，以单向传授为主要手段，缺乏交互性，难以判断学生的接受程度。其次表现在网络育人平台滞后。网络打破育人工作限于物理空间的局限，将高校育人工作从物理空间延伸至虚拟空间，增强了高校育人工作话语权。在融媒体时代，网络育人平台层出不穷，但建设相对滞后。从平台设计看，校园建设、就业信息、课堂教学、热门活动、心理咨询等方面是主要板块；多数网络育人平台设计形式类似，缺乏新颖性。从使用效果看，多数高校构建了网络育人平台，但使用流于形式，摆设性大于使用度。QQ、微信是高校开展育人工作的主要网络渠道，但使用层次不一致，QQ多用于低年级学生，微信多用于高年级学生，以发布通知或政策性信息为主，育人效果不佳。

第三节　新时代高校"三全育人"影响因素

新时代背景下，"三全育人"工作面临"全面把握世界百年未有之大变局和中华民族伟大复兴战略全局"的复杂形势和艰巨任务。影响高校"三全育人"工作的因素众多，主要包括制度保障因素、育人主体参与度、育人模式创新以及校园育人环境等。高校在客观形势下应以"三全育人"的主要影响因素作为谋划工作、制定战略策略和方针政策的基本出发点，构建"三全育人"的领导、协同和保障机制。

一、 制度保障因素

制度保障是影响"三全育人"的重要因素。学校要制定"三全育人"建设规划，在此基础上要不断建立、健全"三全育人"工作标准、规划指标体系，也要建立"三全育人"的评价体系，重新构建学生综合素质的评价体系，在学校要建立教学、科研、管理、服务各类岗位的育人工作规范，要形成层层抓落实，一级抓一级的工作格局，让规章制度去管人、管事。首先是建立以

"育人"为核心包括教学、科研、管理及服务等一系列活动的监控制度,对整个"三全育人"系统实行全面、有力的监控,掌握"三全育人"系统的发展动态,从而使其更好地发展。成立监控机构,明确各自的任务和职责及其相互之间的权限关系与联系方法。由于监控制度涉及教学、管理、科研、服务等各方面,因而可以分门别类地依据各个管理机构,实行监控制度。比如教学,教务处是高校教学工作的主管机构,因此,"对教学活动的全过程进行调度、控制、监督和协调"。而学工部和团委是主要负责学生工作的,因而他们主要是对学生的教育和管理过程实行监督和控制。其次要建立以"三全育人"目标作为基础和前提的考评制度。过去,学校的考评主要是对学生的考评,而"三全育人"是以学生为本,以育人为核心的全员育人的模式,考评也应注重全面性,因此在设置考评制度时,应对考评目标、考评对象及考评内容有明确、具体的规定,如既要包括对学生思想政治品德的考评,又要包括对教职员工教书育人、管理育人和服务育人的考评。最后,还要构建"三全育人"激励制度。"三全育人"模式调动全部人员参与育人工作,以形成育人合力,而激励制度是形成育人合力的催化剂,因而激励的对象不能仅仅局限于学生,还应包括全体教职员工。激励对象包括全体师生,这样有利于调动教职员工从事育人工作的积极性,同时也有利于引导学生形成正确的思想道德观念和行为方式。激励制度应当与奖惩、鞭策机制相结合。激励的方法可以采取物质激励和精神激励相结合。

二、 育人主体参与度

学校的每一位员工都应承担起育人的重要责任。学校工作是一个整体,分别有教学岗、教学辅助岗、党政管理岗、后勤服务岗及接受教育者——学生,共同组成一个整体,缺一不可。那么立德树人,教书育人,在学校就是要全体教职工参与,即全员参与,才能达到好的教育效果。传统的观念认为,育人是教师的职责,相应的育人工作是思政教师的职责。而随着全员育人视野的扩展,育人的主体范围已是全体教职工,育人的要求进一步提高,不仅是对学生传授文化知识,更重要的是对学生人才的培养与锻造,也就是注重对学生思想道德品质的培养。"三全育人"强调育人主体的参与度,要求全体教职人员都要成为"教育者",不论哪一个工作岗位都要肩负育人职责。

因此，学校首先要配好思想政治理论课教师队伍，要按照上级要求师生比例配好教师队伍，要不打折扣抓好落实；其次，配好辅导员、专职心理教师，以及学校层面、各二级学院层面党政专职工作人员队伍；最后，鼓励教师担任学生班导师，辅导员担任学生党团支部理论学习方面的导师、学业指导方面的导师、创新创业方面的导师、社会实践方面的导师，进一步拓展教师育人渠道，发挥教师育人的重要作用。

三、 育人模式创新

党的十九大擘画了我国发展的宏伟蓝图，对人力资源和社会保障事业发展提出了新的奋斗目标和要求。新时代提倡创新育人模式，利用深化课堂教学变革、优化育人方法、营造育人环境、建设育人生态、加强双创教育、健全产学研融合的育人模式，并积极运用先进技术手段，开展个性化教学，进一步拓展教育渠道和空间，进而让高校在不断探索和创新中逐步提升，真正形成全员、全程、全方位的协同育人格局。高校应创新育人模式，加强学思结合、知行合一、个性化教学，重点培养学生强烈的社会责任感、双创精神与实践能力。诸如，开展"扣好人生第一粒扣子""感恩节"等主题教育活动，开展"读书、评书、荐书"活动，开展"社团文化月"活动，以及利用信息化技术手段和大数据分析平台开展诸如创作"青春与信仰学习在路上"的文化产品活动等，营造旨在引导学生保持健康的生活情趣、积极的人生态度、良好的道德品行形成的文化氛围，以减少学生对社会主义价值体系的距离感，提高其对社会主义核心价值观的认知水平与认同度。也可以通过开辟校史馆、博物馆、科学家塑像、校史长廊等，对师生进行浸润式教育，努力把高等院校中的"博学、慎思、明辨、笃行"的治学精神与育才理念融入人才培养的全过程。

四、 校园育人环境

环境可以起到潜移默化的作用，以良好的文化环境影响熏陶学生、以春风化雨的育人环境教化学生，所达到的育人效果是微妙而显性的。校园环境文化的独特影响力将会引领大学生追求有高度、有境界、有品位的人生，引领大学生树立远大理想、修身养性。习近平总书记对于校园环境建设也一再强调，"要更加重视以校园文化育人，广泛开展各类社会实践"。深入推进"三全育人"需要高校打造一种多维度、包容性强的育人文化，高校创新"三全育人"需要建立一个强而有力的环境保障体系，其中既包括校园的物质文化建设，还涵盖精神文化建设，集物质环境保障、社会环境保障、制度环境保障、网络环境保障等方面为一体。具体而言，"三全育人"要求我们将文化育人与环境育人相结合，营造风清气正、和谐共处的校园文化氛围，充分发挥校园文化环境独特的隐性感染力，开展丰富多彩的艺术文化活动。

随着互联网技术的日益普及，其带来的信息渠道的复杂化、价值文化的多元化等严重冲击着高校主流文化的主导地位。国家确立的社会主义核心价值观体系，是指导新时期高校进行校园文化建设的根本。面对一群极富有想象力和创造力、精力旺盛、活力四射、求知欲望强、接受新事物新信息的能力强的当代大学生，高校要根据其年龄特征及思想动态，迎合大学生的心理需求，不失时机地开展丰富、健康而又有实效性的涵盖着精神文化、物质文化、制度文化、网络文化等内容的各种各样的校园文化教育活动，以建构有利于大学生成长的育人环境。

第五章　新时代高校 "三全育人" 运行机制

随着中国特色社会主义进入新时代，我国社会的主要矛盾已经转化为人民群众日益增长的美好生活需要和不平衡不充分的发展之间的矛盾。在此背景下，推进教育教学全过程，实现全程育人、全方位育人，全面发展素质教育，培养社会主义建设者和接班人，是新时代赋予教育战线的神圣使命①。

在全国高校思想政治工作会议中，习近平强调，要坚持以"立德树人"为中心环节，将思想政治工作贯穿教育教学全过程，努力开创我国高等教育事业发展新局面②。《关于加强和改进新形势下高校思想政治工作的意见》围绕新时代高校"培养怎样的人""怎样培养人""为谁培养人"的根本问题，全面部署和系统规划了全员、全过程、全方位"三全育人"的目标、原则、内容、要求、方法和举措，为我们构建新时代高校"三全育人"的运行机制提供了根本遵循。要保证新时代高校"三全育人"的目标和任务得以真正实现，就必须建立以领导机制为核心、协同机制为主体、保障机制为支撑的运行机制，只有构建上述"三位一体"的运行机制，才能助力新时代高校"三全育人"，才能办好中国的高等院校，也才能为全面建设社会主义现代化国家提供源源不断的人才供给和智力支持。

结合第四章的新时代高校"三全育人"现状、存在问题及影响因素，本章着重从领导机制、协同机制和保障机制三个方面，对高校"三全育人"的运行机制进行详细论述。

---

① 中共中央、国务院印发《关于加强和改进新形势下高校思想政治工作的意见》 ［N］. 人民日报，2017－02－28（1）.
② 董秀娜，李洪波. 高校"三全育人"协同机制构建研究 ［J］. 思想教育研究，2020（8）：148－152.

第一节　"三全育人"领导机制

高校构建"三全育人"工作体系，深入实施"三全育人"工作，是一个庞大的系统工程，涉及全校各个层面及各个条线的工作，覆盖面广、参与单位和人员多，纷繁复杂，需要建立强有力的统一领导机制，保障"三全育人"工作的顺利推进。

一、　高校"三全育人"领导机制的概念分析

领导是在一定条件下，指引和影响个人或组织，实现某种目标的行动过程。《中国共产党普通高等学校基层组织工作条例》明确规定"高等学校实行党委领导下的校长负责制"，这就从领导体制上确定了党委在高校事业发展中处于领导核心地位，对高校的各项工作实行统一领导。

各高校的"三全育人"工作，要努力建立由党委统一领导、党政群团齐抓共管、全体教职员工共同参与的领导机制和工作机制。这其中，党委是学校"三全育人"工作的领导核心，它对"三全育人"工作的领导主要是对学校发展大政方针的领导，负责研究涉及"三全育人"工作的重大问题，制定学校"三全育人"规划及政策，并组织、协调相关部门和单位开展"三全育人"工作。需要指出的是，"三全育人"模式中的全员育人，并不是主次不分、责任大小不分，也不是全体教职员工都来平分育人任务，而是在育人队伍内部有一个体系和不同的分工，它是在党委领导下的全体教职员工通力协作的一种育人体系①。

二、　高校"三全育人"领导机制构建的必要性

（一）构建"三全育人"领导机制是高校育人工作坚持正确政治方向的必然要求

坚持办学的正确政治方向是新时代高校工作的根本要求。办好中国的高等院校，必须高扬马克思主义伟大旗帜，坚持习近平新时代中国特色社会主义思

---

① 范小凤. 论新时期高校"三全育人"德育模式及其运作机制［D］. 上海：华东师范大学，2011.

想，全面贯彻党的教育方针，树牢"四个意识"，彰显"四个服务"，坚持以学生为中心的发展思想，探索为社会发展和人类文明做出贡献的大学之道，为建设中国特色世界一流的大学在世界网络中贡献中国智慧和中国方案，使中国特色社会主义成为高校最鲜亮的底色和最强大的底气。

因此，怎样培养人、培养什么样的人，高校负有极端重要的责任，而履行这一责任的根本原则便是坚持正确的政治方向。对高校的"三全育人"工作而言，必须要坚持正确的政治方向，以党的先进理论和路线方针政策指引全员育人、全方位育人及全过程育人，保证育人工作沿着正确的道路前进。而要做到这一点，就必须建立一个以党委为核心的统一的领导机制。值得指出的是，高校普遍实施党委领导下的校长负责制，这就决定了党委在"三全育人"体系中的领导核心地位。

（二）构建"三全育人"领导机制是高校育人工作顺利有序实施的现实需要

高校"三全育人"是一个复杂的系统工程。《高校思想政治工作质量提升工程实施纲要》规划了课程育人、科研育人、实践育人、文化育人、网络育人、心理育人、管理育人、服务育人、资助育人、组织育人等十个方面的育人体系，这"十大"育人体系基本上覆盖了高校的所有管理、教学、科研、后勤等工作，覆盖了几乎所有的条线、部门和岗位。要想推动"三全育人"这一庞大体系的有效运行，必须要明确各层级、各部门、各岗位的角色和职责，并建立既相互分工又密切协作的工作格局，工作量和难度非常大。

通过发挥党委的领导核心作用，加强对"三全育人"工作的统一指挥和协调，凝聚人心、汇聚力量，推动实现纵向上不同管理层级之间的上下联动，以及横向上各部门、岗位之间的各司其职和相互协作，从而形成统一、高效、有序的"三全育人"工作格局，保障高校的"三全育人"工作能够落地生根、开花结果，为中国特色社会主义现代化事业培养更多高素质的建设者和接班人。

三、高校"三全育人"领导机制构建的实现方式

在"三全育人"实施方面，高校领导班子要发挥领导和带头作用，实行重大问题统一部署，各二级党组织和基层党组织负责贯彻落实。要从上往下抓党

建，树师德，学理论，重实践，强调知行合一。同时，要严肃党内政治生活，营造风清气正的环境，把严的意识、严的态度、严的标准贯穿到高校党的建设各个方面和具体的工作实践中去，以党建促进人才培养，为新时代高校"三全育人"提供强大的组织保障。

首先，高校党委是学校各项事业的领航人，要把"三全育人"思想贯穿于办学治校之中，切实担当起从严治党的主体责任①。要根据新时代的特点，紧密围绕高校自身的实际情况及当代大学生的价值观和身心发展规律，把方向、管大局、作决策、保落实，确保高校始终成为坚持党的领导的坚强阵地。一是坚持社会主义办学方向，丰富新时代党建工作的内涵，明确党建工作的重心，把党建工作落实到立德树人这一根本任务上来，用习近平新时代中国特色社会主义思想教育和引导广大师生投入"三全育人"工作中。二是精准定位谋划学校事业发展，牢固树立"以人为本""以生为本"的理念，科学决策、民主决策，从质量立校、人才强校、文化兴校、品牌铸校等多个方面，指导学校的发展战略制定，指引办学方向。三是将顶层设计与问题导向相结合，要坚持把破解学校发展不平衡、不充分的问题作为目标指向，强化改革创新的动力和能力，抓好顶层制度设计，精准施策，不断采取有效举措，强化发展优势、补齐问题短板，以育人为导向着力破解学校各个工作领域中存在的突出问题。四是构建"四位一体"责任体系，高校党委要认清内外部环境发展的趋势，主动应对经济和社会发展的新变化、新需求和新挑战，科学制定符合自身情况的发展目标和行动方案，做好长远布局和谋划，合理制定下属各党总支落实上级党建工作的责任制度。要重点部署、严抓落实，对学校事业发展的重点领域和关键环节进行党建情况督导检查，并对没有落实到位的进行严格督办、限期整改。需要强调的是，党委书记作为党建工作的第一责任人，在思想上务必要高度重视，充分意识到身上担子的分量，在抓好党建和"三全育人"工作的谋划布局方面，坚决不当甩手掌柜，以务实的态度、措施和作风，亲自部署重要工作，关注重大问题和重点环节，加强对党建工作和"三全育人"工作的统一领导，优质高效抓好执行落实。

其次，在"三全育人"实施过程中，党支部作为党的基层组织，同样也肩

---

① 孙若梅. "三全育人"视域下高校党委主体责任的实践路径［J］. 当代教育实践与教学研究，2019（4）：138－139.

负着重要使命，必须按照"七个有力"的标准，即教育党员有力、管理党员有力、监督党员有力、组织师生有力、宣传师生有力、凝聚师生有力、服务师生有力，努力探索有效提升基层党支部组织力和战斗力的路径。各党总支要制定落实下属各党支部的党建工作责任制和"三全育人"工作责任制，发挥党组织引领作用，形成一级抓一级、层层抓落实的责任链条，使全体党支部书记都要承担主体责任压力。此外，在建设规范化党组织的基础上，要深入挖掘和培育"三全育人"示范性党总支、党支部，精心打造一批"三全育人"工作有载体、有特色、有成效的红旗支部，使其在省内外具有一定的影响力和知名度。

再其次，党支部书记是党建工作的斫轮老手，其根本任务是引导教师党员在攀登科研高峰的过程中发挥党员的先锋模范作用，攻坚克难，成为言传身教的践行者，带动师生积极参与教育教学改革工作，不断培育高质量人才①。在"三全育人"落实方面，党支部书记需要做到以下"五个坚持"：一是坚持方向引导。在党支部建设中首先要坚定正确的政治方向，通过常态化的思想政治理论学习，教育和引导广大党员教师不断增强党员意识、加强党性锤炼、提高党性修养。二是坚持政治引导。在教师通过教学和科研等活动实施育人的过程中，要强调政治要求，引导教师坚定政治立场和原则，加强对学生的价值观引领和塑造。三是坚持示范引导。要关心广大教师的思想状况，积极引导他们抵制错误思想和言论，坚守意识形态的主阵地，激励他们在"三全育人"工作中发挥主体作用和榜样作用。四是坚持机制引导。要建立健全科学化、人性化的服务机制，引导教师以健康的心态传播先进思想和理论知识，促进学生健康成长。五是坚持创新引导。要创新党建工作方式，引导教师将党建工作与业务工作有机融合，全方位地做好育人工作。

最后，"三会一课"制度是党的组织生活的基本制度，是党的基层支部必须要长期坚持的一项重要制度，同时也是健全党的组织生活、严格党员管理以及加强党员教育的一项重要制度。所谓"三会一课"，是指定期召开支部党员大会、支部委员会、党小组会，按时上好党课②。贯彻执行该项制度，有利于加强党支部建设，提高基层党组织的凝聚力和战斗力。在"三会一课"这样的

---

① 吴宝海. 组织育人视域下的"双带头人"培育路径选择 [J]. 江苏第二师范学院学报, 2019, 35 (5)：34-36.

② 王锐. 从严落实好"三会一课"等制度探析 [J]. 理论学刊, 2019 (3)：33-39.

制度安排下，党员可以对重大问题进行民主评议，并常态化地学习党的路线方针政策、时事政治等，提高政治觉悟。同时，可以在"三会一课"中有机融入"三全育人"工作的有关学习讨论，凝聚共识，探索有效的育人路径。

第二节　"三全育人"协同机制

"三全育人"即"全员育人、全过程育人、全方位育人"，它是以立德树人为根本，多主体、多环节、多要素、多层次的一种综合性育人模式，旨在把所有的育人力量和资源积极地调动起来，通过内外部各种要素之间的物质、信息交换，借力各方，推动育人系统稳步向前发展。从"三全育人"的本质来看，这一思想高度契合了德国科学家赫尔曼·哈肯提出的发挥系统内部和各子系统之间的协同性可以提升整个组织的功能和稳定性的协同理论①。

在推动"三全育人"过程当中，各方面的协同扮演着十分重要的角色，育人的主体力量、各个环节和资源平台之间必须要团结协作，形成协同机制②。将"三全育人"协同机制作为促进高校思想政治教育总系统与各教育子系统之间协同配合的理论基础，是立德树人、培养德智体美劳全面发展的社会主义接班人和建设者的重要途径。

一、高校"三全育人"协同机制的概念分析

"三全育人"理念与赫尔曼·哈肯的协同理论在核心观念、动力来源两个维度上呈现出高度一致性。首先，两者均是以系统论和整体论作为核心观念发展起来的。协同理论认为所有的生命都密切相关，从单细胞生命开始，到复杂高端的人类，所有生物体之间都在复杂系统之中直接或间接地相互联系③。而"三全育人"理念更加强调高校的育人工作需要基于整体性和多元性的视角，不能简单地依靠某个要素来进行育人工作，而是要调动所有相关的要素并凝聚

---

① ［德］赫尔曼·哈肯. 协同学：大自然构成的奥秘［M］. 凌复华译. 上海：上海译文出版社，2005.

② 董秀娜，李洪波. 高校"三全育人"协同机制构建研究［J］. 思想教育研究，2020（8）：148 - 152.

③ ［德］赫尔曼·哈肯. 协同学：大自然构成的奥秘［M］. 凌复华译. 上海：上海译文出版社，2005.

成为一个有机的整体。其次，两者推动总体目标实现的动力，均来自系统内不同要素之间的协同配合。协同理论的出发点和落脚点都在于"协同"，协同系统内所有资源向着目标合作发力。就"三全育人"理念而言，其动力的关键在于"全"，强调协同全员、参与全过程、把握全方位，整合分散的育人资源，以同向同行的育人力量实现育人目标①。"全员全过程全方位"一体化育人格局，包括课程育人、科研育人、实践育人、文化育人、网络育人、心理育人、管理育人、服务育人、资助育人、组织育人等"十大"育人体系②。

传统的"三育人"体系根据工勤技能岗位、专业技术岗位和管理岗位，明确了课程育人、管理育人、服务育人的责任主体。此外，科研育人的直接责任主体是以科研为事业的广大教师，间接责任主体是高校科研管理人员，其以"培养学生至诚报国的理想追求、敢为人先的科学精神、开拓创新的进取意识和严谨求实的科研作风"为基本目标，以"科研管理育人、科研活动育人、科研评价育人"为基本着力点③。实践育人的责任主体是党团组织，对大学生而言主要是团组织，还包括专任教师、辅导员、班主任、学生干部等。总体来看，实践育人涉及的责任主体较多，需要建立健全各类主体之间的协同机制，与课程育人之间相互支持、有机衔接、互为促进，做到德育与理论知识学习相结合，二者不可偏废。文化育人的直接责任主体包括校园网站、广播台、党委宣传部等。网络育人的责任主体大致有两类，一是校园网络的管理者和生产者，负责防控与清扫各种"网络垃圾"，提供健康有趣、富有启迪性的校园"网络文化产品"，并整合各类资源，尽量满足师生的合理诉求；二是辅导员、专业教师与学生队伍，负责及时回应并引导网络舆论，构建与传统育人相呼应的协同机制。心理育人的主要责任主体是心理咨询师，做好学生的心理干预和疏导工作。资助育人的直接责任主体是辅导员，负责精准、有效地资助学生的成长。组织育人的主要责任主体是高校的党团、社团和班级组织④，把思想政

① 艾楚君，焦浩源. 试论高校思想政治教育协同机制的构建 [J]. 思想教育研究，2019（6）：15 – 19.
② 朱平. 高校"三全育人"体系协同与长效机制的建构——以全员育人为中心的考察 [J]. 思想理论教育，2019（2）：96 – 101.
③ 魏强，李苗. 高校科研育人论析 [J]. 思想理论教育，2018（7）：97 – 101.
④ 徐艳国. 思想政治教育治理体系和治理能力现代化探析 [J]. 清华大学学报（哲学社会科学版），2014，29（3）：122 – 125，10.

治教育贯穿各项工作和活动，促进学生全面发展。

综上可知，"十大"育人体系对应着高校的人才培养体系的主要方面，也与社会的人才管理机制相一致。从系统论的角度看，只有"三全育人"体系中各子系统内部及并行系统间相互协调配合，围绕育人目标共同发力，才能产生"1+1>2"的协同效应。

高校"三全育人"协同机制是指高校以制度为支撑，充分协调"三全育人"系统内部及其子系统之间的关系，使育人系统高效、有序地运作。从"三全育人"的内涵来看，其包含全员育人的主体要素、全过程育人的时间要素及全方位育人的空间要素三个部分。因此，高校"三全育人"协同机制的概念也相应地涉及三个层面：一是教育主体协同，这是高校"三全育人"协同机制的出发点、落脚点及核心内涵；二是教育过程协同，教育主体要想发挥协同作用，必须在运行过程中稳步推进，长期进行；三是教育资源协同，教育过程协同为教育主体协同构建了时间维度，而教育资源协同则为教育主体协同建立了空间维度，以校内外及"三全育人"的各子系统为载体，将教育资源充分融合、有效利用，惠及更多的教育主体①。以上三个层面的内涵及其相互之间的关系见图5-1。

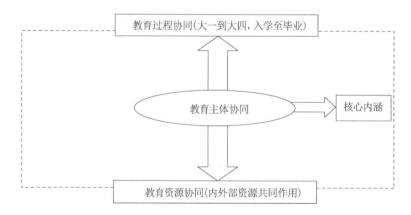

图5-1 高校"三全育人"协同机制的内涵关系图

---

① 董秀娜，李洪波. 高校"三全育人"协同机制构建研究［J］. 思想教育研究，2020（8）：148－152.

二、 高校 "三全育人" 协同机制构建的必要性

(一) 大学生精神需求和教育供给间的矛盾是构建"三全育人"协同机制的根本要求

在优越的物质生活中成长起来的当代大学生，对于美好生活的需求已经不仅仅局限于对物质生活的追求，而是更加关注社会公平正义、民主法治、生态美好、自我价值实现等非物质性需求。罗纳德·F. 英格尔哈特曾经说过，经济繁荣降低了人们对物质追求的欲望，人们的价值观正从物质主义价值观即经济和物质安全至上的价值观，转向后物质主义价值观即注重自我表现和生活质量的价值观，而且越是年轻的一代，后物质主义价值观所占的比重就越大①。从物质需求到精神需求的转变，使当代大学生更主动地去追求人生价值、存在感和意义感，而外在客观环境与其内在主观意志的结合，将会进一步激发他们的精神诉求。

从现实情况来看，高校思想政治教育作为满足大学生精神需求的重要载体之一，存在供不应求的矛盾。而要解决这个矛盾，需要进一步通过重新确定思想政治教育目标，不断改进教育过程、方式和方法等，来增加思想政治教育的有效供给，以更好地满足大学生对美好生活的需求。正如《国家中长期教育改革和发展规划纲要（2010—2020 年)》中指出的那样，"要关注学生全面发展与个性发展的统一，关注学生不同特点和个性差异，发挥每一个学生的优势潜能，关心每个学生，促进每个学生主动地、生动活泼地发展，尊重教育规律和学生的身心发展规律，为每个学生提供适合的教育"。落实习总书记提到的"三全育人"理念，就是要通过有效整合校内外的各类育人资源，构建相应的"三全育人"机制，实现育人主体、时间、空间三个维度的有机协同，因地制宜地拓展教育供给，形成人人、时时、处处的良好育人格局，满足大学生的个性化、特色化的精神文化需求，促进他们的全面、自由和健康发展。

---

① 郑晓娜，翟文豹. 高校构建"三全育人"协同机制研究 [J]. 现代教育管理，2020（10）：59 – 63.

（二）学生的道德理性与网络文化间的矛盾是构建"三全育人"协同机制的现实要求

"网络文化是一种完全不同于传统文化认知与判断的一种新型文化样态，它承载着信息化时代科技革命和产业变革背景下一个国家的价值理念、社会的生产方式和公民的精神样态。"① 主流意识形态与社会思潮在网络空间的碰撞中形成的网络文化生态，在很大程度上影响着大学生的成长。实践中，在媒体格局、舆论氛围、目标受众、传播方式等方面已经发生重大变化的新形势下，如何更好地重视学生、服务学生和引导学生，增强他们自主构建道德理性的能力，成为当前高校面临的重要而又深刻的一个现实课题。

在人人、时时、处处的良好育人环境中，面对网络文化给大学生道德理性带来的负面影响，可以通过运用"把关人"理论加强育人网络化建设，运用两次传播理论培养"意见领袖"，运用议程设置理论建立与学生的对话机制，运用沉默螺旋理论形成强大的正向网络舆论等有效举措，培育形成积极的、充满正能量的网络舆论氛围，引导学生形成正确的道德评价、道德判断和道德选择，从而培育大学生积极、正确的道德观念。通过培养和提高大学生的道德理性能力，引导他们在鱼龙混杂的网络文化中树立符合主流意识形态的正确价值观念，从而实现高校立德树人中的"德育"这一根本目标。

（三）思政教育现代化与传统教育间的矛盾是构建"三全育人"协同机制的必然要求

传统高校思想政治教育的育人主体，主要集中于负责思想政治理论课的专业教师和一线辅导员，育人主体较为单一，在育人角色方面缺位现象较为突出。同时，育人部门主要集中于学生处、团委、马克思主义学院等部门和单位，虽各司其职，但存在条块分割、协同度不高等弊端。随着思想政治教育治理体系和治理能力现代化的发展，只有转变传统的教育理念、教育方法、教育主体及教育机制等，才能跟上国家推进治理体系和治理能力现代化的步伐。"思想政治教育治理是指对思想政治教育活动的统筹谋划和综合推动，主要解决抓什么、如何抓等问题，集中体现为思想政治教育政策文件。而思想政治教育治理能力主要是指思想政治教育政策的执行水平，体现为推动政策执行的能

---

① 岳鹏. 习近平网络意识形态建设系列论述的核心要义及时代价值［J］. 学校党建与思想教育，2019（11）：4－8.

力。实现思想政治教育治理能力现代化，就是要提升思想政治教育政策的执行水平。"① 习近平总书记"三全育人"理念从育人主体、育人过程、育人方位三个方面，为推动实现高校思想政治教育治理体系和治理能力的现代化提供了科学指引。

"面对新时代的新机遇和新挑战，高校要合理运用系统论的方法开展育人工作，围绕立德树人这一高等教育的根本任务，从整体出发调动各方可利用的力量和资源，明确全员育人、全过程育人、全方位育人的价值功能和逻辑关系，建立三全育人协同育人机制。"② 为了有效避免传统思想政治教育存在的角色缺位和条块分割等问题，建立全面、动态、开放的思想政治教育体系，必须深入贯彻"三全育人"的理念，充分激发各级各类育人主体的作用，调动各种育人资源，并构建相应的协同机制，促进思想政治教育治理体系和治理能力现代化水平的不断提高。

综合来看，贯彻落实"三全育人"理念，构建"三全育人"协同机制，是一个系统性工程，需要各高校结合自身情况，不断增强体制创新和机制变革的能力；需要高校转变传统的教育、管理和服务等条块分割、独立运行的模式，整合建立跨越不同领域、部门、学科等的协同体系；更需要高校在建立内部协同育人机制的同时，解放思想，与相关政府部门、其他高校、用人单位和家庭等有机协同，形成内外协同的育人合力。

三、 高校 "三全育人" 协同机制构建的实现方式

（一）建立教育主体协同机制，实现全员有责、全员尽责的全员育人

1. 明确主体

"三全育人"，关键在于全员育人，实施全员育人的基本前提就是要精准界定教育主体。思想政治教育主体论认为，教育者和教育对象都是思想政治教育过程的主体，各教育主体基于培养目标，坚持责任分担、资源共享、优势互补

---

① 徐艳国. 思想政治教育治理体系和治理能力现代化探析 [J]. 清华大学学报（哲学社会科学版），2014，29（3）：122－125，10.

② 张睿. 协同论视域下高校"三全育人"实施的机理与路径 [J]. 思想理论教育，2020（1）：101－106.

等原则，协同发展并共同提升人才培养质量①。搭建"管理主体—实施主体—接受主体—支持主体"为内容的教育主体模型，不仅可以转变认为思想政治教育工作仅是思想政治课教师、辅导员的责任的传统认知，而且还能够进一步明确高校内部各部门、各成员之间的责任。从管理到实施，然后到接受，最后到支持，各个主体之间相互依存、互为支持，共同推动高校思想政治教育的良性发展。

2. 强化意识

"三全育人"的理念是辩证统一的，其重要前提是全员育人。全员育人主体层面的"人人育人"，则要求各高校的全体教职员工都要增强育人意识，牢记自身肩负的育人使命，深入开发各自岗位中的育人元素，对学生进行积极的思想引领，将高校思想政治教育的责任落实到全员。

3. 落实责任

在高校党委的坚强领导下，党政干部要主动担负起思想政治协同育人工作的统筹部署、政策落实、组织协调等重要职责；共青团干部则要充分发挥党的后备军的力量，配合党政干部做好相关工作；专业课教师要担负起教书育人的职责，将思想政治教育落实到课堂中，扎实做好课程思政，并通过课外实践活动，将理论知识的传授和精神引导、价值引领相结合，不仅重视对学生专业知识技能和科学精神的培养，同时也注重对学生行为规范的引导和思想品质的培养。

（二）建立教育过程协同机制，实现时时用力、久久为功的全过程育人

1. 构建课程育人的协同机制

习近平总书记强调："要用好课堂教学这个主渠道，思想政治理论课要坚持在改进中加强，提升思想政治教育亲和力和针对性，满足学生成长发展的需求和期待，其他各门课都要守好一段渠、种好责任田，使各类课程与思想政治理论课同向同行，形成协同效应。"② 目前，高校的育人课程主要包括思政课、专业课和通识类课程。从育人的角度来看，高校更加关注思政课及思政课教师

---

① 褚凤英. 思想政治教育对象的主体性论析 [J]. 学校党建与思想教育，2015（11）：19－23.
② 杨晓慧. 高等教育"三全育人"：理论意蕴. 现实难题与实践路径 [J]. 中国高等教育，2018（18）：4－8.

队伍在育人过程中的优化配置和合理利用，但对专业课和通识课程在思想政治方面的育人价值却不够重视。事实上，将不同的教育主体局限于特定的活动范围内，看起来似乎分工合理，实际上这会割裂整体高校课程育人系统，制约了高校协同育人的效果。

强化高校育人工作，必须"从高等教育育人的本质要求出发，不能仅仅就思政课谈思政课建设，而应围绕课程改革的核心环节，充分发挥课堂教学在育人中的主渠道作用，着力将思想政治教育贯穿于学校教育教学的全过程"①。要深入整合思想政治理论教育方面的相关课程资源，建立起课程思政和思政课程的协同机制。但同时我们也要看到，课程思政是一项系统性工程，需要坚持科学理念和系统思维，通过科学、翔实的规划及高效的实践加以推进。这需要高校和老师共同探讨，建立完善的课程思政与思政课程相辅相成的新课程育人体系，通过深入挖掘，把思想政治价值与专业理论知识一起深深植入学生的心中，提高人才培养质量，满足学生的个性化需求，促进学生的全面、健康发展②。此外，学校还要重视通识类课程的育人作用，让学生可以按照自己的兴趣自由选课。"通识教育可以培养学生的批判性思考能力和经过训练的好奇心，以及一些特殊的技能，使学生成为约翰·亨利·纽曼所说的可以自信地适应任何职位，并且有能力去掌握任何学科"③，从而促进学生更好地发展。

2. 构建管理育人的协同机制

管理育人的主要内容是高校结合规范管理的严格要求及润物细无声的教育方式，强化教学规章制度建设、群体公约体系建设、干部队伍和教师管理考核及各类管理人员的能力建设，全面推进依法治教，强化科学管理对育人的保障功能④。管理育人要求高校管理部门的相关人员在工作中展现良好的职业道德和职业精神，以立德树人为导向，充分践行育人宗旨，贯彻落实好立德树人的根本任务。

---

① 王文礼. 建设世界一流大学背景下我国高等教育质量提升的几点思考 [J]. 现代教育管理，2012 (3)：29－33.

② 郑晓娜，翟文豹. 高校构建"三全育人"协同机制研究 [J]. 现代教育管理，2020 (10)：59－63.

③ 朱平. 辅导员在高校"三全育人"中的角色与定位——兼论"育人"的特点与功能 [J]. 思想理论教育，2020 (3)：86－91.

④ 褚凤英. 思想政治教育对象的主体性论析 [J]. 学校党建与思想教育，2015 (11)：19－23.

在建设管理育人机制的过程中，首先要注重推进高校的法治建设和制度建设，以大学章程为导向，以完善内部治理体系为核心，坚持法治精神和法治思维，逐步建立完善的高校制度体系；不断加强师生员工维权制度建设，充分发挥党团组织、行政组织、学生会等组织的民主监督作用①。其次，持续加强干部队伍建设，重点抓好干部队伍的思想、能力、作风等方面的建设，着力打造一支政治清廉、能力优良、作风过硬的干部队伍。再其次，认真抓好教师队伍建设，主要包括以下四个方面：一是要做好思政课教师队伍建设，以政治要强、情怀深远、思维创新、视野宽广、严于律己、人格正直等核心素质为目标，不断深化思政课教师队伍建设。二是要做好辅导员队伍建设。"辅导员身处育人一线，在'三全育人'中应承担起整合协同、落地生根、跟踪反馈的角色作用。"② 要将物质激励与精神激励相结合，激发辅导员的工作积极性和主动性。三是要做好专业课教师队伍建设。逐渐提高专业课教师的育人责任感和专业素养，使其有效掌握育人的内容、手段和方法，将思政教育与专业知识教育有机结合，发挥专业课教师在教学过程中的育人作用。四是要做好行政教辅管理人员队伍建设。行政教辅管理人员在高校的日常管理和运营工作中的作用不可或缺，担负着组织、管理、服务、教育学生等多重角色，应充分关注他们的心理诉求和合理需求，提高他们的育人使命感和育人水平。

3. 构建服务育人的协同机制

所谓服务育人，旨在把服务积极融入高校"三全育人"工作的总体格局中，将服务育人工作贯穿于学校的教学、科研、管理等各个工作环节，大力提高服务质量，并通过推动"服"与"育"二者的有机融合，实现学校内部的各个部门之间，以及学校与社会之间的协同联动，打造完善的一体化育人体系。首先，需要加强服务育人的顶层设计，在全校范围内积极营造浓厚的服务育人意识，明确服务育人的总体目标和分目标，确立有效的服务育人举措及可以调动的服务育人资源等。其次，加强服务育人队伍建设。要通过人才引进与培养相结合，抓好服务育人所需要的专业化人才队伍建设，增强相关人员的工作使命感、服务育人意识和服务育人能力。最后，要积极提升服务管理工作的

① 郑晓娜，翟文豹. 高校构建"三全育人"协同机制研究［J］. 现代教育管理，2020（10）：59－63.

② 王杨. 加强高校管理育人面临的挑战与对策［J］. 思想理论教育，2019（12）：107－111.

科学化和法制化水平。要结合实际，不断创新服务管理的理念，丰富服务资源，努力拓展服务的功能和领域，尽可能改善学生的服务体验，最大限度地满足学生日益增长的对美好校园生活的需要①。

（三）建立教育资源协同机制，实现处处着力、处处有力的全方位育人

1. 打造思想政治教育信息共享平台

思想政治工作无处不在、无时不有，高校要充分运用所处场合、所用载体、合理方式来做思想政治工作②。应针对校园内外、课堂内外及网络内外的全方位育人需求，建立"一站式"高校育人模型，搭建高校思想政治教育的信息共享平台。

搭建高校思想政治教育信息共享平台，不仅能够有效解决高校内部各部门之间存在的"信息孤岛"问题，而且还可以有效促进校园内外、课堂内外及网络内外三大空间资源的快速调动。对于高校思想政治教育信息共享平台，就校园内外维度来看，校外的家庭系统和社会系统都能够通过平台准确获取教育资源及相关拓展信息，促进高校培养计划的执行；就课堂内外维度而言，在利用课堂积极开展课程思政的同时，学生可以借助共享平台中的大学生思想政治教育课程栏目，在时空方面实现自主选择；就网络内外维度而言，共享平台集聚了丰富多样的内容，能够有效地弥补线下教育资源的不足，拓展学生的视野，开辟网络思政的阵地，并采用"互联网+思政"的思维，打造明朗清净的思想政治教育环境。③

建立高校思想政治教育信息共享平台，旨在以网络空间为介质，打破学校和外界之间的空间边界，解决大学生思想政治教育面临的资源整合难及信息获取难的问题。因而，在搭建这一平台时，应当对接学校内外部所有相关单位的网络信息资源，链接不同载体平台上的思想政治教育文章，并整理和汇总多种思想政治教育信息，坚决防止多平台分散设置。同时，由于信息共享平台具有社会公共性的特点，所以需要充分考虑社会公众的需求，为校外的家庭、社会

---

① 郑晓娜，翟文豹. 高校构建"三全育人"协同机制研究 [J]. 现代教育管理，2020（10）：59–63.

② 王定华. 新时代我国教育改革发展的新方向新要求——学习习近平总书记在全国教育大会上的重要讲话 [J]. 教育研究，2018，39（10）：4–11.

③ 董秀娜，李洪波. 高校"三全育人"协同机制构建研究 [J]. 思想教育研究，2020（8）：148–152.

设置单独栏目，广泛收集校内外人员关于"高校—家庭—社会"协同育人方面的意见及建议，实现平台资源的全社会共享，而不是仅仅被高校等少数群体所享有。此外，鉴于平台运行的专业性，需要大力培养业务素质优秀并善于协同合作的平台运作队伍，努力将平台技术人员的技术优势与教育工作人员的思想教育优势有机结合，发挥协同效应，促进平台的有序运行①。

2. 建立校际协同育人机制

随着我国高等教育事业的快速发展，校际合作已成为高等教育发展的一种新常态，有力地促进了教育资源的流动与共享。就"三全育人"而言，也需要构建校际协同育人机制，实现学校之间育人资源的共享和合作共赢。首先，学校之间要友好协商，建立科学、合理的协同育人制度和合作机制，以保障协同育人工作的顺利进行。其次，学校之间要合作建立协同育人的信息共享平台。在平台的模式设计方面，可以结合各个学校的现实情况，灵活选择线上、线下及线上线下混合等不同育人模式，推动实现校际育人工作的相互融合，达到共赢的目标②。

3. 建立校企协同育人机制

从现实情况来看，高校和企业之间存在着信息、资源等方面的不对称，制约了校企合作的顺利进行，也影响了协同育人工作的开展。实践证明，完善的校企协同育人机制能够充分利用企业拥有的独特育人资源，实现校企双方的优势互补，帮助学校更好地实施"三全育人"工作，因此非常有必要建立校企协同育人机制。一方面，要实现校企之间的观念协同。观念是行动的先导，校企双方只有在育人观念方面达成共识，协同育人工作才可能得以深入推进。另一方面，要实现校企之间的模式协同。在协同育人开展之前，需要构建有效的校企协同育人模式，促进企业从人才需求者向人才培养者的转变。再其次，要实现校企之间的保障协同。从本质上来看，校企协同育人是一个双赢的合作，高校在从企业获得资金、前沿知识、实践平台等方面支持的同时，也要针对企业的人才需求，邀请企业参与人才培养方案的制订和完善，为企业发展提供高质

---

① 董秀娜，李洪波. 高校"三全育人"协同机制构建研究［J］. 思想教育研究，2020（8）：148–152.

② 郑晓娜，翟文豹. 高校构建"三全育人"协同机制研究［J］. 现代教育管理，2020（10）：59–63.

量的人才供给。最后，校企之间的育人合作还要争取获得相关政府部门和行业协会的支持。"校企合作是一个循序渐进且错综复杂的系统工程，通过不断探索，使政府＋企业＋行业与学校在合作中寻求最佳利益结合点，有效地实现多方共赢和共同发展，促进协同育人的可持续。"①

4. 建立家校协同育人机制

育人不仅是学校的责任，也是家庭的责任，家庭在育人中也扮演着重要的角色。因此，学校和家庭之间能否形成协同育人的合力，对学生的全面、健康发展至关重要。虽然高校教育和家庭教育的育人主体不同，育人场所也相互分离，而且在育人理念、内容、媒介和方法等方面也存在差异，但两者的育人对象和育人目标都是一致的，就是促进学生的成长成才②。因而，高校和家庭之间应在协同育人方面达成共识，发挥各自的育人优势，相互信任和支持，为社会培养身心健康、素质全面的优秀人才。

第三节　"三全育人"保障机制

新时代高校创建的"三全育人"体系是一种契合时代发展要求、顺应国家创新型人才培养目标的教育理念与育人模式。目前，"三全育人"体系的运行面临着一系列现实的困难与挑战，具体表现在育人主体、育人模式、育人环境等几个方面。因此，"三全育人"保障机制的建立具有十分重要的现实意义，高校应该构建由高校、政府、社会三方共同参与的符合我国国情的"三全育人"保障机制，以期实现高校"三全育人"体系建设的规范化、可持续和高质量发展。

一、 高校 "三全育人" 保障机制的概念分析

"保障机制"是"机制"在以功能作为依据的基础上进一步划分出来的一个概念。所谓机制，它是一个工作系统的组织或部分之间相互作用的过程与方

---

① 盖逸馨，邢林艳. 校友资源协同高校"三全育人"发展研究探析［J］. 思想理论教育导刊，2020（2）：121－125.

② 郑晓娜，翟文豹. 高校构建"三全育人"协同机制研究［J］. 现代教育管理，2020（10）：59－63.

式。而保障机制，则主要指为管理活动提供物质与精神条件的机制①。换言之，就是以维护事物良好运行为目标而采取的一系列现实与精神上的措施。

正确认识"三全育人"保障机制的内涵，是有效开展高校育人保障工作的基本前提之一。目前，关于什么是高校"三全育人"保障机制尚未达成共识。高校"三全育人"体系的发展规律决定着其质量不仅与高校的内部运行情况有关，而且还会受到学校外部的政治、经济与文化等多种因素的影响。因此，结合对保障机制内涵的理解，可以将高校"三全育人"保障机制界定为：为实现高校全员、全过程、全方位育人的目标，确保高校的育人质量，统筹高校的内外部资源，依靠必要的组织机构把一系列有关"三全育人"的质量管理活动严密组织起来而形成的一个有机整体②，是"三全育人"保障系统的结构与运行机理。具体而言，主要包括政策扶持机制、人才队伍保障、经费投入支持等方面。

"原则"是在开展任何工作时都需要遵循的基本准则，那么构建"三全育人"保障机制也应当遵循相应的原则，主要包括四个方面：一是要遵循整体性原则。"三全育人"体系是由多个要素构成的一个整体，在开展相关工作时需要基于整体性和系统性的视角进行考虑。首先要对高校内部育人要素的主体作用予以高度重视，同时也要将外部的育人要素融入"三全育人"体系之中。实际上，不管是校内还是校外，其内部都包含有多个育人要素，因此要树立整体意识，并深入剖析各部分之间的关联，从而有助于实现育人目标。二是要遵循协同性原则。通过不同育人要素之间的相互协作和渗透，促进整个育人系统内部的各要素之间实现优势互补，发挥系统的最大功能。三是要遵循动态性原则。"三全育人"保障机制涉及的相关因素均具有不稳定性的特点，它们是动态地组合在一起的，所以需要用变化和发展的眼光来看待和解决整个保障机制构建和运行过程中可能会出现的新情况、新问题，决不能将思维方式和行为模式固化。四是要遵循创新性原则。在完善保障机制的过程中，要不断地传承传统的有效教育方法，并总结和探索新的教育方法，同时还要学习借鉴其他学科或社会领域进行机制建设的成功经验，进而丰富和发展保障机制建设的方法③。

---

① 王柯姣. 大学生党员质量保障机制研究 [D]. 重庆：西南财经大学，2012.
② 徐文婷. 高校创新创业教育保障机制的内涵及其构建意义 [J]. 教师教育学报，2017，4（2）：83-88.
③ 范芹. 大学生思想政治教育协同育人机制研究 [D]. 天津：天津工业大学，2017.

二、 高校 "三全育人" 保障机制构建的必要性

(一) 构建 "三全育人" 保障机制是高校工作协调高效开展的现实要求

习近平总书记在北京师范大学"四有"好老师重要讲话中强调，今天的学生就是未来实现中华民族伟大复兴中国梦的主力军，广大教师就是打造这支中华民族"梦之队"的筑梦人，要打造一支有理想信念、有道德情操、有扎实学识、有仁爱之心的"四有"好老师队伍。因此，教师本身要与时俱进，不断加强理论知识学习，完善教育教学方法，尤其是面对思想异常活跃的"95后""00后"，传统的填鸭式教育模式已经很难再调动他们的学习积极性和主动性。因此，高校的育人工作要想得以顺利、有效开展，就需要在目前的教育基础上对一些不合时宜的教育方式方法进行革新，大胆尝试体验式、感悟式、实践式、情景式等现代教学方式，鼓励学生积极、深入地参加思想道德教育，自觉提升思想品德修养，从而真正实现"三全育人"。

通过各种调研发现，在"三全育人"政策的具体实施过程中，部分高校往往忽视了诸如后勤、管理、安保等方面工作的重要作用，上述工作亟待加强。邓小平同志曾指出，"后勤工作的任务，就是要为科研工作、教育工作服务，要为科研工作者和教育工作者创造条件，使他们能够专心致志地从事科研、教育工作"。心理咨询保障在学生个性愈发凸显的今天尤为重要，尤其是在新冠疫情发生以来，面对学校的疫情防控常态化管理，有一部分学生感到不适应、不理解。对于那些喜欢钻牛角尖的学生，必须及时介入心理咨询，积极疏导他们的思想，助力学校的疫情防控工作，为新时代高校"三全育人"保驾护航。生命重于泰山，把广大青年学生的生命安全和身体健康放在第一位，"有了人就有了一切"。近年来，校园安全事件时有发生，需要进一步压实学校安保人员的责任，做好安全保障。特别是在疫情防控期间，靠前工作的学校门卫成为保护校园安全的第一道程序，他们的工作非常辛苦，并存在一定的风险，必须得到尊重。

在新时代高校"三全育人"保障机制中，经费保障也是十分重要的一环。跟进经费保障，做好这项支撑性工作，仍然是一项重要使命。有的高校办学经费并不充裕，教室设备、宿舍环境、校园建设等方面还不够完善，学生的整体满意度低，教师在搞好教学与科研的同时，还要整理报表、汇编材料，造成杂事多待遇

低、疲于应付的局面，无法真正做到"三全育人"。因此，国家、地方不仅要加大高校思政工作的经费支持，还要加大学校各项育人工作项目的经费支持。习近平总书记曾在基层考察时指出，各级党委和政府要满腔热情关心教师，让广大教师安心从教、热心从教、舒心从教、静心从教，让广大教师在岗位上有幸福感、事业上有成就感、社会上有荣誉感，让教师成为让人羡慕的职业①。

（二）构建"三全育人"保障机制是提高高校人才培养质量的客观要求

习近平总书记在党的十八大报告，以及 2014 年 5 月 4 日在北京大学师生座谈会上的讲话中，曾多次指出教育的根本任务就是"立德树人"，当代高校思想政治教育工作的开展就要以"育人为本，德育为先"的理念为根本。因此，高校在教育过程中不仅要将德育与智育放在同等重要的地位，更要将立德树人的目标摆在人才培养的首要位置，要时刻铭记习近平总书记提出的"德是首要、是方向"② 的理念，并且将此理念贯穿于高校教育的全部过程，使社会主义核心价值观的内涵真正渗透到大学生的心里，使大学生既乐于求知、勤奋好学，又有社会责任感，能够"修好公德、私德"，使大学生在学习科学文化知识的同时，具有高尚的思想道德素质，从而促进大学生全面成长成才。

与过去传统的育人模式不同，高校"三全育人"体系的内涵更加丰富，其运行模式也更加复杂，并且会随着时代的发展进步而不断地进行演变和深化。当前，我国高校"三全育人"体系的建设已到达深入推进的阶段，未来有着光明的发展前景，因此，高校"三全育人"保障机制的构建与完善对于提升高校立德树人的质量具有重要作用。

保障机制的构建，是确保高校"三全育人"工作体系化、系统化和规范化的关键，同时也是保证高校"三全育人"工作取得良好成效的关键。高校"三全育人"保障机制在高校育人过程中是否能够取得实效，很大程度上取决于高校的育人理念能否科学、合理地传授给学生，也取决于学生是否能够理性、客观地接受。因而，教育主体在实施育人的过程中，要制定科学合理的教育目标，创新教书育人工作的方式和方法，不断改进育人环节；学校也要大力加强

---

① 杨银付，涂端午，俞可. 发展具有中国特色、世界水平的现代教育——深入学习习近平总书记教育思想核心要义 [J]. 人民教育，2017（19）：13 – 20.

② 习近平. 青年要自觉践行社会主义核心价值观——在北京大学师生座谈会上的讲话 [J]. 中国高等教育，2014（10）：4 – 7.

大学生的心理健康教育，培养学生健康高尚的人格①。

（三）构建"三全育人"保障机制是高等教育改革与经济社会协调发展的必然要求

改革开放以来，随着经济和社会发展水平的不断提高，发展过程中的矛盾和问题也逐渐显现，这些问题体现在社会、经济、生活的各个方面，例如物质文明与精神文明发展存在差距以及发展过程中呈现出一些不平衡、不充分、不协调的态势。国家面对发展中不断出现的新问题提出了协调发展的理念，指出协调发展就是要以协调保障理念为指导，全面推动经济社会实现有序、和谐、健康的发展，弥补过去孤立、片面地看待和解决问题的不足，从全局和整体的视角出发来提升发展的整体效能②。在推进我国社会主义现代化事业全面、深入发展的过程中，"协调保障"这一理念显得更加重要。因此，在高度重视高校思想政治教育的同时，要将"协调保障"的理念贯彻落实到"三全育人"的理论研究和实践活动之中，使"三全育人"体系内部的各要素之间能够相互协作、互相支持，确保"三全育人"工作能够取得实实在在的成效。

高校的"三全育人"保障机制是通过组织一系列与育人相联系的质量管理活动，严密组织形成的一个有机整体，主要涉及政策扶持、人才建设、经费支持等几个方面。通过对这些方面的问题进行细致分析和认真改进，不仅能够保障高校日常教育教学活动的顺利进行，而且也可以为高校"三全育人"体系的建设和完善提供可靠的支撑。

当前，深入开展高校"三全育人"工作，已经成为高等教育高质量发展的一个基本要求，能够有效地培养学生的综合素质，更好地满足经济和社会发展对人才的需求。事实上，高校的育人质量不仅是衡量高等教育内涵式发展成效的核心指标，而且也是我国高等教育大众化发展的生命线。构建"三全育人"保障机制，是对高等教育如何保障并提升人才培养质量和水平的正确探索，客观上也可以促进高等教育领域改革的不断深化，推动高等教育的现代化、高质量发展③。

---

① 王志建，潘红. 高校"三全育人"有效机制探析［J］. 辽宁教育行政学院学报，2020，37（6）：17 – 21.

② 赵婷. 高校思想政治教育协同育人机制研究［D］. 南昌：江西财经大学，2019.

③ 徐文婷. 高校创新创业教育保障机制的内涵及其构建意义［J］. 教师教育学报，2017，4（2）：83 – 88.

三、 高校 "三全育人" 保障机制构建的实现方式

要建立以保障机制为支撑的"三全育人"运行机制，高校就要在政策落实、人才队伍及经费供给等方面下足功夫。

（一）政策保障

1. 健全管理制度

首先，顶层设计至关重要。高校要遵循国家"三全育人"要求，结合自身实际，制定适合本校的"三全育人"工作目标和实施方案。其次，应构建和完善高校"三全育人"领导小组工作机制，由校党委主要领导牵头，明确各参与单位的分工与职责，建立党委统一领导、院系具体负责、党政群齐抓共管的良好工作机制。最后，需要建立健全"班主任—辅导员—学业导师"三位一体的管理机制，积极鼓励学业导师参加班主任组织的活动，与辅导员之间相互支持，形成优势互补。

2. 完善监督制度

高校"三全育人"工作的开展，涉及的领域非常广泛，人员关系也很复杂，需要完善相应的监督制度以保障"三全育人"工作的有效落实。一方面，健全监督制度有利于快速、真实地反馈日常工作中的状态信息，有利于对突发事件进行防控，从而避免出现重大问题。另一方面，监督制度的执行也有利于充分发挥"三全育人"相关主体的育人合力，保障"三全育人"的工作成效。

3. 强化自我建设

学生只有通过自身的努力奋斗，才能取得最大的成就。但人天生拥有惰性，很多事情难以做到持之以恒，但是如果能够制定规则、形成制度，就可以有效地激发学生的内在动力，保障育人效果。构建较为完善的自我管理机制，能够推动学生实现对自身的管理与约束，在平时的学习与生活过程中逐渐适应并实现自我管理和自我服务，从而形成良好的思想道德，养成良好的行为习惯，促进自身的全面、健康发展。

4. 优化制度规范

毋庸置疑，教师在"三全育人"体系中的作用至关重要。因此，不断健全教师的考核机制，逐步完善考核和激励方式，将教师参加的思政活动与其薪酬

福利、职称评审、职位晋升、评奖评优相结合①，有利于提高教师队伍的师德水平、育人动力和育人能力。从操作层面来看，通过建立相应的评价与奖惩体系，选用表现优异的教职工担任班主任和学业导师等，有助于"三全育人"工作的稳步推进。

（二）人才队伍保障

1. 坚持正确政治方向，做先进思想文化的传播者

思想决定行动，思路决定出路。习近平新时代中国特色社会主义思想是马克思主义中国化的最新成果，是指引改革复兴的行动指南，对更好引领党和国家事业发展意义重大。高校人才队伍必须用习近平新时代中国特色社会主义思想武装头脑，牢固树立"四个意识"，不断增强"四个自信"，切实做到"两个维护"，这是队伍建设的首要政治要求。同时，高校人才队伍建设必须以社会主义核心价值观为价值引领，引导高校教师以德立身、以德施教，唱响主旋律，弘扬正能量，做先进思想文化的传播者和践行者。

2. 坚守政治信仰，做党执政的坚定支持者

高校教师作为党的教育工作者，要始终坚持党的领导，使高校成为坚持党的领导的坚强阵地。因此，每一名高校教师都要坚守政治信仰，提高自身的思想政治水平，在日常的教学、科研和育人过程中，能够坚持不懈、始终如一地传播党的理论和路线方针政策，抵制不良社会思潮，加强对学生的主流意识形态教育，坚决维护党的地位，弘扬时代主旋律。

3. 坚持教书育人，做学生健康成长的领路人

教育从本质上来说，一方面是教，即"上所施下所效也"；另一方面是育，即"养子使作善也"。因此，高校教师作为教育工作者，要坚持教书和育人相统一，把教书和育人看成一个整体。在教育学生系统掌握理论知识的前提下，高校教师应以"德育"为重，不仅让学生懂得做事、做人的道理，更要让学生学以致用，做学生健康成长的指导者和引路人②，为社会培养一个个"大写"的人才。

---

① 陶辉. 新时代高校"三全育人"的实现路径和保障机制研究［J］. 广西教育学院学报，2020（5）：120–124.

② 谢冬冬. 高校思想政治教育实践育人机制体制建构研究［D］. 南昌：江西财经大学，2016.

4. 投身科研事业，做勇攀科研高峰的探路者

高校作为知识创造、传承和应用的主阵地，不仅要适应经济和社会发展的需求，而且要引领经济和社会发展的方向。因此，面对来自高校外部及高校自身的诸多挑战和问题，高校教师要有担当精神和使命感，勇于直面挑战。积极呼应时代发展的需求，关注经济和社会发展的前沿性问题，大胆采用新思路、新工艺、新技术和新方法，力争取得开创性成果，推动经济和社会发展。

5. 坚守廉洁自律，做身正为范的践行者

高校廉洁文化价值取向的核心是清廉不污，同时兼顾品行方正、节俭朴实、勤勉律己、诚信守法的要求①。之所以同时提出自律与廉洁，主要是出于"学术权力规制的高校廉洁文化建设要与学术自由和学术自治在精神上相一致"的考虑，而且这也与道德自律的要求相一致。因此，高校人才队伍要树立正确的价值观和权力观，不断提升自律意识，坚守道德底线，确保权力在阳光下运行。

(三) 经费保障

落实"三全育人"工作，需要调动全校资源、开展大量工作，因此就需要充分的资金支持及经费保障，高校应当合理、高效地利用资金资源，保障育人工作。高校必须坚持"三全育人"的工作理念，以"十大"育人体系为核心，加强育人经费保障，深入谋划解决学校思想政治工作发展存在的不平衡、不充分等问题，有效促进知识教育、能力培养及价值塑造的有机统一，打通"三全育人"工作的"最后一公里"。

高校需要加大"三全育人"方面的资金投入，设立"三全育人"专项资金，做到专款专用，确保资金只能用于思政工作、培育学生成长成才方面，为"三全育人"体系提供坚强的经费保障②。设立专门的预算科目，设立党建与思想政治教育专项研究课题和课改课题，支持思想政治工作队伍结合工作实际开展理论与实践研究。

1. 争取国家经费扶持

高校需要积极争取国家的财政拨款和政策支持，以此来作为学校"三全育

---

① 赵骏. 基于学术权力规制的高校廉洁文化建设研究 [D]. 重庆：西南大学，2015.

② 孙冰红，杨宁宁. 新时代高校思想政治工作服务育人机制研究 [J]. 中国高等教育，2020 (7)：33－35.

人"建设工作的基本经费保障，国家也应该充分发挥财政资金的引导作用，建立并运行高校"三全育人"建设专项经费拨款机制，支持高校育人工作的建设和发展，使高校能够得到强有力的经费支撑。同时，高校也需要努力争取国家有关政策扩大收费自主权来增加自身的事业收入，从而提高"三全育人"建设经费的投入和保障水平。国家应考虑适当放宽高校的收费自主权，使高等教育差别定价这一全新的筹资方式在"三全育人"建设经费筹集中发挥巨大的作用。

2. 争取当地政府经费支持

实践证明，地方财政拨款是很多高校尤其是地方高校"三全育人"建设经费保障的坚强后盾和有力支撑。因此，高校应当积极与当地政府建立密切联系，多层次、多渠道开展合作项目，争取地方财政对高校发展经费投入的更大支持，为"三全育人"工作的开展提供更充足的经费保障。同时，地方政府也应从支持高校发展、全面提高人才培养质量的角度，加强对高校"三全育人"工作的支持力度，逐渐增加"三全育人"建设配套经费的投入总额，建立健全对高校办学及"三全育人"建设经费支持的长效机制①。

3. 高校自身筹措经费

打铁还需自身硬，无须扬鞭自奋蹄。高校自身始终是"三全育人"体系运行经费保障中最为关键的角色。因此，高校需要加快转变陈旧观念，紧跟时代发展的步伐，树立开放办学理念，不断增强与其他科研院所、高校、企事业单位及国际一流大学等的交流合作，努力成为国内外资金、技术、人才集聚的平台，积极拓展办学经费的筹措渠道，减少对各级政府财政拨款的依赖程度，逐步形成一套行之有效的"三全育人"运行经费筹措和投入保障机制，并确保经费来源的合法化和制度化。

---

① 李圣. 我国高等教育经费筹措方式研究［D］. 上海：华东师范大学，2010.

第六章　江苏大学 "三全育人" 实践探索

2016 年 9 月，习近平总书记在全国高校思想政治工作会议上发表重要讲话，强调要坚持把立德树人作为中心环节，把思想政治工作贯穿教育教学全过程，实现全程育人、全方位育人，努力开创我国高等教育事业发展新局面，深刻回答了高校 "培养什么人、怎样培养人、为谁培养人" 这一根本问题。江苏大学坚持以习近平新时代中国特色社会主义思想为指导，以习近平关于教育的重要论述为根本遵循，深入推动全国高校思想政治工作会议和全国教育大会精神落地生根，围绕立德树人根本任务，积极谋划新时代 "三全育人" 新体系、新格局、新思路、新办法，把立德树人融入思想道德教育、文化知识教育、社会实践教育各环节，将思想政治工作体系贯通学科体系、教学体系、教材体系、管理体系，形成更高水平的一体化人才培养体系，从根本上回答好 "培养什么人、怎样培养人、为谁培养人" 这一问题，为加快推进教育现代化、建设教育强国、办好人民满意的教育，为实现中华民族伟大复兴的中国梦做出无愧于时代的新贡献。

第一节　江苏大学 "三全育人" 总体规划

一、 基本概况

江苏大学是工科特色鲜明的省属地方高校，是全国首批 88 所重点大学之一。学校作为国内最早设立农机专业、最早系统开展农机教育的高校，坚持立足江苏、服务行业，始终以推动我国农业机械化、现代化为使命，培养了我国第一批农机本科、硕士和第一位农机博士、博士后，为我国农业装备人才培养、科技创新，为农民增收、农业发展和农村稳定做出了积极的贡献，经过长期的文化积淀，已经形成了"工中有农，以工支农"的鲜明办学特色和独特的文化情怀。

江苏大学历来高度重视思想政治工作，积极推行"思政＋"办学治校，逐步建立了"横向到边、纵向到底"的工作形态，紧扣"立德树人"这一根本任务，抓好"学生、教师"两大群体，强化"学生成人成才、教师成名成家"两个导向，培养"肯干、能干、实干"三大人才品质。2011年以来，学校按照"贴近实际、贴近学生、贴近生活"的要求，逐步构建并实施了"全员化参与、全过程教育、全媒体跟进、全方位引导"的服务学生成才的"四全"引导体系。学校多次荣获"江苏省高校思想政治工作先进集体"；学校思想政治工作总结经验入选教育部《高校德育成果文库》，《江苏大学以实施思想政治教育质量提升工程为抓手加强大学生思想政治教育》被教育部《加强和改进大学生思想政治教育工作简报》专题刊发。2019年1月，江苏大学获批教育部"三全育人"综合改革试点高校，成为全国25所之一、江苏省属高校中唯一一所试点学校。学校以此为契机，积极推进"三全育人"综合改革实践，充分挖掘、整合全校育人力量，扎实推进各项工作，建了以"十大"育人体系为基础的育人新格局，形成了育人机制"大协同"、思政教育"全贯通"、育人要素"强融合"的一体化"大思政"模式，取得了显著成效。《新华日报》专题刊发学校《树立一流意识，推进"三全育人"》《构建思政新格局，唱响育人"主打歌"》经验做法，全面介绍了江苏大学"三全育人"的举措和成效。《中国高等教育》刊发了《高校怎样落实立德树人根本任务——访江苏大学党委书记袁寿其》的专访文章。

二、 总体目标

加强党对学校的全面领导，牢牢把握社会主义办学方向，坚持育人导向和问题导向，服务国家重大战略需求，树立一流意识，聚焦"创新创业人才、卓越人才、精英人才、国际化人才"培养，以促进学生成长成才为中心，以提高思想政治工作质量为核心，以全面提高人才培养能力为关键，以构建协同育人机制为重点，充分发挥各类优势与资源，实施"四大工程"，推进"五项行动"，推动各领域、各环节、各方面的育人资源协同、贯通与融合，构建以"十大"育人体系为基础的一体化育人新格局，培养具有家国情怀、人文素养、创新精神、实践能力、国际视野的高素质人才和德智体美劳全面发展的社会主义合格建设者及可靠接班人。

三、 总体思路

以习近平新时代中国特色社会主义思想为指导，全面贯彻落实全国教育大会、全国高校思想政治工作会议精神，围绕立德树人根本任务，继承和发扬江苏大学百年办学传统，依托工科特色学科优势，秉持"博学 求是 明德"校训和"自强厚德 实干求真"的江大精神，协同每时、每处、每人、每事的育人资源，贯通制度、执行、评价的各个层级，融合全校上下各条线、各维度的力量，形成了内容完善、标准健全、运行科学、保障有力、成效显著的一体化思想政治工作体系。

（一）思政教育"大协同"

进一步推动实施思想政治工作"八项工程"，系统推进"十大"育人体系建设，形成"党委统一领导、党政齐抓共管、职能部门组织协调、二级单位具体落实、全校各方积极参与"的"大思政"工作格局。学校各单位把"三全育人"摆在全局工作突出位置，引导全体教职工当好"育人者"，推动知识传授、能力培养与理想信念、价值理念、道德观念教育的有机结合，各自守好一段渠，种好责任田，实现育人全担当。

（二）育人机制"全贯通"

紧扣"宏观制度设计、中观贯彻执行、微观评价实施"三大核心抓手，完善学校体制机制和内部治理体系，将立德树人贯穿于学校教育教学全过程和学生成长成才全过程，推动育人目的、手段和效果的有机统一，推进"思政+"的叠加与协同向"思政×（乘）"的贯通与融入深度发展，使"三全育人"工作更好地适应和满足学生成长诉求、时代发展要求和社会进步需求，打通育人的"最后一公里"，实现全天候育人。

（三）育人要素"强融合"

遵循学生成长成才规律和思想政治工作规律，充分尊重学生的差异性、主动性和选择性，推进不同来源、不同领域、不同类型、不同层次、不同个性的思想政治工作元素共生融合。深入挖掘各群体、各岗位的育人元素，将立德树人覆盖到课上课下、网上网下、校内校外，着力构建"学校、学院、专业、导师团队、管理服务岗"示范育人体系，努力形成育人工作合力，实现目标同向、载体同建、资源同享、节奏同步，推动育人全覆盖。

四、 总体框架

围绕学生成长成才这个中心，坚持育人导向和问题导向，抓住制度建设、队伍建设、评价体系建设三个关键，实施思想政治工作质量提升工程、思政课程和课程思政创优工程、示范引领工程、知农爱农人才特色培养工程四大工程，开展"博学""求是""明德""自强""实干"五项育人行动，着力破解短板和难点问题，把思想政治工作贯穿融入办学治校全过程，依托课程育人、科研育人、实践育人、文化育人、网络育人、心理育人、管理育人、服务育人、资助育人、组织育人十大体系，融合全校上下各条线、各维度的力量，统筹推进各项育人工作，打通育人"最后一公里"，推动形成"12345"一体化思想政治工作体系（见图6-1）。

图6-1 "三全育人"总体框架图

（一）围绕"一个中心"

教育是国之大计、党之大计。"教育兴则国家兴，教育强则国家强。高等教育是一个国家发展水平和发展潜力的重要标志。"江苏大学始终以习近平新时代中国特色社会主义思想为指导，全面贯彻落实全国教育大会、全国高校思想政治工作会议精神，围绕立德树人根本任务，继承和发扬江苏大学百年办学传统，依托工科特色学科优势与人才培养定位，通过全员、全过程、全方位育人，调动一切育人因素，发掘一切校内外资源，为学生打造全方位、立体式的育人时空，使在校大学生随时随地都可以获取自身发展所需的资源，从而实现全面发展和成长成才。

（二）坚持"两个导向"

一是坚持育人导向。习近平总书记在全国教育大会上的重要讲话中指出，"培养什么人，是教育的首要问题"，要"坚持立德树人根本任务，培养德智体美劳全面发展的社会主义建设者和接班人"。这是高校的初心使命，更是"三全育人"的工作目标。因此，江苏大学在实施"三全育人"综合改革过程中，始终紧紧围绕这一育人目标，努力答好"培养什么人"这一时代之问，坚持为党育人、为国育才，着力在培养学生坚定理想信念、厚植爱国主义情怀、加强品德修养、增长知识见识、培养奋斗精神、增强综合素质上下功夫，教育引导学生做"博学、求实、明德"的时代新人。二是坚持问题导向。习近平总书记在全国高校思想政治工作会议上强调，要提升思想政治教育亲和力和针对性，满足学生成长发展需求和期待。缺乏"亲和力和针对性"是当前高校思想政治工作存在的主要问题。究其原因，有思想认识的问题，有方式方法的问题，也有评价导向的问题。因此，江苏大学在工作中突出问题导向，围绕当前高校思想政治工作中普遍存在的"认识不到位""协同不到位""评价不到位"等问题，重点实施四项工程、五项行动，通过体制机制创新，牢固树立育人为本的教育评价观、教师职业观和共同育人观，着力营造有效资源向育人环节聚集、政策导向向育人环节倾斜、教师精力向育人环节汇聚的良好局面。

（三）抓好"三个关键"

思想政治工作是一项复杂的系统工程，包括主体、对象、载体、内容、环境等各个要素，各要素之间既相互独立，又相互联系、相互制约、相互依存，不断强化，江苏大学在"三全育人"综合改革实践中突出理念创新和方法创新，紧抓三个关键，切实提升高校思政工作的"广度""深度""效度"。一是抓好制度建设。聚焦机制创新，把完善思想政治工作体制机制与中国特色现代大学制度建设结合起来。从战略高度统筹思想政治工作，将思政工作与深化综合改革、"双一流"创建、"十四五"发展等统一谋划，强化统一领导、统一部署、增强思政工作的合力。二是抓好队伍建设。加强育人队伍建设，推动中央关于高校思想政治工作队伍和党务工作队伍建设的政策要求和量化指标落地，切实增强专任教师、学业导师、辅导员、党政管理服务人员、离退休老教师等育人主体的育人力量，实现思想政治工作与教学、科研、社会服务等工作的协同协作、同向同行、互联互通。三是抓好评价体系建设。系统梳理各个群体、各个岗位的育人元素，作为职责要求和考核内容融入整体制度设计，健全评价体系，坚持定性分析和定量分析相结合、工作评价和效果评价相结合，推动高校思想政治工作制度化、规范化。

（四）实施"四大工程"

学校发挥"工中有农，以工支农"的办学特色，以点带面，将特色化育人工程贯通至教育教学体系全过程。一是实施思想政治工作质量提升工程。坚持马克思主义在高校的指导地位，牢牢把握学校发展正确方向，扎实办好中国特色社会主义大学，推进高水平有特色国际化研究型大学建设，深入实施思想政治素质提升工程、师德师风铸魂工程、"以文育人"工程、课堂教学引领工程、哲学社会科学繁荣工程、阵地建设巩固工程、队伍建设保障工程"八项工程"，扎实推进思想政治工作。二是实施思政课程和课程思政创优工程。深化思想政治理论课改革，深入推动习近平新时代中国特色社会主义思想进教材、进课堂、进头脑，充分发挥思政课主渠道作用，构建多层次、立体化的思政课教学体系；强化专业课程的育人导向，梳理各门专业课程所蕴含的思想政治教育元素和所承载的思想政治教育功能，制定加强课堂教学管理、提高教学质量的实施办法，明确课堂教学纪律要求。落实校领导和教学督导听课制度。健全课程育人管理和运行机制。三是实施示范引领工程。深入挖掘实践样板，充分发挥各类典型的示范作用，培育建设"三全育人"综合改革示范（创建）学院、示范（培育）专业、示范（培育）研究生导师团队、管理服务示范岗以及辅导员工作室、"一院一品"等示范项目，推动"大思政"理念深入人心。四是实施知农爱农人才特色培养工程。先后成立农业工程学院、五大涉农研究院等，将知农爱农情怀和强农兴农使命融入教育教学全过程，构建以涉农院士讲坛、中国农机文化展示馆等为载体的涉农情怀教育格局。出台《江苏大学新农科新工科融合建设方案》，分别建成江苏大学北京、南京、洛阳研究生院，实施涉农新生奖学金项目，牵头举办大学生智能农业装备国际创新大赛，着力培养知农爱农高层次人才。

（五）开展"五项育人"行动

以课程育人、科研育人、实践育人、文化育人、网络育人、心理育人、管理育人、服务育人、资助育人、组织育人等"十大"育人体系为基础，推进实施五项行动计划：一是开展"博学"育人行动。以课堂教学为主渠道，推进课程育人计划；以品牌活动为主抓手，推进文化育人计划。重点依托第一课堂、有效衔接第二课堂，以多课堂融合、广开学习渠道的思路，全面育成学生的工科素养、人文情怀、创新素养和国际视野。二是开展"求是"育人行动。以科研竞赛为主平台，推进科研育人计划；以创新实践为主导向，推进实践育人计划。重点依托科学研究和实践历练，通过完善科研评价和学术评价，推进产学研合作和科技竞赛等方式，引导学生切实树立追求真理的理念。三是开展"明德"育人行动。以党团组织为根本点，推进组织育人计划；以专题网站为主阵地，推进网络育人计划。充分发挥线下组织作为育人的重要抓手、线上平台作为育人的重要阵地的职能，重点依托各级党团组织开展形式多样的育人活动，以育人活动提升组织的吸引力，再以凝聚力进一步提升育人成效。四是开展"自强"育人行动。以心理健康为切入点，推进心理育人计划；以帮扶关爱为着力点，推进资助育人计划。重点关注心理困惑、经济困顿、学业困难的特殊学生群体。以心暖心，以心育心，实施有温度的教育，积极探索从内心让学生自我发展的路径与方案。五是开展"实干"育人行动。以建强队伍为立足点，推进管理育人计划；以高效优质为出发点，推进服务育人计划。引导和督促全校上下在育人工作中放下架子、沉下身子、静下心来、甩开膀子，以打造一流的教职员工队伍为立足点来提升管理水平，以建服务体系、强服务评价、重后勤保障来提升服务水平，以高效优质的管理和服务保障学生成长成才。

第二节　江苏大学"三全育人"实施路径

江苏大学坚持以习近平新时代中国特色社会主义思想为指导，围绕立德树人根本任务，按照思政教育"大协同"、育人机制"全贯通"、育人要素"强融合"的理念，以理想信念教育为核心，以社会主义核心价值观为引领，以全面提高人才培养能力为关键，把习近平新时代中国特色社会主义思想和学校长期形成"工中有农，以工支农"的鲜明办学特色、独特的农机文化情怀、"自强厚德，实干求真"的江大精神，植入办学治校各领域、教育教学各环节和人才培养各方面，切实提高思想政治工作亲和力和针对性，建构有江大特色的一体化思想政治工作体系，凸显江大"知农爱农工科特色一流人才"的培养目标，理顺疏通所有育人环节，完善纵向的顶层设计方案；将各个具体实施阶段真正缝合，形成具体可践行的育人通道及模式；挖掘和梳理全校资源，做好全方位的协同整合，汇聚广大教师的力量，从而切实盘活一草一木、一人一事的育人要素，打破传统的"各部门之间资源壁垒""各条线之间的工作断点"，推动各领域、各环节、各方面的育人资源和育人力量的协同、贯通与融合，培养人生出彩的社会主义事业建设者与接班人。

一、 加强党委领导， 完善组织架构

学校党委把"三全育人"工作摆在全局工作突出位置，将其列为学校办学治校的三大支柱之一。学校"一把手"领导高度重视，校党委书记、校长在学校两代会、党委常委会、干部教师大会、"三全育人"推进会等重要会议中多次对相关工作进行指挥部署。每年组织召开全校规模的"三全育人"综合改革推进大会，调动了全体教职员工的育人积极性。

学校实施一把手工程，成立"三全育人"综合改革工作领导小组和12个工作小组，领导小组由校党委书记、校长担任组长，其他校领导为成员，12个工作小组按照"十大"育人体系设立，全部由校领导担任组长，校主要职能部门负责人为成员，通过完善组织领导，统筹协调推进各项工作。加强组织运作协同，定期召开协调会、工作小组会、调研会等，明确分工与合作，对标对表推进工作，形成"党委统一领导、党政工团齐抓共管、职能部门组织协调、全校各方积极参与"的"三全育人"一体化工作体制。每月组织召开"三全育人"工作推进会、座谈会、中期检查汇报会等，全面总结育人成效，扎实推进各项工作。

二、 加强制度建设， 完善体制机制

贯通所有育人环节纵向的顶层设计与具体实施，协调所有横向部门的育人力量，加强顶层设计和机制构建，先后研究出台了《江苏大学"三全育人"工作实施意见（试行）》《江苏大学"三全育人"综合改革建设方案》《江苏大学"三全育人"创新发展中心建设方案》《江苏大学关于进一步深化"三全育人"综合改革加快构建思想政治工作体系的实施意见》等一系列制度文件，将"三全育人"工作进一步规范化、制度化、体系化，为进一步深化"三全育人"综合改革，加快构建学校思想政治工作体系，提升育人工作质量提供指导和依据。出台新时代美育、劳动教育等系列文件，成立公共艺术教育中心，形成"五育"并举体系。

依据顶层设计，在具体实践中不断推进落实。细化校内各单位的任务分工和工作举措，制定《江苏大学"三全育人"综合改革试点建设主要任务分工表》，列出各部门的责任清单，明确时间进度，压实工作责任，确保工作有序推进。校内各单位围绕任务分工，成立"十大"育人工作小组，研究出台"十大"育人相关建设方案及推进落实文件，坚持育人导向，以人才培养为目标，打通育人各个环节，保证育人各环节的衔接与连贯。编发《"三全育人"工作简报》，全面深入总结"十大"育人条线目前的工作进展情况、存在问题及下一步工作打算等，统筹推进"十大"育人的育人工作。

三、 加强平台联动， 统筹育人工作

统筹规划学校各部门工作职责，成立"三全育人"创新发展中心，由校党委书记担任中心主任，下设办公室，挂靠党委学工部，增设专职工作人员。搭建"三全育人"协同联动平台，开展工作研究，制定相关规章制度，明确各部门职责，理顺工作流程，细化工作台账，整合全校各群体、各岗位的育人力量，推动各领域、各环节、各方面育人资源和育人力量的协同协作，促进校院贯通，加大对各单位"三全育人"工作的过程监督和结果考核，及时破解各单位、各部门之间的育人"壁垒和断点"，确保"三全育人"工作实效。开展"三全育人"工作研究，坚持基础研究和应用研究并重，推出具有工作指导性和理论前瞻性的工作成果，注重成果的推广和应用。总结提炼学校"三全育

人"综合改革成果，形成江苏大学"三全育人"育人模式和成果汇编。

四、 加强典型引领， 发挥示范作用

校领导率先垂范抓育人，深入一线了解学生思想状况。校党委书记亲自担任学业导师，为学生开设信仰公开课，给新生上思政"第一课"，校长主讲"科学前研"专业"第一课"，服务学生成长成才，引导师生重视育人工作，发挥育人示范引领作用。积极搭建育人示范引领平台，先后遴选出"三全育人"综合改革示范（创建）学院、示范（培育）专业、示范（培育）研究生导师团队、管理服务示范岗、辅导员工作室项目、大学生思想政治教育"一院一品"项目等。这些典型示范单位和个人，在凝聚育人力量、推进全员育人、探索育人新模式、打造育人特色、提升思政工作"深度""效度""广度"方面，发挥了先进模范带头作用，引领全校教职员工把工作重心和目标落在"三全育人"上。

五、 加强评价监督， 强化育人导向

制定《江苏大学"三全育人"工作考核办法》，将"三全育人"综合改革建设相关工作列入学校年度目标任务综合考核，并作为校纪委专项督查和党委巡察的重要内容，考评得分计入各单位年终考评总分中，并与各单位年终绩效分配挂钩，充分发挥考评的"指挥棒"作用，激励各单位把工作重心放在育人成效上。校纪委出台《关于开展学校"三全育人"综合改革专项监督的意见》，在全校开展"三全育人"综合改革专项监督，压紧压实各单位和每位教职员工的育人责任，为学校育人工作提供纪律保证。把思想政治工作和人才培养质量列为学科评估、项目评审、年终考核、晋升评优、政治巡视等的重要内容，激发全体师生立德树人的积极性，实现"我能育人"到"我愿育人"的升级转变。

六、 加强队伍建设， 落实育人保障

实施教师党支部书记"双带头人"培育工程，落实领导干部深入基层联系学生制度，所有校领导都与班级团支部及社团结对，开展日常一对一指导。加

强辅导员队伍建设，积极落实教育部和省教育厅的要求，努力解决人事代理专职辅导员的编制问题。按照专兼结合的原则选优配齐辅导员队伍，完善辅导员"双重身份、四线晋升"机制，在辅导员思政系列职称单列单评、干部晋升的基础上开展辅导员职级聘任和管理岗职员聘任，畅通辅导员晋升渠道，设立辅导员津贴，保障辅导员待遇。大力培养思政课教师队伍，开展校内转聘，推进"课堂＋讲堂"教学改革，遴选校内外专家学者、机关干部、团学干部等开展信仰公开课、梦想公开课、"辉煌一课"等，组织思政课教师开展国内学习研修，落实思政课教师特殊岗位津贴，提高工作量分配系数，完善青年思政课教师"助理教学制"，为思政课教师队伍和干部队伍储备优秀人才。深入践行"三全育人、人人有责"的育人理念，充分发挥思政课教师、专业课教师、辅导员、学业导师、行政管理人员、关工委老同志、后勤服务人员等群体的协同育人作用，为学生成长成才指路导航。

七、 加强理论研究， 强化实践指导

由"三全育人"创新发展中心牵头，组织组织部、宣传部、人事处、教务处、科技处、社科处、研究生院、研工部、学工部、后勤处的相关人员形成一支研究团队，以"三全育人"工作开展为研究对象积极申报各类课题并多次获批立项，开展"三全育人"理论研究，在《中国高等教育》《思想教育研究》《江苏高教》等高水平期刊上发表育人方面相关论文多篇，总结学校育人方面的经验成果，切实发挥理论对实践的指导作用。组织开展江苏大学"三全育人"专项课题申报活动，汇聚全校的力量，推动综合改革工作的理论研究，为"三全育人"工作的深入开展提供理论指导和决策咨询。开展"防疫育人两手抓，学生成长不掉线"主题简报征集活动，充分挖掘疫情防控过程中的育人元素和举措成效。编发《"三全育人"工作简报》，全面深入总结"十大"育人条线目前的工作进展情况、存在问题及下一步工作打算等，统筹推进"十大"育人条线的育人工作。

八、 加强氛围营造， 注重对外宣传

开展"三全育人"工作大讨论，构建强化思想引领的"1＋3＋N"塔式理论武装体系。推进"三全育人"和校园文化建设及学校的办学特色和发展方向

紧密相连，以文化讲堂和文体活动为载体，以文化氛围营造为支撑，以学校优势学科为依托，以学校历史积淀为基础，以农机特色文化打造为导向，多措并举、形成合力，实现学校文化软实力、社会影响力和师生精气神的整体提升。注重典型经验总结，不断进行成果凝练，营造良好育人氛围。学校网站首页设立了"三全育人"专题网站，在校报、部门学院的微信公众号、网站等宣传渠道开辟"三全育人"专栏，加大"三全育人"工作宣传。依托"江苏大学思想政治工作网（江帆网）"和各类官方新媒体平台，创新工作方式，运用网上互动教育开展思想政治工作。学校领导先后受邀在中国高等教育学会学生工作研究分会主办的研讨会、思想道德建设专委会年会、思想政治教育学术前沿论坛、学术年会等重要场合介绍学校"三全育人"的相关做法，为兄弟院校提供经验借鉴。通过氛围营造，激发全体师生的内生动力，强化其外原动力，引导全体师生树立协同育人的理念。发挥党支部政治学习、"三会一课"、民主生活会、年终述职会、学习培训会等各类学习载体的作用，将育人理念贯穿学习教育，引导全体师生实现"要我育人"到"我要育人"的转变。

九、 加强育人协同， 完善育人体系

为深入推进试点建设工作，学校强化组织领导，成立了"三全育人"工作领导小组，依据"十大"育人体系进行了任务细化分工，为每个育人条线明确了牵头单位和建设单位。各牵头单位和建设单位深入落实教育部"三全育人"试点改革工作要求，围绕立德树人根本任务，凝心聚力，积极行动，充分发挥牵头引领和组织协调作用，工作亮点不断显现，育人成效日益凸显。

（一）课程育人

围绕立德树人根本任务，深化教育教学改革，以专业建设、课程教材建设为抓手，充分挖掘课程蕴含的育人元素，结合教育教学规律和学校办学特色，协同推进思政课程与课程思政教育教学改革与创新，在全员、全过程、全方位"三全育人"大格局下深入推进思政课程和课程思政建设，充分发挥教师队伍"主力军"、课程建设"主战场"、课堂教学"主渠道"作用，强化价值引领、知识传授、能力培养"三位一体"的教育教学目标，不断加强思政课程、一流专业、课程思政、研究生课程资源等教学资源建设，为学生提供更加优质的课程教学与服务管理，将思想政治教育贯穿人才培养全过程，形成各类课程与思

想政治理论课程协同育人格局，着力培养德智体美劳全面发展的社会主义事业建设者和接班人。

1. 加强思政课程建设

高度重视习近平新时代中国特色社会主义思想进教材、进课堂、进头脑的重要性，要求所有思想政治教育课程要集体备课、集体研讨，确保课堂教学把习近平新时代中国特色社会主义思想作为讲授重点。落实马克思主义学院建设标准，制定并落实以"课程思政"为目标的课堂教学改革方案，通过学生喜闻乐见的方式推进习近平新时代中国特色社会主义思想的学习讲授。进一步实施高校思想政治理论课建设体系创新计划，按照教育部《关于一流本科课程建设的实施意见》文件精神，加大思想政治理论课教学改革和教育模式创新，不断提升师生对课堂的获得感、满意度，思想政治教育专业获批为省一流本科专业建设点和江苏大学"三全育人"示范专业，培育了"毛泽东思想和中国特色社会主义理论体系概论"等一批"思政类"一流课程。

2. 深化一流专业建设

出台《江苏大学一流本科专业遴选与建设实施方案》，将一流专业建设与"三全育人"示范专业建设深入融合，明确一流本科专业建设的根本任务是立德树人，所有一流本科专业必须建成"三全育人"示范专业，"三全育人"示范专业也要力争全部建成一流本科专业。能源与动力工程等专业获批国家一流本科专业建设点、药物制剂等专业获批江苏省一流本科专业建设点，出台《江苏大学新农科新工科融合建设方案》，正式启动教育部新农科研究与改革实践项目"新农科、新工科一体化建设，打造一流涉农专业集群的探索与实践"项目，召开"新农科新工科融合创新发展"高等教育改革研讨会，开展校重点教材立项建设及省重点教材推荐工作。

3. 优化课程建设

深入落实《江苏大学关于提升思政课程与课程思政教学质量的实施意见》，引导各专业积极挖掘专业课程所蕴含的思想政治教育元素，并将其作为课程教学目标，工程类专业需明确相关课程任务点对提高学生人文素养、职业能力、国际视野等方面的支撑度，考核相关课程任务点的达成度。在精品课程的遴选立项、评比和验收中应设置"价值引领"或"德育功能"指标，将思想价值引领贯穿于课程教学的全过程，引导任课教师树立"课程思政"的理念，将课程思政与学生思想政治工作紧密结合，形成各类专业课程与思政理论课同向同行的育人新生态。推荐学生选修"科学前沿""美学原理""艺术导论""国学智慧""人工智能与信息社会""工程伦理""批判与创意思考"等优质课程，不断优化学生"五育并举"的课程体系。利用中国大学 MOOC、智慧树、好大学在线等网络平台大力开展线上教学。评选江苏大学一流课程，将课程育人作为一流课程建设与教学改革的重要内容，牢固树立底线意识和质量意识。

4. 建设课程思政体系

推动课程思政覆盖各类课程、所有教材落实课程思政要求，形成协同效应，实现全方位育人。打造课程思政示范品牌。开展课程思政教学名师、教学团队、示范课程、示范专业培育、建设和遴选工作，打造品牌，形成示范效应。提升教师课程思政素养，充分发挥基层教学组织作用，建立课程思政集体教研制度和课程思政培养培训体系，引导教师强化思想认识，不断提升课程思政能力。深化课程思政教学改革，鼓励教师聚焦课程思政建设中的热点、重点和难点，开展课程思政专项研究和实践。

5. 推进课程资源建设

强化课程质量考核，突出课程建设育人实效。通过实施校院领导听课制度、教育督导听课制度、研究生课程评教制度等强化课程质量考核，引导教师树立"课程思政"理念，积极推进实践课程，形成《江苏大学研究生课程育人工作实施方案》。引入激励机制，将课程教学质量与任课教师的年终业绩挂钩，充分发挥精品课程的示范课效应。通过多元化教学团队的整合与凝练，积极探索案例研讨式、互动式等师生翻转的课堂教学模式，来提高课程教学的挑战度和含金量。

（二）科研育人

以立德树人为根本任务，不断提升教师的师德、师能和教科研水平，引导教师提升科研水平的同时，加强科研与教学互动，努力构建科研育人质量提升工程。充分挖掘育人要素，完善育人机制，优化评价激励，强化实施保障，持续优化学校科研管理制度，以"科研管理育人、科研活动育人、科研评价育人"为着力点，强化导师引领培育职责，明确科研育人功能，注重学生科学精神培养，把思想价值引领贯穿于科学研究全过程。

1. 发挥优秀学术团队的引领作用

以研究生导师示范团队建设为抓手，培育一批以研究生导师为核心的科研育人典型团队。出台《江苏大学校级科技创新团队（自然科学类）建设与管理条例》《江苏大学科研平台管理办法（哲学社会科学类）》，选树了一批研究生导师科研育人典型代表，广泛开展科研育人经验推广活动，营造积极向上、奋力拼搏的校园科研氛围。

2. 加强学术诚信体系建设

积极构建集教育、预防、监督、惩治于一体的学术诚信体系，切实维护学术道德规范，坚决查处学术不端行为。建立健全学术道德、学术规范、学术不端行为调查处理等相关制度，制定《江苏大学科研诚信与信用管理暂行办法》《学术委员会道德委员会受理学术不端事件流程》，对学术不端行为坚持零容忍，保持对违背科研诚信行为严厉打击的高压态势。建立"江苏大学科研机构和人员信用数据库"，对相关责任主体的信用记录进行守信激励和失信惩戒。在全校范围内深入开展科研诚信教育，加强科研诚信宣传，全面实施科研诚信承诺制度，自觉维护科研诚信。疫情防控期间，在对学生进行心理疏导的同时，加强学术道德教育，在科技处网站开设诚信专栏，进一步提高广大师生对诚信意识的认识。

3. 深化科教协同育人

坚持"工中有农，以工支农"办学特色，完善教研一体、学研相济的科研育人机制，制订产学研合作协同育人计划，依托行业和高水平科研院所，探索联合培养新模式，采用项目合作、共建研发平台等方式，打造科教创产融合发展联合体，充分发挥科研育人功能。搭建具有广泛影响力、号召力的师生科研交流互动平台，不断提升师生科学精神和创新意识。大力实施"走出去"战略，鼓励师生参加国际学术会议、赛事和中短期交流项目，拓宽师生国际化视野。设立科研专项，夯实学生科研基础，激发学生的科研积极性，通过教务处、工业中心、团委等设立大学生科研立项，提高学生的创新意识。通过产学研合作协同，依托行业内知名企业，探索教研一体、学研相济的科研育人机制，推动研究生、本科生参与各类研究生工作站、校企合作平台（项目）的科研工作，逐步形成"研究院＋研究生院"产教融合、"理论＋应用形成社科品牌"学术活动和"研究院＋留学生培养"产教融合育人新模式。

4. 创新科研育人评价机制

统筹安排教学资源与科研资源，健全具有江苏大学特色的学术评价标准、科研成果评价办法和学科建设评估体系。强化科研项目申报审查，结合实际情况引导本科生、研究生积极参与科研创新活动，实现科研、教学、实践相互促进，切实增强科研育人实效。结合学校实际情况，修订学校学术奖励办法、业绩点计算办法、职务职称评聘办法、学位授予办法，完善学校学术性评价体系。

5. 搭建网络科研服务平台

做好疫情防控，创新科研工作模式，利用现代媒体手段搭建科研服务平台，保障科研项目申报工作的顺利开展，为广大师生居家"研学"提供资源保障。协调信息化中心、图书馆，及时开放网络权限，新增 CARSI 校外访问功能，使得广大师生在校外也能查看论文资料，为科研育人提供资源保障。

(三) 实践育人

构建有江苏大学特色的"党委统筹部署、政府扎实推动、社会广泛参与、高校着力实施"的实践育人协同体系。以增强学生实践能力、创新能力为目的，积极探索实践育人规律，优化实践育人内容，创新实践教学模式，健全实践教学制度，完善实践育人体系，不断提高大学生服务国家服务人民的社会责任感、勇于探索的创新精神和善于解决问题的实践能力。推动专业课实践教学、社会实践活动、创新创业教育、志愿服务、军事训练等载体有机融合，形成实践育人统筹推进工作格局。

1. 加强创新创业教育

整合校内外双创教育资源，充分发挥学科专业优势服务地方及行业，构建"纵横有道"的创新创业教育体系。"纵向有道"即针对不同学段学生，提供了支持创新创业教育的层级化推进路线，形成了从创新意识培育到创业产业实践的"课堂→实验室→实训区→预孵器→孵化器→加速器→产业区"全链条教育载体，实现"教师全员参与，学生全体惠及"。"横向有道"即依托各界扶持主体内生动力机制，建立了政、产、学、研等多元协同机制，实现"本科全程融入，目标分级达成"。以学科竞赛为抓手，增强研究生实践创新能力。加强国家级赛事和省级赛事的校级协调跟进，加大资助力度，并组织相关学院召开省级创新实践活动协调会，保证学校承办的江苏省研究生科研创新论坛和创新实践大赛顺利进行。积极组织涉农类研究生参加科创赛事，组织涉农领域学生积极备战全国智能农业装备创新大赛、江苏省研究生精准植保科研创新实践大赛、江苏大学智慧农业创新实践大赛决赛。制定《本科生创新创业学分成绩录入及课程替换管理实施细则》，进一步完善创新创业学分的管理。

2. 重视实践教学

深入推进实践教学改革，分类制定实践教学标准，全面修订实践教学大纲，创新实践教学模式。以实践教学为特色，努力提升研究生职业素养。专业学位研究生实践教学坚持以需求为导向，坚持"学科有侧重，岗上显专长"的原则，发挥研究生的专业优势和科研特长。对理工类研究生，以发挥学科优势为出发点，其社会实践定位为"科技服务"。研究生在岗位上进行学术前沿交流、行业发展调研，与企业技术人员一起进行技术难题公关，帮助企业搭建实验平台并对相关人员进行实验技能培训，促进科研项目孵化。对文史类研究生，对其社会实践定位为"挂职锻炼"。研究生深入企事业单位基层，参加文件起草和法规制订，策划组织大型活动。实践教学过程将课堂知识与专业实践有效结合，将学科特点与社会需求紧密联系，助力学生在实践中检验真知，提升专业素养；在增强服务意识的同时感知行业发展，明晰职业发展规划，增强社会责任感。

3. 丰富社会实践

建立实践育人精品项目支持制度，探索开展师生志愿服务评价认证。夯实校企实践育人平台，深入实施"校企交融"一体化协同培养。着力构建"省—校—院"三级创新创业教育中心。打造一批寒暑假优秀社会实践小分队、志愿者及公益活动、暑期"三下乡""支援服务西部计划"、支教团队等特色团队。深入开展"牢记时代使命，书写人生华章——学习宣传贯彻习近平新时代中国特色社会主义思想主题社会实践"等新时代实践育人项目。增加就业创业见习基地，组织学生到就业创业基地见习，让学生在实习实践中增长才干，服务社会。社会实践活动受到了团中央、团省委媒体及新华社、人民日报、光明日报、中国教育报、新华日报等媒体的广泛报道。

（四）文化育人

充分发挥以文化人、以文育人的滋养功能，围绕立德树人根本任务，以社会主义核心价值观为引领，以"文化铸校"作为战略导向，以"江大精神"为核心指引，重视传承、坚持创新、加强传播，打造师生普遍认同、自觉践行、传播有力、切实服务师生成长发展的校园文化品牌，彰显学校"工中有农，以工支农"的鲜明办学特色和独特的文化情怀，不断引导广大师生增强文化自信和文化自觉，为推进学校"双一流"和高水平有特色国际化研究型大学建设提供精神动力，打牢文化根基。

1. 繁荣特色校园文化

一是制定实施校园文化建设总体规划，持续推进"一院一品"项目建设，提升校园文化育人工作的影响力、引导力和覆盖面。二是深化"人文大讲堂""五棵松讲坛""校园热点面对面""辉煌一课""高雅艺术进校园"等校园文化品牌建设。三是在举办重大纪念活动中打响文化品牌，举办"4·29 落实习近平总书记'大力推进农业机械化、智能化'重要论述暨纪念毛泽东主席'农业的根本出路在于机械化'著名论断发表 60 周年"报告会，进一步营造"农机文化"氛围，增强师生爱校荣校的情感厚度。四是做好各类纪念活动的校园氛围营造，策划设计制作《改革奋进中的江苏大学》精装画册、专题画册、《江苏大学画册》、江苏大学事业发展成就展（巡回展），以及系列电子屏海报、"毕业季"签名墙等方案的策划设计工作，繁荣特色校园文化。五是积极开展文明校园建设，把学校建设成为精神文明高地，面向全校开展文明校园主题宣传，多举措培育廉政文化，围绕"3·15 消费者权益日""4·15 国家安全日""6·26 世界禁毒日""12·4 国家宪法日"等节点开展各类法治宣传教育活动。

2. 广泛开展社会主义核心价值观主题教育活动

长期开展"中国梦""社会主义核心价值观"主题教育，围绕"庆祝新中国成立 70 周年"等重要节庆日开展系列活动。精心打造新生第一堂思想政治理论课、毕业生毕业前思政最后一课、新学期"云端"第一课，精心组织"感动江大"人物颁奖典礼、迎新年晚会等，推广展示社会主义核心价值观教育典型案例，开展"改革先锋进校园""时代楷模先进事迹报告会"活动，邀请江苏改革开放突出贡献先进个人、时代楷模等先进典型进校做主题报告，定期举办"感动江大"人物评选、"十佳青年学生"评选、"最受学生欢迎的十佳教师"评选、学生表彰大会、辅导员工作案例征集等活动，邀请优秀师生典型举办信仰公开课等。

3. 构建良好校园环境文化

精心策划青年师生信仰公开课、各类文艺演出，以"践行社会主义核心价值观"为主题创建校园灯杆道旗文化，打造书香校园，陶冶师生情操，切实增强师生的文化认同与文化自信，筑牢师生共同的精神家园。开展"知农爱农，强农兴农"系列主题活动，持续策划制作"知农爱农，强农兴农"宣讲视频。高质量建设中国农机文化展示馆，推进中国农机文化展示馆项目建设进程，组织开展"不忘初心 情系农机"中国农机文化展示馆展品评选，对优秀作品进行展示宣传，营造浓郁"农"字氛围。

4. 以农机为特色，打造"农机文化"

不断提升文化育人建设的内涵，将爱农为农教育与校史校情文化教育、理想信念教育、爱国荣校教育、形势与政策教育、社会主义核心价值观教育、中华优秀传统文化教育等思政教育结合起来，引导广大师生树立为农机奋斗终生的职业理想和人生信仰。以"农机文化"打造文化育人建设品牌，在认真总结、辩证分析自身办学历史和现实条件的基础上，发挥涉农学科齐全、人才密集、成果丰富的优势，打造农机特色文化品牌。以"农机文化"为导向引领文化育人建设，总结农机文化推广经验模式，推进与完善"一院一品"建设项目，引导各学科专业凝练形成特色文化，在全校打造多样性与独特性相统一的文化生态环境，形成蓄积深厚、持续强化的育人合力。

（五）网络育人

江苏大学围绕立德树人根本任务，积极创新推动网络育人，通过依托网络平台优化教育资源、加强网络安全维护、构建网络育人媒体矩阵、打造网络育人作品、建设网络思想政治教育体系等方式，努力提升网络育人工作质量，积极探索新时代网络思想政治教育新途径。

1. 依托网络平台，统筹优化教育资源

结合校园信息化建设，大力提升信息和数据的共享度，推进教务、学工、财务、人事、后勤、图书等与师生事务相关的核心网络共融、共通、共享，逐步建立融教育、管理、服务、发展为一体的综合平台。坚持服务为本，始终把握服务育人要求，积极推进网上"一站式"服务，优化在线办理流程。

2. 加强网络安全维护，提高建网、用网、管网的能力

一是加强思想引领，构建长效机制。注重网络思想引领，大力弘扬校园正能量，形成"点—线—面"同频共振、线上线下全覆盖的网络思想政治教育新矩阵，实现网络育人工作由"条块分割"到"协同育人"的新局面。完善长效机制，推动形成网络育人科学格局，建构健康文明、蓬勃向上的网络育人空间。建立健全校园网络管理制度和运行机制，按照"谁主管谁负责，谁主办谁负责"的原则，制定《江苏大学校园新媒体建设与管理办法（试行）》《江苏大学网站建设与管理办法》，建立健全责任体系，切实做好校内各二级网站及微博、微信等媒体平台的登记、备案工作，落实校园网络用户实名登记制度，强化网络意识，提高建网、用网、管网能力。二是建立校内自媒体负责人定期沟通协调制度，加强对网络行为的引导和管理。积极探索网络意识形态工作管理的有效抓手与举措，构建网络舆情定期会商机制，完善意识形态协调联席联动暨动态分析研判机制。建立健全校园网络舆情监测、突发事件应急反应机制和部门联动工作制度，出台《江苏大学网络舆情管理与处置办法》《关于加强网络舆情管理和网络文明传播工作的实施意见》，实行校内部门信息共享，联防联控。

3. 构建立体化媒体矩阵，推动校园媒体融合发展

学校建设一批网络思政精品课程，建立网络思想政治教育教学资源库，打造数字化、个性化的网络课堂，实现课上课下、网上网下相互补充。整合校内各级各类网站、微博、微信、抖音等媒体资源，开设"空中课堂"，学生们通过"乐享直播源"、官方微博、快手、B 站（哔哩哔哩网站）听课。建立健全立体式的校园媒体矩阵，充分发挥各类媒体传播特色，推动多种媒体融合发展，实现资源共享，信息互通。结合校园信息化建设，大力提升信息和数据的共享度，在官方微信公众号菜单增加"微校园、智慧校园、掌上微报、高考录取查询、办事大厅"等功能菜单，为广大师生员工提供便利。加强对校内网站、新媒体、电视台、广播台等校园媒体的规范管理，通过十佳网站评选、十佳新媒体优秀运营单位评选等活动，激发校院两级网络育人的积极性和主动性。

4. 打造网络育人品牌栏目，扩大宣传平台的影响力

学校官微打造"江思"原创品牌栏目，推送的选题受到广大师生的喜爱。策划推出的"立德树人""江大有个你""江大朗读者"系列专题，将视角对准一线师生、对准基层，讲好校园故事、宣传好师生典型。发布青塔、中国发明授权专利转让数据排行榜等各类榜单中本校排名情况，为学校发展加油鼓劲，培养爱校荣校意识。选树"校园好网民"网络典型，开展网络微访谈、网络创新创业楷模评选等，宣传一批师生身边人物先进典型，发挥示范引领作用。推进学校官方微信、微博，辅导员微信公众号、微博，思想政治理论课教师微信公众号、微博等名站名栏建设。开展"大学生网络文化节"等网络文化精品活动，举办微电影、互联网创业、网络产品设计、网络知识竞答等比赛，积极打造校园网络文化品牌。

5. 建设网络思想政治教育体系，加强网络育人

以立德树人为根本任务，以"共建、共享、共融"为建设思路，构建特色鲜明、功能互补、多方联动的网络思想政治教育体系，让青年学生成为网络文化建设的主人，让网络成为传播核心价值观的高地。

（六）心理育人

牢记立德树人根本任务，始终坚持育心与育德相结合、人文关怀与心理疏导相结合的以人为本理念，坚持以育人效果为导向，强化育人环节设计，坚持心理健康教育渗入环境、课堂、生活、活动、网络的融合思维，按照"一切以学生为本，关注整体的身心健康发展，实施全程的心理健康教育，强化全员的心理保健意识，努力营造全校的心理教育氛围"的"一本四全"理念开展心理育人工作。

1. 加强心理教学体系建设

加强知识教育，把心理健康教育课程纳入学校整体教学计划，组织编写大学生心理健康教育示范教材，开发建设"大学生心理健康教育"等在线课程，实现心理健康知识教育全覆盖。实施新老教师结对，开展新任教师试讲和优秀教师上教学示范课活动，提升教学水平；加强心理类课程建设，开展集体备课，团辅教师教学演练评估、心理课程教学比赛。组建成立辅导员心理工作室，专门促进心理知识的普及。

2．加强心理活动体系建设

组织开展大学生心理委员、心理信息员培训工作、对心理社团主要干部开展团建培训，加强校院两级心理社团间联系，组织开展好各项心理活动。结合心理健康教育节，举办系列专题活动，如"3·20 提升生命韧性——情绪压力管理专题""5·25 淌过爱的'多恼河'——科学看待原生家庭""9·20 我心我宿——寝室人际管理专题""1·25 爱情需要好好说话——人际沟通专题"等，打造特色品牌。

3．加强心理咨询体系建设

坚持发展性咨询为主、障碍性咨询为辅的方针，建立健全心理咨询预约、值班、咨询、反馈、督导、档案管理等制度。心理咨询全天候运作，专兼职心理咨询师每月一督导，来访者一人一记录，朋辈咨询员岗前培训全程指导，不断提升咨询服务专业水平。线上线下并轨运行，对咨询中接访到的有自伤、自杀风险及疑似心理或精神类疾病的案例及时梳理上报与转介。

4．加强危机管理体系建设

加强预防干预，积极应用科学测评工具开展大学生心理健康教育工作及新生心理健康普查，建立在校学生心理健康档案，保证在校生建档率100％，提高心理健康素质测评的覆盖面和科学性。健全预警体系，加固学校、院系、班级、宿舍、个人"五级"防控网络，实行三色预警机制，完善心理危机干预工作预案，为重点人群建立心理关怀档案，明确转介诊疗机制，提升工作前瞻性、针对性。例如，精神疾患学生个案服务建档工作，汇总从入学普查、平时观察、心理咨询、家庭访谈过程中了解到的学生罹患精神类疾病的情况，并在遵循保密原则的前提下，为特殊学子建立心理关怀档案，全面了解学生求诊、治疗、服药、家庭、学业等情况。

5．加强平台保障体系建设

制订师生心理健康教育工作实施方案，保证生均经费投入和心理咨询辅导专用场地面积，继续建设好"江苏省大学生心理健康教育与研究示范中心"，不断提升服务水平。整合校内资源，增设心理危机干预室，建设学院心理辅导站。不断充实专兼职队伍，提升工作专业性，分类别建设好心理咨询师队伍、团体辅导培训主训师和心理健康课教师三支教师队伍，分梯度培养好学生心理社团骨干、心理委员队伍、心理信息员队伍、朋辈心理咨询员队伍四支学生队伍。

6. 加强"三困生"心理关怀体系建设

开展学困生励志素质拓展训练营活动，持续构建"学校—学生"共同合作的"三困"学生学业帮扶体系，加强个体成才意识，重塑学生成长自信。梳理学业困难特别是受学业警告的学生群体中有心理问题的学生名单，协同学院一起做好心理辅导服务。

7. 加强"江心工作室"建设

凝聚核心力量，扩大心理健康知识的普及面，努力建设好四类课堂：普及心理知识的江心"大"课堂，关注心理点滴的江心"小"课堂，随时随地线上学习的江心"微"课堂和开展社会实践与服务的江心"动"课堂，着力打造"心理普惠工程"。

8. 云端守护，心理抗疫

"防"为先导，守住底线，制定紧急心理干预预案，组建工作队伍，开展24小时值班、提供求助资源，对重点学生进行逐一摸排。"护"为关键，维持稳定，QQ 咨询、网站留言、邮箱回复三条线上服务通道全天候开放；组建注册心理师同侪督导团，筛选线上优质培训资源，并实时督导；微信平台定期发布疫情期心理调适微信，对师生群体开展分类别分层次的线上心理科普讲座，缓解压力，提升工作学习效能。"导"为重点，放眼未来，组织开展正能量活动，开展榜样示范，二级学院开展"见字如面""我们战在一起""以艺战疫""青春战疫故事"等线上活动，激发正向动力；组建线上心灵成长小组，开展咨询师面对面活动，分类成长引导。

（七）管理育人

明确管理育人的内容和路径，丰富完善不同岗位、不同群体的工作职责体系，引导师生培育自觉、强化自律。建立和完善党委统一领导、党政齐抓共管、院系具体落实、教师自我约束的师德师风建设领导体制和工作机制，努力培养锻造坚持"四个相统一"的师资队伍。把规范管理的严格要求和春风化雨、润物无声的教育方式结合起来，加强教育立法，遵守大学章程，完善校规校纪，健全自律公约，加强法治教育，全面推进依法治教，促进教育治理能力和治理体系现代化，强化科学管理对道德涵育的保障功能，大力营造治理有方、管理到位、风清气正的育人环境。

1. 健全管理育人相关制度体系

制定《江苏大学管理育人工作实施方案》。进一步加强学生安全稳定工作体系建设，制定实施《江苏大学学生安全稳定工作方案》《突发事件应急处理办法》《安全隐患排查工作实施细则》等文件。开展江苏大学编制管理及党政职能部门管理系列职位分析研究，编制《党政职能部门管理系列岗位说明书》，梳理高校各党政管理岗位的育人元素。成立校院两级师德建设工作机构，明确工作职责，强化教学科研单位抓师德师风建设的主体责任。进一步做好师德典范的选树和宣传工作，在青年教师特别是新聘教师教育培训过程中，逐步实现以"四个相统一""四个引路人"和"四有好老师"等为代表的主题教育全覆盖。将各群体、各岗位的育人元素与岗位聘任相结合，在岗位聘任、岗位职责的文件制度中要将育人作为重要内容。

2. 夯实领导干部队伍管理建设

坚持新时期好干部标准，坚持正确选人用人导向，不断优化选人用人体制机制，修订完善《江苏大学处级领导干部选拔任用工作规定》。制定《2019—2023 年江苏大学干部教育培训规划》和学校年度干部教育培训规划，统筹推进学校干部教育培训工作。建立干部考核评价、激励监督机制，重视考核结果运用，将育人作用发挥纳入干部考核评价体系。做好贯彻落实《领导干部报告个人有关事项规定》工作，积极开展宣传教育，组织召开各类专题专项培训会议。坚持领导干部离任审计和任期内审计相结合，加大审计监督力度。加强领导干部兼职管理、因私出国（境）审批管理工作。按照中央和国家有关要求，核定辅导员、思想政治理论课教师和党务工作干部编制数，专业技术职务单列指标、单设标准、单独评审。积极补充专职思政工作人员，计划在 3 年内完成补充工作。

3. 强化教师管理育人道德涵育

制定并完善教师政治审核指导意见，严把教师准入政治关口，完善师德师风、意识形态、宗教信仰等方面的联动联审机制。完善教师绩效考核和师德考核评价机制，把政治思想表现作为衡量指标，在评奖评优工作中坚持思想政治表现和师德"一票否决"制度。制定《师德行为规范》《师德表现负面清单》及《师德行为失范调查处理办法》等规章制度。加强对海外引进人才的政治引领和政治吸纳。在现行教师岗前培训课程体系的基础上，开设师德教育专题内容。在优秀教师团队培养及骨干教师、学科带头人、学科领军人物培育过程中，加入师德教育专题内容。打造典型管理育人示范岗位，形成可复制可借鉴的育人模式。

4. 确保思政专项经费持续稳定

设立"三全育人"专项经费。保证学校思政专项经费投入的稳定性和连续性，不断改善思想政治理论课教师、辅导员、学业导师的教学、科研、办公及其他必要条件，推动学校思想政治理论实践研修工作。

5. 完善管理育人考核评价体系

研究制定《江苏大学依法治校评价指标体系》，制定江苏大学依法治校考核标准，深入开展依法治校创建活动。在现行教职工考核评价体系中引入"管理育人"评价指标和相应标准，进一步完善考核评价指标体系。每年设置一定比例的"管理育人示范岗"，通过优中选优的方式树立典型，引导管理干部用良好的管理模式和管理行为影响和培养学生。

（八）服务育人

理念引领发展。江苏大学坚持以习近平新时代中国特色社会主义思想为指导，全面贯彻党的教育方针，紧紧围绕立德树人根本任务，坚持"大服务"育人理念，把育人工作与日常工作有机结合，贯穿到服务与管理的全过程，在直接或间接的服务保障中引导人、培养人、教育人。

1. 建立健全服务育人工作机制，强化育人保障

一是加强组织领导。服务育人工作组高度重视服务育人工作，多次召开服务育人工作推进会，制定了《江苏大学服务育人建设方案》。将服务育人工作与党建工作同研究、同部署、同落实、同考核。完善服务育人工作机制。构建了后勤管理处（后勤服务集团）牵头，服务保障职能部门协同的"一体多元"育人机制。每月召开一次"三全育人"服务育人工作推进会，推进各项工作。二是建立长效沟通机制。通过设立处长信箱、公开联系方式、公布服务指南、设置留言板、召开学生代表座谈会、深入一线调研等多种形式，搭建与学生的

沟通交流平台，听取学生的意见和建议，建立问题清单，积极协调解决学生关切的问题，不断提升服务效能和学生满意度。

2. 加强自身建设，提升育人能力

首先，强化内控建设，提升管理水平。注重加强制度建设，遵循"以生为本"理念，不断完善内部管理与服务制度。累计修订完善50余项规章制度，各项管理和服务工作有章可循、有据可依，管理与服务更加规范。通过开展选树典型系列活动，使广大教职工充分认识到自身的育人责任，用热情的服务、真挚的情感，春风化雨，润物无声，潜移默化地发挥服务育人功能。其次，加强队伍建设，提高综合素质。完善人才选配聘机制，配齐服务育人队伍。创新培训形式，丰富培训内容，组织开展职工读书交流活动、科级干部及管理骨干培训、工作人员服务规范、业务能力培训等进一步提升育人能力。

3. 改善办学条件，美化育人环境

注重育人场域建设，发挥场域的育人功能，不断改善学生学习生活条件。如将传统文化元素融入食堂的装修设计，为食堂赋予学生休息、学术交流、社团活动等更多功能，并受到江苏卫视等多家新闻媒体的宣传报道。不断完善学校自然景观与人文景观，加强绿化养护和卫生保洁，提高校园美感与格调，努力营造宜居、宜学、宜研、宜业的校园环境，用优美的环境熏陶学生、滋养心灵。

4. 优化服务平台，提高育人效率

一是融合服务平台。在一站式服务中心构建"333"模式，即"学校—中心—社会"三方环绕，"窗口—网上—自助"三个平台融合发展，为学生提供"业务服务—指导服务—发展服务"三级成长的服务育人机制。梳理服务内容、重构服务体系、简化办事流程，提升服务效能，打通服务育人的"最后一公里"。二是提供线上服务。推进微信校园卡建设，在校园一卡通功能的基础上，微信校园卡全面连接校园各应用场景，学生利用手机智能终端，实现"一码通校园"。积极推进网上"一站式"服务，在学生公寓、图书馆、一站式服务中心安装自助云打印系统，在图书馆提供自主充电、网上预约座位服务。

5. 增强文化自信，注重以文化人

一是营造文化氛围。将文化育人与后勤服务保障相融合，在各类服务场所营造文化氛围，陶冶情操、培养心智。在图书馆摆放书画作品、绿植，营造书香气息；在食堂进行健康饮食、文明就餐、勤俭节约以及社会主义核心价值观的宣传教育；在一站式服务中心通过电子显示屏、展架、电视等营造温馨、优美、和谐且具有"江大特色"的服务环境和服务氛围。二是开展文化主题活动，充分发挥图书馆育人职能，通过校长荐书、名家讲堂、特色文献、图书捐赠展等活动不断增加文化育人的时代感和吸引力。完善特色文献体系，收集老教授的手稿、备课笔记等珍贵资料，向学生展示老一辈教育工作者严谨专注的治学态度。完善特色文献体系使图书馆成为滋养心灵、涵育德行的胜地，实现"引人以大道，启人以大智"的育人目标。三是弘扬优秀文化。在春节、元宵节、端午节等传统节日开展礼敬传统文化活动，在学生食堂适时推出传统节日节令饮食品种，如月饼、元宵、粽子等；邀请中外学生参加传统文化节日活动，让学生感受中国传统文化，感知中国、融入中国、热爱中国。

6. 开展亲情服务，提升育人温度

打造"家"文化，将学生当成"家人"，关心、帮助学生，不断提升服务的温度。一是开展暖心服务工程。后勤处（集团）联合学工处实施"自强计划"，为贫困学生提供免费用餐，联合社会企业开展"爱心捐衣"活动，为贫困学生送去温暖。针对饮食物资价格上涨，迅速启用"价格平抑基金"确保饭菜价格基本稳定、伙食质量不降。在学生公寓设立"谈心屋"，宿舍值班员不定期与学生进行亲情谈话，了解学生心理动态及需求，切实为学生解决实际困难。二是共克时艰，服务育人不断线。疫情期间，服务育人相关单位主动担当作为，创新工作方式方法，帮学生解决实实在在的问题，积极传递信心、爱心、暖心，指导学生发展，保障学生成长"不掉线"。主动为学生提供免费打印、快递邮寄、晾晒被褥等系列暖心服务，相关事迹分别被教育部、江苏教育厅网站、学习强国等国家、省级媒体宣传报道。

7. 开展特色活动，增强育人实效

开设特色课程。一是进行安全教育培训。建立健全"公安—保卫—学工—研工—后勤"安全联动机制，开展各类安全培训、"安全文明建设月"和"119消防安全宣传月"活动，加强安全法纪教育宣传，提高学生安全防范能力。二是进行爱国、荣校教育。保卫处精心遴选国旗护卫队人员，积极参与重大活动及学生早操升国旗仪式，培养学生爱国情感。档案馆选取学校具有代表意义的照片、文稿、证书、故事进行展示宣传，让学生了解学校的发展历史、精神风貌、文化传统，激发学生爱校荣校的热情。三是开设后勤第二课堂，如美食与营养课堂、礼仪课堂、绿植养护课堂等活动，提升学生的综合素质和生活技能。四是开展卫生健康宣传教育。职工医院以新生入学体检、就诊为契机，努力宣传健康理念。丰富实践平台，搭建社会实践、志愿服务、劳动体验平台，打造学生教育成长的"第二课堂"；开设"壹课堂""耶鲁学堂"和"耶鲁讲堂"；依托"开放式、项目制、实践性"的创业精英培养模式，开展创新创业公开课、专题讲座、创客沙龙等实践课程，大力培育"产品开发型、专业服务型"高层次创新创业人才；搭建档案馆研究生教学见习平台，采取参观与座谈相结合的方式，发挥"档案育人"功能。组织后勤体验活动，主动邀请学生到后勤部门开展实践体验活动。依托团委、学生会、学生社团等学生组织，让学生参与校园管理服务与监督，引导学生自我教育、自我管理、自我服务。

（九）资助育人

以立德树人为根本任务，实施"1种格局，3支队伍，5个提升"计划，采取一系列行之有效的措施，精准发力，助推资助育人工作深入开展。

"1"是打造一种格局，即"三全育人"的工作格局。始终从战略和全局的高度，将资助育人工作摆在更加突出的位置，做好重点部署落实。提升资助育人工作的思想站位和工作站位，实施从分管校领导担任组长的资助工作领导小组，到构建"学校资助工作领导小组、学生资助管理中心、学院资助工作小组、年级资助工作小组、班干部资助信息员"五级资助育人体系，再到调动专兼职辅导员、学业导师和任课教师等各方面力量，强化相关部门的协同配合，着力形成全员育人模式（分层级聚合力，全员育人）；搭建学生资助管理中心、心理健康教育中心、学业指导与发展中心、思想政治教育科、就业指导与服务中心、创新创业学院协同育人等保障服务平台，全方位向家庭经济困难学生提供分类指导，满足其个性化的需求，合力形成多维度多重点的全方位育人模式；搭建以信息化建设、制度建设、考评激励机制建设为主要内容的科学育人平台，依托智慧校园建设，打造智慧资助平台，从学生入校开始，实时跟踪了解家庭经济困难学生需求，完善各项涉及家庭经济困难学生管理的制度建设，完善考评激励体制机制建设，完备形成分阶段分层次全过程育人模式，逐步形成全员、全过程、全方位资助育人工作新格局。

"3"是抓好三支队伍，即辅导员、学业导师、资助类学生社团三支队伍。以专兼职辅导员、学业导师、大学生勤工助学服务中心和伯藜学社等资助类学生社团为工作抓手，积极开展辅导员资助专题沙龙、学业导师重点谈心谈话、"三星"评选、诚信教育感恩月、学生资助宣传大使进校园、"国家奖学金"获奖学生风采展示和"助学·筑梦·铸人"等主题宣传活动，强化励志教育、诚信教育、感恩教育和社会责任感教育。注重"扶智"与"扶志"并行，实现家庭经济困难学生经济和精神"双脱困"，加强资助育人的宣传力度。

"5"是实现五个提升，即思想政治教育、身心健康素养、综合素质拓展、个人竞争能力、就业质量五个提升。结合学生成长成才特点，精心设计资助育人的形式和内容。运用校园文化平台和各类活动载体，深入发掘优秀学生典型，弘扬资助育人正能量。通过学业规划、科研指导、社会实践、心理辅导、创新引领、就业培训等方式，着力提高家庭经济困难学生的成长发展能力和社会竞争实力。比如对家庭经济困难学生申请参加学科竞赛、专业认证考试、外语能力考试、短期国（境）外研修项目、交换学习项目、就业技能培训等进行引导和资助，鼓励学生参与社会实践和科技创新活动等，切实增强资助育人工作的感染力和实效性，进一步提升学校资助育人成效，助力学生的成长成才，形成"解困—育人—成才—回馈"良性循环。

——筑牢制度根基，打造精准化资助解困工程。根据《省教育厅等六部门关于印发〈江苏省家庭经济困难学生认定工作实施办法〉的通知》精神，结合学校实际，修订出台《江苏大学家庭经济困难学生认定办法》，构建"学校资助工作领导小组、学生资助管理中心、学院资助工作小组、年级资助工作小组、班干部资助信息员"五级资助育人体系，定期对各层级人员进行系统规范的培训，规范资助工作各环节，确保政策贯彻落实到底。加强家庭经济困难学生认定过程管理，全面采集学生基本信息，建立电子档案。结合家庭经济困难学生手机消费调查、一卡通消费调查等大数据分析，实施动态化管理。通过师生谈话、寒暑假实地家访等方式，有针对性地进行精准帮扶。

——拓展"扶智"渠道，打造定制化成长成才工程。结合假期社会实践，"学生资助宣传大使"深入基层开展资助政策宣讲，充分发挥受助学生的政策宣传与励志引领作用，扩大社会影响。用好"中国学生资助志愿者服务联盟"平台，以校"大学生勤工助学服务中心"为抓手，将志愿服务与新生入学"绿色通道"、助学贷款办理、勤工助学、资助政策宣传等活动结合，引导学生在实践中锻炼并提升自我。对于不同学生的个性化需求，采取"一对一"的指导帮助，为家庭经济困难学生实施成长成才的定制化服务。

——丰富"扶志"平台，打造示范化感恩励志工程。开展"诚信励志感恩教育月"活动，通过举办诚信专题讲座、知识竞赛等活动，不断强化受助学生的诚信意识和法律意识，倡导诚实守信的道德风尚；通过"励志之星""志愿之星""勤工助学之星"评比，传播选树励志典型，号召学生向身边的榜样学习；在各类奖助学金申请发放环节，深入开展感恩教育，通过参与"助学·筑梦·铸人"主题宣传活动，以征文比赛、主题演讲和微电影大赛等多种形式，营造校园感恩文化氛围，帮助学生树立正确的人生观、价值观。

——构建心理援助，打造个性化身心健康工程。把握家庭经济困难学生的心理特点，尤其是孤儿、残障等特殊困难学生，建立特殊困难学生分类信息库，全面了解学生思想动态。充分利用学校的心理健康教育资源，以共性成长为导向，以个性发展为追求，定期或不定期开展心理沙龙、团队素质拓展训练、一对一咨询等多种形式的心理帮扶，提升身心健康水平。

（十）组织育人

以习近平新时代中国特色社会主义思想为指导，围绕立德树人根本任务，以"党建引领、协同育人"为主题，以党的建设带领其他组织建设，充分发挥各类群团组织的育人纽带功能，形成育人工作合力，不断强化政治引领、制度引领、特色引领、示范引领，着力构筑"有高度、有力度、有深度、有广度"的组织育人新高地，最大限度地激发"党建＋"的乘数效应，以强大的工作合力实现育人效能最大化。

1. 强化组织建设，夯实组织育人基础

以政治建设为统领，加强基层党组织创优示范建设。持续深化习近平新时代中国特色社会主义思想学习教育。聚焦"党建＋创新"，以基层党建品牌培树为着力点，开展年度示范"书记项目""党建工作典型案例""最佳党日活动""党建带团建""党员示范岗""党内评优"等先进典型和先锋模范的培育和挖掘工作，探索整体统筹、各级培育、动态调整机制，推动全校党组织实现"学院有品牌、支部有特色、党员有示范"，力争在省部级党建创新评比中实现新突破。

强化功能内涵建设，提高共青团组织育人水平。认真贯彻落实习近平总书记关于青年工作的重要思想，树立大抓基层的鲜明导向，不断完善"团支部、学生会组织、大学生骨干班、青年学习社、青智库"五位一体的共青团组织育人体系。高标准实施团支部"磐石工程""创优工程""活力提升工程"，做优做实"一院一项目""一支部一品牌"；深入推进校院两级青年马克思主义培养工程建设，探索"选育管用"新模式；做好"青年学习社"建设示范，充分完善"五有五强"工作模式；组织开展导师团和学生讲师团"三集三提"，不断推动青智库建设完善，共同构建增强学校共青团"三力一度"的新发展格局。

拓宽组织育人思路，发挥群团组织育人优势。加强制度建设，规范工会工作，更好地发挥工会桥梁纽带作用。强化各单位二级教代会规范化建设，促进二级单位决策的科学化、民主化，维护教职工知情权、参与权、表达权和监督权，推进依法治校和民主管理。组织开展"模范职工小家""先进基层工会""优秀工会工作者"和"工会活动积极分子"等评选活动，为建设优质的思想政治工作队伍做好服务和保障。

2. 完善教育管理机制，提升组织育人水平

提升基层党组织组织力。严格执行"三会一课"制度、组织生活会等党内政治生活制度，教育广大党员增强党章意识和党员意识。做好青年教师和大学生入党积极分子培养、党员发展和教育管理工作，强化思想理论教育和价值引领。围绕建党100周年，教育引导广大党员进一步增强"四个意识"，坚定"四个自信"，做到"两个维护"，在主题教育中强党性、勇担当。

高质量做好发展党员工作。严格按照《发展党员工作标准化操作手册》高质量做好发展党员工作。适时开展毕业生党员档案排查工作，边查边改，切实提高党员档案的规范化程度。"七一"前夕，组织毕业班学生党员代表重温入党誓词活动、基层党组织组织新党员集体宣誓活动及老党员重温入党誓词活动。

发挥"双带头人"教师党支部书记"头雁效应"。引导教师群体以"项目和任务导向"推动党员在职责履行、队伍建设、组织生活、活动开展、作用发挥等各方面深入践行"三全育人"改革。

发挥党建引领，强化阵地建设。加强二级党组织"党员活动室"阵地标准化和党支部书记工作室建设，为党员开展活动提供规范指引，营造浓厚的基层

党建活动氛围，使党建文化在组织育人过程中发挥熏陶和感化作用，潜移默化地感召和教育学生。

坚持思想立团，提升团员教育实效。深入实施"信仰公开课"计划，有序建设"五强五有"青年学习社，持续深化"马克思主义青年说""三江时政论坛"等品牌项目内涵。坚持从严治团，规范化提升团组织建设标准；层次化提升团支部建设活力，以"每月一主题"组织开展主题团日活动，通过开展各级各类信仰公开课、评奖评优活动，发挥先进典型的示范引领作用；实施"分级化"队伍培训，提升团干部队伍建设，实施"分数化"成绩单建设，提升第二课堂育人成效。推动完善党、团组织联合培养教育入党积极分子和发展对象的工作机制，规范"推优"程序，强化培养过程。

将思想政治教育阵地延伸到学生会组织与学生社团。把准学生会组织、学生社团职能定位，坚持以习近平新时代中国特色社会主义思想为指导，加强对学生的政治引领。以开展活动为载体，努力培养学生积极的人生态度、健康的心理情感、高尚的道德品质。大力弘扬中华优秀传统文化，引导青年学生坚守中华文化立场、传承中华文化基因、展现中华审美风范。紧紧围绕学校党政工作中心，将思想政治教育融入团学活动和学生社团活动，切实发挥好校园文化的熏陶教育作用。

提高联系服务学生的意识和能力。强化校、院学生会组织功能发挥，坚持从同学中来，到同学中去。规范召开校、院学生（研究生）代表大会，有效行使职权，发挥其在学校涉及学生事务的各项重大决策中的作用，参与学校民主管理和依法治校。加强校、院学生会组织工作联动，开展校院学生会组织骨干培训。做好思想政治类、学术科技类、创新创业类、文化体育类、志愿公益类、自律互助类及其他类学生社团建设，坚持思想性、知识性、多样性相统一，指导学生社团开展方向正确、健康向上、格调高雅、形式多样的学生社团活动，促进学生社团健康有序发展。

抓实教职工育人能力建设。开展"三全育人"先进个人、师德标兵和师德先进个人的评比工作。加强教职工社团建设，举办各类教职工文体活动，积极促进教职工文化体育活动的健康发展，努力提高教职工的文化素质和身体健康水平。

第三节 江苏大学"三全育人"实施成效

"三全育人"是新时代推进育人理念和育人方式变革的重大命题。入选教育部"三全育人"综合改革试点高校以来，江苏大学党政高度重视，将"三全育人"作为学校事业发展的"三根支柱"之一纳入整体工作布局，积极推进"三全育人"综合改革实践，构建了以"十大"育人体系为基础的育人新格局，形成了育人机制"大协同"、思政教育"全贯通"、育人要素"强融合"的一体化"三全育人"模式。学校各群体、各岗位的育人元素得到进一步深入挖掘，立德树人覆盖课上课下、线上线下、校内校外，初步形成了不同育人主体目标同向、载体同建、资源同享、节奏同步的"三全育人"大格局，有力推动了育人全覆盖。

一、"大协同、全贯通、强融合"一体化育人体系初步形成

（一）"大协同"育人机制不断完善

2018年5月，教育部办公厅发布《关于开展"三全育人"综合改革试点工作的通知》，面向全国各地各高校征集试点意向，遴选委托部分省（区、市）、高校和院（系）开展"三全育人"综合改革试点工作。江苏大学积极响应，按照《关于加强和改进新形势下高校思想政治工作的意见》（简称中央31号文件）精神和《高校思想政治工作质量提升工程实施纲要》总体要求，积极整合校内外资源，协同各部门力量，开展"三全育人"试点高校申报工作。2018年8月，学校制定《江苏大学"三全育人"工作实施意见（试行）》，着力建立"大协同"育人机制。一是坚持党对学校思想政治工作和意识形态工作的领导，建立和完善党委统一领导、党政群齐抓共管、专兼职队伍相结合、全校各部门紧密配合、学生自我教育的全方位育人领导体制和工作机制。二是建立校院联动全员育人机制，全校各级组织、全体教职工要树立全员育人观念，所有部门和所有教职员工都有育人职责，学校党政机关人员要做到管理育人，任课教师要做到教书育人，后勤人员要做到服务育人。学校和学院协同联动，围绕立德树人根本任务，遵循思想政治工作规律，全面统筹学校和学院的育人资源和育人力量。三是建立思想政治工作统筹协调落实机制，积极推行"一把

手"责任制、责任分解制、"家校联动"机制和多元协同机制等，着力破解学校思想政治工作领域存在的不平衡不充分问题。

2019年1月，学校顺利获批教育部第二批"三全育人"综合改革试点高校，以此为契机，学校进行顶层设计，建立校党委统一领导、部门分工负责、全员协同参与的责任体系。将思政工作纳入各级党政组织职责范畴，把"三全育人"工作摆在全局工作突出位置，分别制订"十大"育人工作方案，全面推进"三全育人"工作。设立了"三全育人"创新发展中心，制定了《江苏大学"三全育人"综合改革建设方案》，成立了校"三全育人"综合改革工作领导小组和工作小组，领导小组由校党委书记和校长担任组长，其他校领导为成员。工作小组按照"十大"育人体系设立，由分管校领导担任组长，校主要职能部门负责人为成员。学校"一把手"领导高度重视，校党委书记在党委常委会、学校干部教师大会、各级领导干部培训会等重要会议中多次对相关工作进行部署。召开全校范围内的"三全育人"综合改革推进大会、"三全育人"工作推进会暨第四次学生工作会议，定期组织召开"三全育人"工作推进会、座谈会、中期检查汇报会等，总结育人阶段性成效，协同推进各项工作落细落实。依据《江苏大学"三全育人"综合改革试点建设主要任务分工表》，制定工作台账，细化工作举措，明确组织部、宣传部、教务处、研究生院、科技处等牵头单位的工作职责，全面落实各部门育人责任。推动各领域、各环节、各方面的育人资源协同、贯通与融合，形成了以课程育人、科研育人、实践育人、文化育人、网络育人、心理育人、管理育人、服务育人、资助育人、组织育人"十大"育人体系为基础的协同育人格局。党委统一领导、党政工团齐抓共管、职能部门组织协调、校院协同联动、全校各方积极参与的"大协同"育人机制不断加强和完善。

（二）"全贯通"育人体系不断夯实

构建强有力的一体化高校思想政治工作体系，是落实立德树人根本任务、推动把思想政治工作贯穿教育教学全过程的关键抓手。江苏大学高度重视思想政治工作体系建设，将特色化育人工程贯通至教育教学体系全过程，从宏观制度、中观执行、微观评价三个层次逐级贯通，推进"思政＋"的叠加与协同向"思政×（乘）"的贯通与融入发展，将"十大"育人落实到学校工作的各个环节。2017年5月，学校出台了《江苏大学关于进一步加强和改进思想政治工作的实施办法》，推进实施思想政治素质提升工程、师德师风铸魂工程、"以文育人"工程、课堂教学引领工程、哲学社会科学繁荣工程、阵地建设巩固工程、党建工作创新工程、队伍建设保障工程等八项工程，努力建构组织、宣传、人事、教务、学工、研工、保卫、工会、团委及各二级党组织共同参与的一体化的思想政治工作体系。2018年4月，学校印发了《江苏大学思想政治工作质量提升工程实施方案》，在推进思想政治工作"八项工程"基础上，努力构建课程育人、科研育人、实践育人、文化育人、网络育人、心理育人、管理育人、服务育人、资助育人、组织育人等思想政治工作"十项质量提升工程"，充分挖掘育人要素，完善育人机制，优化评价激励，强化实施保障，不断推动学校思政工作增活力、提质效、上水平。经过3年多的建设和努力，学校将所有育人环节纵向的顶层设计与具体实施和评价相贯通，将所有横向部门的育人力量进行协同，打通育人各个环节，保证育人各环节的衔接与连贯，基本形成了"全贯通"的育人体系。

2020年11月，为进一步提升思想政治工作质量，学校制定了《关于进一步深化"三全育人"综合改革，加快构建思想政治工作体系的实施意见》，将构建高质量的思想政治工作体系作为促进学校事业发展的重要抓手，持续深化"三全育人"综合改革，不断夯实有江大特色的育人体系。结合学校实际，充分挖掘校史、校情、校训、校歌的思政引领作用，引导学生弘扬"自强厚德，实干求真"的江大精神，领悟"工中有农，以工支农"的办学特色，传承"爱农、知农、为农"情怀，坚定作为"江大人"的高度自信，努力培养具有家国情怀、人文素养、创新精神、实践能力、国际视野的高素质人才和德智体美劳全面发展的社会主义建设者和接班人。强调要以理想信念教育为核心，深化理论武装体系，持续加强政治引领，厚植爱国情怀，强化价值引导；以理论课程教育为总揽，完善学科教学体系，打造包涵中国特色、中国底蕴，江大特色、江大底蕴等学习内容的哲学社会科学课程，弘扬时代精神，培育和践行社会主义核心价值观，充分发挥思政理论课对"课程思政"的引领带动作用，开展具有"工中有农，以工支农"独特文化情怀的思想领航学习活动。加强思政课教师队伍建设，确保思政课教师队伍的数量和质量；以第二课堂建设为抓手，优化日常教育体系，深化实践教育，繁荣校园文化，加强网络育人，促进心理健康。以学生发展需求为先导，提升管理服务体系，加强群团组织建设；

以和谐校园建设为目标，完善安全稳定体系；以内涵式发展为导向，常态化按照师生比1∶200的要求配备专职辅导员。以立德树人成效为根本标准，构建科学评价体系，以党的领导为根本保障，完善组织实施体系。更好地发挥育人体系的贯通和牵引作用，让思政工作与整个教育事业融合起来，与学生成长过程结合起来，与广大教师的教书育人实践综合起来，全面提升育人成效。至此，学校"全贯通"的育人体系得到了进一步夯实。

（三）"强融合"育人合力不断凝聚

"三全育人"是一项系统性工程，需要聚焦思政引领、品德塑造、能力培养等多个维度，融通各方面的育人合力，打破不同主体之间的"壁垒和隔膜"，充分发挥课内课外、校内校外、线上线下等多方资源，实现各育人平台的内外融合，汇聚各方面的育人合力。学校通过搭建"三全育人"协同联动平台，深入挖掘不同领域、不同环节、不同岗位育人元素，牢牢抓住课堂育人主渠道，统筹推进思政课程和课程思政建设；牢牢抓住教师队伍育人主力军，激活教师育人力量；坚持理论教育与实践养成相结合，统筹推进"五育"全面发展；"三全育人"合力得到了不断融合和凝聚。

首先，搭建"三全育人"协同联动平台，提升校内各部门协同协作效率。学校专门成立三全育人创新发展中心，由校党委书记任组长，下设办公室，挂靠党委学工部，增设专职工作人员，负责统筹全校的育人力量，推动各领域、各环节、各方面育人资源和育人力量的协同协作，对各单位的育人工作进行过程监督和结果考核，确保学校各方育人力量得以挖掘和汇聚。统筹推进思政课程和课程思政建设。落实高校党委思政课建设主体责任，用习近平新时代中国特色社会主义思想铸魂育人，编写《习近平总书记教育重要论述讲义》，将其列入相关课程并在全校率先开课。落实学校党委书记、校长思政课建设第一责任人责任，形成了学校党委书记为新生上思政第一课、校长为毕业生上思政最后一课的思政教育闭环。加强马克思主义学院建设，实施思政"金课"计划，推进"课堂＋讲堂"教学改革；深入挖掘课程思政优质资源，涌现出"情投意合"教学法、"四题化"教学法等一批特色教育教学方式，大学英语课程思政建设方案为全国大学英语课程思政提供了"江大范本"。其次，坚持理论教育与实践养成相结合，统筹推进"五育"全面发展。深入挖掘学校和社会资源，不断加强与大中型企业、研究设计院等的合作，搭建工程实践训练平台。分类制定实践教学标准，强化思政素养与学术思辨并重，融学生科技创新于实践教学，形成育人为本、成果导向的多元化实践课程模式。完善学分制和学生评价体制，健全完善"第二课堂成绩单"制度，将第二课堂成绩单作为学生在校期间素质测评、评奖评优、免试推研等的重要依据，做优学生成长引导。学校出台了新时代美育工作、劳动教育等系列文件，成立公共艺术教育中心，设置美育和劳动学分，开齐上好体育课，有力地推进了学生德智体美劳全面发展。聚焦教师群体，激活教师育人力量。学校统筹推进育人队伍建设，强化思政课教师引育力度，实施思政专项博士计划，完善青年思政课教师"助理教学制"；坚持"高进、精育、严考、优出"原则，大力建设辅导员队伍，评聘 1～5 级辅导员职级岗位，五级辅导员享受正处级实职待遇，疏通辅导员四大聘任通道；每学年选聘学业导师 1300 余人，覆盖全体本科生；强化创业导师的指导作用，建立一批大学生创新创业实践基地，培育一批在全国全省有广泛影响力的创新创业教育专家，形成具有特色和影响力的创新创业精英人才培养模式，发挥全国一流关工委协同育人作用，打造一流管理队伍、一流后勤队伍等，建设校内外力量参与的"育人共同体"。通过一系列制度的落实，学校育人主体的力量得到了进一步激发，学校"三全育人"合力得到了不断加强和融合。

二、 "生为本、 守初心、 共发展" 育人成效日益凸显

(一)"生为本"育人氛围不断浓郁

"三全育人"综合改革的目标是提升立德树人成效，出发点和落脚点是育人。教师是育人的主体，营造"三全育人"浓厚氛围，提高广大教师的育人意识，充分调动教师的育人积极性和主动性，才能使得教育教学更有温度、思想引领更有力度、立德树人更有效度。育生先育师，学校通过实施师德师风铸魂工程，培养造就有理想信念、有道德情操、有扎实学识、有仁爱之心的好老师。通过加强青年教师岗前培训和在职培训，完善老中青教师传帮带机制，建立中青年教师社会实践和校外挂职制度，增强他们立德树人、教书育人的责任担当。进一步加强对党政管理人员、教学教辅人员、后勤保障人员和离退休人员等的教育、培训与管理，增强他们的育人意识和能力，调动他们参与育人工作的积极性和主动性。学校先后两次召开全校范围内的"三全育人"综合改革推进大会，组织广大教师对"三全育人"工作进行深入讨论，促进广大教师对

"三全育人"形成一致共识。学校积极搭建育人示范引领平台，引领全校教职员工把工作重心和目标落在"三全育人"上。先后遴选出"三全育人"综合改革示范（创建）学院 7 个、示范（培育）专业 52 个、示范（培育）研究生导师团队 20 个、管理服务示范岗 24 个、辅导员工作室项目 9 项、大学生思想政治教育"一院一品"项目 24 项。通过表彰宣传、督促检查等各种途径，加大先进典型事迹宣传力度，充分发挥先进典型示范作用。学校协同推进思政课程和课程思政，落实校领导联系思想政治理论课制度、校领导和教学督导听课制度，持续深化思政课程教学改革，培育国家级精品思政课程，完善专业课程育人评价机制，凸显课程教学实效。协同推进科研育人与实践育人，积极构建"六爱心"志愿服务体系，倾力打造研究生支教团优秀项目、苏北振兴优秀试点等实践育人品牌，做优"一院一赛"，做实"一系一项目"，将学生的科研活动与创新创业活动、社会实践相结合。协同推进文化育人与网络育人，加强传统媒体与新媒体宣传舆论阵地建设，开展"聚焦一线"宣传行动，依托智慧校园体系，不断推出校园网络文化产品、推广网络名片名作。协同推进心理育人与资助育人，打造"1＋X"心理服务模式，促进学生身心健康发展；坚持助困与励志相结合，构建资助育人体系。推进服务育人，实行学生事务"最多跑一次"改革，开展"温馨服务站""谈心屋"等活动，打造品质后勤，打造"家"文化。协同推进管理育人与组织育人，优化育人制度，强化组织保障，将思想政治教育融入各个岗位和各个群体的工作之中，营造良好育人氛围。

经过两年的试点工作，在学校"三全育人"综合改革工作领导小组的领导下，"十大"育人工作组全面统筹办学治校各领域、教育教学各环节、人才培养各方面、管理服务各层级的育人资源和力量，通过"十大"育人体系校院联动协同，把育人责任落实到基层一线和每一名教职工。全校上下对"三全育人"的认同感大大增强，课堂主渠道作用更加凸显，教师育人理解更加全面，育人观念逐步更新，育德意识能力不断增强，育人氛围更加浓厚，育人行动更加自觉。

（二）"守初心"育人特色不断彰显

江苏大学是国内最早设立农机专业、最早系统开展农机教育的高校，始终以推动我国农业机械化、现代化为使命，培养了我国第一批农机本科、硕士和第一位农机博士、博士后，为我国农业装备人才培养、科技创新，为推动农民增收、农业发展和农村稳定做出了积极的贡献，形成了"工中有农，以工支农"的鲜明办学特色和独特的文化情怀。学校始终牢记为农服务初心，开展了一系列涉农人才培养行动计划，大力培养知农爱农创新人才，育人特色得到了不断彰显。

一是创建现代农业装备与技术世界一流学科，涉农相关学科群整体实力不断提升。成立农业装备学部和现代农业装备与技术协同创新中心，按照研究型学院先进机制高水平建设农业工程学院，扎实推进设施农业工程与信息技术研究院、收获装备研究院、田间管理装备研究院、智能农业研究院、经济作物机械化研究院等5个研究院建设，聘请了罗锡文、陈学庚、赵春江三位院士担任涉农研究院院长。全面开展涉农学科梳理，凝练涉农特色方向，构建涉农学科生态链，农业工程等4个涉农博士后科研流动站获人社部综合评估"优秀"等次。

二是深化教学改革，积极打造"江大农字"特色课程。学校出台《江苏大学新农科新工科融合建设方案》，制定融合"新农科""新工科"理念的人才培养方案，深化产教融合培养高层次农机特色人才。"新农科新工科一体化建设，打造一流涉农专业集群的探索与实践"获批教育部新农科研究与改革实践项目，6门涉农专业课程被认定为首批国家级一流本科课程，涉农专业教材《食品机械与设备》（第二版）获批江苏省本科优秀培育教材，2部涉农专业教材获评2020年江苏省重点教材立项建设项目。

三是知农爱农校园文化不断浓郁，学生知农爱农情怀不断增强。成立校史校情宣讲团，依托校史馆制作校史宣讲视频。积极推进中国农机文化展示馆建设，打造涉农人才培养教育基地。打造江大特色的思政课程，将知农爱农情怀和强农兴农使命融入思政课教学。开设涉农院士讲坛，持续开展线上线下"知农爱农，强农兴农"宣讲活动。

四是深入开展农机教育国际合作交流，涉农专业教育国际化水平不断增强。积极融入"一带一路"教育战略，成立农业装备国际（产能）合作联盟，与联合国教科文组织国际工程教育中心等合作开展国际工程人才培养，打造一批农机教育国际合作优质平台。推进"一带一路"国际人才学院建设，与中国一拖等知名企业共建国际人才实践基地等，积极推动赞比亚江苏大学筹建工作。

五是设立涉农专业奖学金，引导更多学生投身涉农专业学习，不断提升涉农人才培养质量。学校在农业机械化及其自动化、设施农业科学与工程、农业电气化等3个涉农专业设立专项奖学金，为涉农本科新生、研究生新生发放奖学金。学校本科生作品"一"字形多旋翼植保无人机获得第八届中日韩创新工程设计竞赛唯一特等奖。本科生项目荣获全国大学生创新创业年会"最佳创意项目"奖。学校学生连续六次荣获大学生智能农业装备国际创新大赛优胜杯。获全国大学生农业建筑环境与能源工程创新创业竞赛优胜杯，获首届江苏省研究生精准植保科研创新实践大赛一、二等奖各1项。

学校坚守"农"字初心，大力培养知农爱农一流人才，得到了党和国家领导的亲切关怀。2020年7月4日，习近平总书记亲自在江苏大学信件上作出重要批示。总书记的重要批示更加坚定了学校师生以立德树人为根本，以强农兴农为己任，办好人民满意大学，创建农机特色一流大学的办学目标，坚定了江苏大学传承农机根脉，根植农机沃土，走"工中有农、以工支农"的发展思路。学校印发《江苏大学贯彻落实习近平总书记重要批示精神（"095工程"）行动计划（2020—2023）》，构建了"知农爱农、工中有农、以工支农、强农兴农"新发展格局，学校将建强涉农情怀教育新阵地，继续坚守为"农"育才初心，为新时代农业农村现代化培育更多优秀人才。

（三）"共发展"育人质量不断提升

入选教育部"三全育人"综合改革试点高校以来，江苏大学始终把立德树人作为中心环节，以培养担当民族复兴大任的时代新人为目标，不断强化学校思想政治工作的领导体制，完善学校思想政治工作统筹协调落实机制，不断创新思想政治工作实施体系，切实打通"三全育人"的"最后一公里"，学生培养质量得到了全面提升。

一是学生理想信念进一步加强。滚动调查显示，学校学生思想状况积极向上、正能量充沛，总体上精神风貌良好，心系祖国家乡，关注时事政治，热心公益实践，具备较高的学习热情和奉献热情，积极为学校的发展建言献策。学生积极响应国家"到西部去、到苏北去、到祖国最需要的地方去"的号召，踊跃报名参加，连年人数持续增长。学生热心各类公益项目，每年参与志愿服务学生40000余人次，形成了"大眼睛""格桑花"等多支公益支教团队、"早安镇江""舌安卫士"等多个志愿服务项目。学生积极参加"中国青年志愿者扶贫接力计划研究生支教团"项目，每年有数十人报名参加青海省海南藏族自治州和门源回族自治县中小学为期一年的支教工作。学生积极向党组织靠拢，递交入党申请书的比率达91.5%。涌现出了中国大学生年度人物提名奖、大学生自强之星、全国高校"百名研究生党员标兵"、大学生创业英雄百强、江苏省大学生年度人物等一大批向上向善的青年学生典型。在新冠肺炎疫情防控阻击战中，学校有千名学生深入江苏、河南、湖南、云南、贵州、浙江、四川等地的社区和农村基层一线，参与疫情防控志愿服务，体现了青年学生的责任担当。二是学生综合素质不断提升。在"挑战杯"全国大学生课外学术科技作品竞赛中，连续7届、共8次捧得"优胜杯"；在"创青春"全国大学生创业大赛中，连续4届荣获"双金奖"；在中国"互联网＋"大学生创新创业大赛中，累计获国家金奖1项、银奖2项、铜奖1项，省一等奖6项、二等奖12项、三等奖15项，并连续四年获得省级优秀组织奖；在全国"互联网＋"快递大学生创新创业大赛中，累计获国家金奖1项、银奖3项、铜奖9项，全国优秀组织奖1次；在全国大学生数学建模竞赛、全国大学生节能减排大赛、全国大学生先进成图技术大赛等国家级比赛中也屡获佳绩。学校毕业生就业数量和就业层次实现"双提升"，学校获批"全国创新创业典型经验高校""全国深化创新创业教育改革特色典型经验高校""首批江苏省大学生职业生涯教育示范基地""江苏省大学生创新创业示范基地"、第二批"江苏省大众创业万众创新示范基地"，连续三年获评全国暑期社会实践先进单位。

第七章　江苏大学 "三全育人" 典型案例

习近平总书记在全国高校思想政治工作会议上强调指出："要坚持把立德树人作为中心环节，把思想政治工作贯穿教育教学全过程，实现全程育人、全方位育人，努力开创我国高等教育事业发展新局面。"① 以 "育人" 为落脚点的 "三全育人" 是实现立德树人根本任务的重要途径，江苏大学围绕立德树人，不断进行探索和创新，大力推进 "三全育人" 综合改革，设立 "三全育人" 示范点，积极开展 "三全育人" 综合改革实践，在各条线涌现出许多育人典型，发挥了示范引领作用，形成了具有一定借鉴意义的典型经验做法。

第一节　江苏大学 "三全育人" 示范学院典型案例

一、 机械工程学院 "三全育人" 综合改革实践探索

（一）案例概要

机械工程学院坚持以习近平新时代中国特色社会主义思想为指导，紧紧围绕 "双一流" 建设，以立德树人为根本，以理想信念教育为核心，以社会主义核心价值观为引领，以全面提高人才培养质量为目标，强本固基、突出重点、建立规范、落实责任。以 "大工程教育" 理念为指导，创新型人才培养为宗旨，重构 "模块化、组合式、开放型" 的 "精英工程型" 人才培养方案。扎实推进 "五大工程" （铸魂工程、读书工程、创新工程、健康工程、实习工程）育人品牌，持续深入推进 "三全育人" 工作，充分落实机械学院 "四有"

---

① 习近平在全国高校思想政治工作会议上强调，把思想政治工作贯穿教育教学全过程 开创我国高等教育事业发展新局面 [N]. 人民日报，2016－12－09.

青年培养育人工作。一体化构建内容完善、标准健全、运行科学、保障有力、成效显著的学院思想政治育人工作体系，形成全员全过程全方位育人格局，着力培养德智体美劳全面发展的社会主义建设者和接班人，不断开创新时代机械工程学院育人工作新局面。

（二）主要做法

1. 聚焦"关键力量"，推进全员育人，着力提升思政工作"深度"

学院着力加强教师队伍建设，聚焦"关键力量"，进一步发挥其在思政工作中的主导作用。一是抓领导干部。实行"三全育人"工作一把手负责制，其他院领导互相配合，统筹协调育人工作，健全学院"三全育人"工作常态化。二是抓专业教师队伍。突出教师的育人作用，以专业导论为引领，将"课程思政＋专业思政"融入教学全过程，加强课程育人实效考核，将课程思政和课程育人实效纳入教师的绩效考核。三是抓辅导员、党员骨干和学生干部。通过定期开展辅导员主题沙龙等活动，加强与兄弟学院辅导员的学习与交流，提升辅导员育人能力。通过主题教育、实践锻炼、志愿服务等方式，提升学生干部、党员骨干的理论素养，使之充分发挥示范引领作用。

2. 聚焦"关键环节"，推进全程育人，着力提升思政工作"效度"

学院聚焦机制建设、资源融合、学科建设、组织建设等关键环节，大力推进大学生思想政治工作，提升全过程育人的工作"效度"。一是聚焦机制建设。学院将"三全育人"纳入学院事业发展规划和人才培养方案，健全学院"三全育人"统筹推进常态机制，实现教学、科研、管理、服务四位一体的"三全育人"长效机制。二是聚焦资源融合。学院努力构建"学校—企业—校友—家庭"四位一体的协同育人模式。定点设立企业实践基地和协同创新基地，加强"家校联系"，发挥家庭育人功能，对接地方优秀校友资源，聘任校外辅导员和学业导师，发挥校友育人、助人作用。三是聚焦学科建设。立足学校创建一流学科和高水平研究型大学建设，立足学校办学和人才培养实际，持续强化推进"三全育人"综合改革试点的共识，依托已有的学科平台，进一步整合思政育人元素，深化课程思政教育。四是聚焦组织建设。加强院系党组织建设，更好地发挥其政治核心作用，充分重视党支部建设，选优配强党支部书记并强化党支部书记责任，切实发挥党支部战斗堡垒作用。

3. 聚焦"关键领域",推进全方位育人,着力提升思政工作"广度"

课堂是学生获得知识和技能,形成正确的世界观、人生观和价值观的主要途径。学院立足学生的成长成才需求,联动"第一课堂""第二课堂"和"网络课堂",打破壁垒,实现无缝对接和同向同行。一是立足"第一课堂",充分挖掘专业课程中的思政育人元素,推动课程思政建设。二是重视"第二课堂",通过开展主题教育、社会实践、志愿服务、校园文化等活动,推动思想政治教育与社会主义核心价值观教育的有机结合。三是关注"网络课堂",推动思想政治教育与互联网的有机结合。建设一批名师在线课程,拓展网络思政空间,增强网络思政的实效。打造"互联网+"思政育人平台,依托学院官网、团委微信等媒介,打造出学院宣传报道理论学习和学院活动的"金喇叭",在新时代充分发挥"互联网+"思政育人的广播效应。

学院紧紧围绕"培养什么样的人、如何培养人以及为谁培养人"这个根本问题,始终坚持把立德树人作为学院工作的中心环节,以建设一流学科、一流专业为目标,实现全员育人、全过程育人、全方位育人。学院积极打造课程育人、实践育人和文化育人三大特色品牌,主要成效如下:

在课程育人方面,建立形成评价与持续改进制度,课前根据课程教学大纲安排教学内容和教学方法;课间根据课堂教学效果、课后作业、答疑、测试及交流情况,及时调整重难点和教学方法,及时修订课程教案和教学课件,课后及时完成课程目标达成度评价与分析,根据评价结果,分析存在的问题,提出持续改进的方案和措施。将"课程思政"融入课堂教学,建立课程思政机制。加强课程育人机制考核,完善学院教学督导制度和领导听课制度,将课程思政纳入检查和考核。重视教师队伍建设,实施青年教师能力提升工程,以培训班、会议、讲座、小组研讨等多种形式,提升青年教师的教学能力。全面开展线上教学改革,学院出资购买雨课堂专业版,为教师全面实施线上教学提供平台。近年来,学院获评国家级一流专业 2 个、学校"三全育人"示范专业 3个,3 个专业通过工程教育专业认证,获国家级精品在线开放课程 1 门、省精品课程 4 门、校级课程多门,入选在线教学优秀案例 2 项。

在实践育人方面,"打造创新实践模式,推动实践育人内涵式发展"获评江苏大学大学生思想政治教育"一院一品"项目总结验收评审一等奖,学院连续获评校"三下乡暑期社会实践先进单位",获评团中央知行计划"2019 年大学生社会实践项目最佳组织奖"，1名教师获评团中央"知行计划优秀青年导师"，机械工程学院青年志愿者协会获评团中央中国大学生社会实践知行计划绿色征程"全国优秀团队奖"（全国10个），团中央中国大学生社会实践知行计划"榜样100全国最佳大学生社团"，大眼睛公益团队（见图7-1）第十年支教获评团中央"镜头下的三下乡"最佳视频奖和团省委"七彩假期"优秀团队。在江苏省寒假暖冬春运专项中，机械工程学院团委"关爱农民工，温暖回家路"获评江苏省优秀项目，1名同学获评江苏省先进个人。暑期社会实践成功立项2个团中央专项团队，1名教师获评江苏省"暑期社会实践先进工作者"。

图7-1 机械工程学院"大眼睛"第十年支教活动被《中国教育报》报道

在文化育人方面，结合专业特色和培养目标开展个性化、高品位的文化活动，开展"读书工程"系列品牌活动（见图7-2），通过读书分享、读书达人评选、诗词大赛、悦读辩论赛等活动，将中华优秀传统文化与社会主义先进文化相结合，在全院营造人人读书、师生共读的育人环境；打造"师生三走"系列活动，通过3V3宿舍篮球赛、南山迷你马拉松、师生对抗赛等活动，提高青年学生参与体育竞技的积极性，促进了师生交流，在全院营造了体育文化育人氛围。读书工程、三走工程等活动做到了全员覆盖，《中国教育报》和《江苏教育报》对读书工程活动进行了深度报道。学院师生开展红歌快闪红色文化活动（见图7-3）。

图 7-2　"党建带团建 读书畅青春"　　　　图 7-3　机械工程学院师生开展
　　　　　读书工程活动　　　　　　　　　　　　红歌快闪红色文化活动

　　在组织育人方面，强化队伍建设，提升支部活力，实现教工党支部书记双带头人全覆盖。党组织主要负责人每周听取并研究团的工作汇报，每月参加团的重要会议或活动，每季度指导全体团学干部和基层团支书培训大会、每学期给全院青年讲述"新思想公开课"。各团支部紧扣时代主题每月举行主题团日活动，学院青年学习社每月举办一场思想明辨会，将习近平新时代中国特色社会主义思想作为必修内容，紧扣传统节日、重大事件和开学典礼、毕业典礼等时间节点，通过演讲、辩论、分享会、手抄报、三行诗等形式，联动微信、微博等线上媒体，进行全方位、多渠道的社会主义核心价值观教育和宣传，坚定青年学生理想信念。学院积极开展党支部和团支部结对共建工作（见图 7-4），党员深入开展"学习强国"研习工作，团员全面进行"青年大学习"普及工作。学院获评"党建工作标杆学院"创建单位、镇江市"五四红旗团委"、江苏大学"组织强基先进单位"，连续获评校"学生工作先进单位""党建带团建先进单位""五四红旗团委"。

　　在科研育人方面，完善修订《机械学院本科生课外创新创业实践学分认定与管理办法》，加大对科研立项、大创等科研类创新学分认定的比例，从制度上促进学生开展科学研究，提高实践创新能力。

图 7-4　机械工程学院党委领导给青年学生
　　　　上专题党课积极推进"青马工程"

第七章　江苏大学"三全育人"典型案例

171

建立"一院一赛、一系一项目"制度，学院建立智能机器人创意大赛、机械创新设计大赛等校级竞赛机制，全院所有系至少建立一个竞赛项目，以学科竞赛为载体进一步激发和培养学生的创新能力（见图7-5）。建立了学业导师一对一指导制度，并将指导学生开展科研项目、学科竞赛、发表论文、申请专利等作为学业导师考核和优秀学业导师评选的重要依据，从而进一步推进科研育人。

图7-5 机械工程学院以年级为单位全员参与 CAD 创新设计大赛

在网络育人方面，打造"互联网+"思政育人平台，依托学院官网、团委微信等媒介，打造学院宣传报道理论学习和学院活动的"金喇叭"，在新时代充分发挥"互联网+"思政育人的广播效应。充分发挥新媒体作用，通过学院网站、微博、微信、青年之声、QQ公众号等多种形式，加强思想引领和人文关怀，打造网络育人主阵地。学院连续获评校"新闻宣传工作先进单位""十佳二级中文网站""十佳二级英文网站""十佳新媒体运营单位"，获"小博杯"第一届新媒体创意产品设计大赛一等奖。

在心理育人方面，坚持育心与育德相结合，结合学生心理需求和社会关注热点，注重加强"3·20""5·25""9·20"及"12·5"心理健康教育节活动的全员性和全程性。营造"大健康"心理育人环境，创建"心沐坊"心理辅导站，重点打造两个学院特色心理育人品牌活动：心理情景剧大赛和心理手语操大赛。运用微信、QQ等网络媒介，定期开展心理健康教育宣传活动，加强对学院心理协会社团的指导。学院连续获评校"优秀心理分会"。

在资助育人方面，建立物质帮助、道德浸润、能力拓展、精神激励有效融合的资助育人长效机制，健全"精准化"资助认定工作机制。评选资助育人优秀案例和先进人物，为贫困学生树立榜样。以伯黎学子为切入点，开展工业中心教工党支部与陶学子结对帮扶工程，鼓励学生积极参与三大社团创新活动，提升综合素质。

在管理育人方面，学院构建"教师、学业导师、辅导员、行政管理人员、学生家长、学生骨干、学生自身"全员育人机制，根据高校本科生不同阶段成长特点，贯穿匹配的学风建设内容，研究校内外教育资源，进行全方位教育途径研究。学院深入推进学业导师制度，积极开展学业规划、科研立项、就业创业指导等工作，不断促进辅导员专业化、职业化发展。

在服务育人方面，以学生需求驱动取代过去的供应驱动，秉承服务育人的宗旨，树立服务理念，创新服务思路，提高服务质量，切实服务学生，满足学生成长成才的需求。树立人本化、个性化的服务意识，建立"横向到边，纵向到底"的大服务格局，致力于解决学生在学习、生活、工作、实践中遇到的各种实际问题。针对不同年级学生的成长需求，定期开展"校友讲坛"和"企业讲座"导航服务，不断增强校友、企业协同育人功能。加强就业指导工作，强化服务，加强宣传，营造国际化氛围。学院聘任优秀校友为校外兼职辅导员，聘任企业技术骨干和人力资源专家为校外兼职学业导师。

（三）经验启示

1. 进一步加强组织领导，形成有力顶层设计

学院"三全育人"综合改革示范学院建设、"三全育人"示范专业、"三全育人"示范研究生导师团队、"一院一品"等特色品牌建设思想认识已经统一，工作进度保持在合理的区间。学院将进一步加强组织领导，形成党委统一领导、部门分工负责、全员协同参与的组织体系，充分发挥学院"三全育人"领导小组的顶层作用，完善统筹、决策和督导。

2. 进一步凝练品牌特色，形成示范典型案例

学院形成了以"三全育人"示范专业、"三全育人"示范研究生导师团队、"一院一品"特色品牌项目为平台，以机械设计制造及其自动化、测控技术与仪器两个国家一流专业和机械设计制造及其自动化、机械电子工程、测控技术与仪器三个学校"三全育人"示范专业为依托，以"铸魂工程""读书工程""三走工程""创新工程"和"实践工程"五大育人领航工程为路径的特色育人品牌，下一步需要在已有基础上精心制定具体措施，明确各项目推进进

度，高度总结凝练形成学院育人培养特色体系和系列成果，形成示范典型案例推广品牌效应。

3．进一步强化队伍建设，形成创新专业团队

学院"三全育人"建设队伍已经形成，未来将进一步整合校内校外、线上线下育人资源。一是加强院地联系，整合地方政府资源；二是加强与行业协会联合，彰显校外辅导员、学业导师作用；三是加强家校联系，发挥家庭育人功能；四是对接优秀校友资源，发挥校友育人、助人作用；五是创新育人交流新模式，发挥"互联网＋"育人功能。学院将鼓励育人团队专职专业化、兼职创新化，使得各方优势互补，形成育人合力。

二、 管理学院 "三全育人" 综合改革实践探索

管理学院自获批江苏大学"三全育人"综合改革示范学院以来，按照《江苏大学"三全育人"综合改革示范学院建设要求和管理办法（试行）》的要求，对照《江苏大学"三全育人"综合改革示范学院建设标准（试行）》，紧紧围绕立德树人根本任务，结合学院实际，以进一步落实教师的育人主体地位为抓手，致力于构建覆盖学生培养全时段、全空间的学院"三全育人"生态系统，充分调研，科学统筹，群策群力，锐意革新，"三全育人"综合改革各项工作稳步推进。

（一）案例概要

管理学院学生规模较大，本硕博共约 2400 人；学院专业教师队伍 110 人；学院拥有国家一流建设专业、省一流建设专业、省优势学科等。这些基本情况决定了学院在新时代背景下的"三全育人"格局必须是大覆盖、大纵深，必须深入挖掘各方面育人的积极因素，并有机融合形成合力。

管理学院深入调研现状，进一步深挖内部育人资源，加强工作方案和制度的制定，切实进行工作成效评估，改进对队伍和工作的评价考核办法，从提高专业教师育人基本职责意识、发挥教师在育人体系的基础性作用、有效转化学科和科研资源为育人成效、进一步加强辅导员队伍建设着手，提高育人效果、整合多方面多层次育人元素形成合力并提高其效力，扎实有力地把学院"三全育人"综合改革工作不断推向深入。

（二）主要做法

1. 认真调研，科学进行顶层设计

学院党政高度重视，将"三全育人"综合改革示范学院建设工作分别列入学院年度重点工作来抓，把"三全育人"工作作为书记、院长责任工程。多次召开党委会、党政联席会研究部署，成立了以党委书记和院长担任组长的领导小组，以及由院党委委员牵头的若干个工作小组。学院联系校领导亲自带领学院相关同志赴东北大学与沈阳工业大学进行专题调研；学院多次召开学生干部代表座谈会、系主任和学业导师代表座谈会，就学院"三全育人"综合示范改革工作多层次征求意见和建议。经过充分的内部资源分析和外部状况调研，以及多轮讨论和充分的沟通，管理学院"三全育人"综合示范改革的总体思路确定为：以一体化构建具有管理学院特色的"三全育人"生态系统为目标，以教师和学生两个群体为中心，始终坚持"育人、问题和需求"三大导向，大力实施"凝心聚力""铸魂育才""通盘筹算"和"保驾护航"四大工程，力求达到人人育人、事事育人、时时育人、处处育人的动态平衡，真正在学院形成生动和谐的全员全过程全方位的育人格局。

2. 扎实有力，全力保证"三全育人"工作实效

（1）以专业教师等骨干队伍作用发挥为抓手，进一步挖掘多方面育人力量

一是切实发挥专业教师等骨干队伍主体作用。加强专业教师的思想工作，从中华优秀传统文化角度，认识教师的基本职责元素，从世界名校和高校发展史视角，认识教师自身独特的高学历、高知识、高能力在学生中不可替代的影响力和引导力，提高专业教师的岗位自我认同感和育人的天职感，增强教师的育人意识和育人职责的担当。深入推动学业导师制的落细落实，进一步明确学业导师基本职责，强化其在学风、班风建设中的重要引导作用。完善考核激励机制，把育人工作职责承担与成效作为评价考核教师和其他队伍的重要因素，与评奖评优、职称评审、岗位聘任、职务晋升等直接实质性挂钩。进一步加强辅导员队伍建设，提高其育人能力。注重增强行政管理人员、实验室人员等多方面的育人意识和积极性，与专业教师、辅导员形成合力。加强与学生家长的沟通，使之与学院育人工作形成良性互动。

二是充分发挥学院关工委育人主体作用。学院关工委协助院党委紧扣主题主线，全面引导青少年学生树立和践行社会主义核心价值观。疫情期间，关工

委助力思政工作渠道，通过腾讯 QQ 群课堂开展"共抗疫情、爱国力行"线上主题教育活动。利用关工委教师的政治优势、经验优势和威望优势，切实做好青少年学生心理健康教育。

三是充分发挥校友育人主体作用。积极探索实践校友文化的育人功能的实现路径。学院举办"校友交流月"活动，以专业为单位举办"校友论坛"，为在校学生介绍专业前沿知识和行业发展前景，并引入校友参与专业培养方案修订研讨；深入挖掘优秀校友创业故事和先进事迹，发挥榜样力量和示范作用，组织校友参与专业实践、创新创业实践；组织校友捐资助学，努力通过校友互动来传承大学精神，凝聚校友力量，营造健康积极的校友文化（见图7-6）。

图7-6 帅科校友报告会

（2）持续有力推进"十大"育人载体建设，加强载体之间的融通

课程育人——提高专任教师的育人意识和能力，注重挖掘课程中的育人元素，加强对教师课程教案育人内容的指导和督查，推进课程思政建设。

科研育人——把学生融入专业教师科研团队，尽早培养学生科研意识，提高科研素养，为实行科研进行探索。加强创新创业教育，组织各专业梳理创新创业课程学分和创新创业实践学分的认定。强化创新能力培养，结合管理特色，整合专业教师和赛事学生获奖者形成合力，打造"311"创新创业项目体系。积极发挥专业教师和学业导师的作用，在指导学生参加大学生创新创业项目、校大学生科研立项及各类专业竞赛的过程中实现对学生关于科学精神、学术诚信、创新意识、团队协作等方面的教育。

实践育人——坚持理论教育与实践养成相结合，积极践行社会主义核心价值观，传递志愿者精神；拓展实践平台，整合各类实践资源。以一带一路、乡村振兴、咨询服务等为主题，深入开展政策宣讲、企业调研、文化宣传、"我的返乡故事"等暑期社会实践活动，使青年学子在社会实践中受教育、长才干、做贡献。

文化育人——兴趣活动常规化，以美育人；大型活动主体化，以文化人。深入开展爱国主义教育、生命安全教育、责任教育、规则教育和爱与感恩教育等，践行和弘扬社会主义核心价值观，优化教风学风。有效利用新生入学及重大纪念日契机开展"新生教育月"、"读书文化节"、"管理论坛"、中外青年交流营等形式多样的学生第二课堂活动。加强班级建设的文化元素，提高团学活动的文化元素的显示度。扎实推进"三走"活动和具有专业特色的文体活动，不断提升学院青年的综合能力（见图7-8至图7-10）。

图7-8 手绘长卷颂党恩

图7-9 中外学子体验非遗魅力

网络育人——牢牢把握意识形态领域的话语权，引导师生强化网络安全意识，树立网络思维，倡导网络公约，提升网络文明素养，传播主旋律、弘扬正能量，守护好网络精神家园。大力加强新媒体平台建设，形成了微博、微信、QQ、PU口袋校园、抖音、B站"六位一体"的新媒体工作格局，建设一支政治强、业务精、作风硬的网

图7-10 一二·九大合唱比赛

络及宣传工作队伍。

心理育人——落实好学校"校、院、班、寝"四级心理健康教育工作格局，抓好心理委员和信息员队伍建设，完善心理危机干预工作预案，提升工作的前瞻性和针对性，促进学生心理健康素质与思想道德素质、科学文化素质协调发展。充分发挥学院心理协会的作用，利用"四季引领"活动平台，开展"逆境携行，你我同心"线上 3·20 心理周活动、5·25 "手语幸福美，一心绘蓝图"手语操活动、9·20 情系军训活动、12·5 "心理之美 你我共育"原创心理剧大赛等心理健康教育。疫情防控中，制定疫情防控心理危机干预预案，依托学院网站、"管院之青"微信公众号、QQ 群、微信群，积极开展疫情防控工作线上宣传，通过转发《心理防疫手册》，进行心理压力疏导和情绪调节知识宣讲，原创推文注重正能量宣传，加强对学生的心理疏导与学习生活指导。

管理育人——健全依法治院、管理育人制度体系，完善学院相关规章制度，保障师生员工合法权益。建立和完善党委统一领导、党政齐抓共管、教师自我约束的师德师风建设领导体制和工作机制，努力培养锻造坚持"四个相统一"的师资队伍。推进学生社区自我管理与服务，加强早操、晚自习管理。疫情防控中，第一时间建立了一支学生信息统计队伍，详细掌握学生各项信息，确保学生安全。打造人才培养国际化特色，高质量运作中美合作项目，在培养国际化素养和利用国际化资源培养人才方面下功夫，进一步推动学院国际化品牌化。此外，学院组织并深入推进新生朋辈导师工作。

资助育人——按照"助困 + 扶志"的工作方针，精准认定家庭经济困难学生，采用谈心谈话等方式，合理确定认定标准，建立家庭经济困难学生档案，实施动态管理。坚持资助育人导向，在各级各类奖助学金评选发放环节做到公开公正公平；用好临时困难补助资金，主动发现学生的困难，及时解决学生的困难；积极开拓助学金的来源，积极动员校友、企业投身学院资助育人工作。深入开展励志教育和感恩教育，培养学生爱党爱国爱社会主义意识；开展诚信教育和金融常识教育，培养学生法律意识、风险防范意识和契约精神。疫情发生后，学院及时为家庭经济困难的学生发放临时困难补助，将关爱学生的行动落到实处，增强学生战"疫"必胜的信心。发动学业导师与辅导员一起主动了解学生返校后的情况，全力协助他们解决困难。

服务育人——将解决实际问题与解决思想问题结合起来，围绕师生、关照师生、服务师生，把握师生成长发展需要，积极帮助师生解决工作学习中的合理诉求，在关心人、帮助人、服务人中教育人、引导人。在疫情防控期间，进一步增强工作主动性，创新工作方式方法，学习运用新技术，做好"云"就业指导、选课指导、网课指导、线上考研复试指导、线上保研辅导等服务，助力学生成长发展。

组织育人——把组织建设与教育引领结合起来，发挥学院党委政治核心作用和基层党支部战斗堡垒作用，发挥各级党组织的育人保障功能。及时组织新一届支委选举，实施教师党支部书记"双带头人"培育工程，增强支委战斗力，发挥先进基层党组织和优秀共产党员、优秀党务工作者的先锋带头作用，推选展示党的建设优秀工作案例。发挥各类群团组织的育人纽带功能，推动工会、共青团、学生会等群团组织创新组织动员，引领教育的载体与形式，更好地代表师生、团结师生、服务师生，支持各类师生社团开展主题鲜明、健康有益、丰富多彩的活动，充分发挥教研室、学术梯队、班级、宿舍在师生成长中的凝聚、引导、服务作用，培育建设了一批文明社团、文明班级、文明宿舍。大力推进党建带团建，组织团员青年认真学习贯彻习近平新时代中国特色社会主义思想，增强"四个意识"、坚定"四个自信"、做到"两个维护"。积极组织学生参加"青年大学习"网上主题团课，开展线上"头脑风暴"等活动，以团员青年喜闻乐见的方式达到"润物无声"的教育效果。

（三）经验启示

1. 要发挥好党组织的作用

育人职责的履行和育人工作的领导责任，应是党政班子及其成员的基本职责，班子及其成员应高度重视，定期研讨，清单管理，责任到位，协同推进。管理学院通过积极创建学校党建标杆学院，通过高质量的规范党建，从提高党政班子及其成员育人职责意识，推动主体责任落实，成员之间有效形成合力，完善制度保障等方面，为"三全育人"工作的推进提供了意识责任和体制机制等方面的保障，有效促进了各项工作的落实。

2. 要重视育人"中间一公里"

系（中心）主任是落实"三全育人"工作中学院与专业教师的桥梁，是育人工作成效的重要力量，他们对育人工作职责的认知和责任的落实，如果处理不好，会形成"肠梗阻"。重视系（中心）主任队伍建设，配齐配强系班子，通过专题与重点议题等形式增强意识和担当，提高育人成效在评价考核制度中的体现。

3. 要形成专业教师和辅导员的育人合力

专业教师是学院的重要资源，只有充分发挥他们的主体作用，才能大幅提高育人成效，才能形成"三全育人"持久、深沉的效力，专业教师可以说是"三全育人"成效形成常态化的最重要方面之一。管理学院做实做好专业教师思想工作，高质量地落实学业导师职责，强化学业导师在学生思想工作和学风、班风建设的作用，专业教师和辅导员育人不断合拍，步调一致，同频共振，育人氛围进一步营造。

三、 能源与动力工程学院 "三全育人" 综合改革实践探索

（一） 案例概要

思想政治教育是大学生成长成才的重要途径，实践育人是高校思想政治工作推进过程中的重要组成部分，在实现人才培养模式创新和提升人才培养质量方面发挥着重要作用。能源与动力工程学院基于"三全育人"理念的实践育人模式探索始终以习近平新时代中国特色社会主义思想为指导，以培养适应国家能源动力领域需要的德智体美劳全面发展的新工科卓越人才为目标，以"全员、全过程、全方位"的工作体制机制为抓手，以立德树人为根本出发点，构建"以党建引领为主基调，以学工统筹为前进方向，以团委指导为沟通桥梁，以社会参与为强大活力，以全员参与为执行保障"的"五位一体"协同实践育人新模式。通过多方参与、多维度促进、多层次保障，努力做到层层有责任，评选有标准，行动有标杆，过程有保障，育人有成效，全面提升学院实践育人的水平。经过持续的探索与实践，学院的实践育人工作取得了一定的成效：爱暖西吉公益团队荣获江苏省暑期社会实践十佳团队，2 名学生获评江苏省暑期社会实践先进个人，实践活动成果得到《人民日报》、《中国教育报》、《农民日报》、中青网、《镇江日报》等主流媒体的报道。

（二） 主要做法

学院在实践育人体制机制建设过程中，坚持将理想信念教育和实践养成相结合，将爱国主义观念教育和践行社会主义核心价值观相结合，将团结友爱互助进步的志愿精神与无私奉献、身体力行的志愿服务行动相结合，不断整合学

院层面的志愿服务和社会实践平台，探索长效实践育人机制，不断深化校校、校地、校企之间的联动与合作，逐步构建了"党委统一领导、学工统筹指导、团委着力实施、社会广泛参与、学生全员融入"的"五位一体"协同实践育人机制，教育引导全院师生在实践参与中增强能力、树立家国情怀，充分发挥实践育人的成效。

1. 党委统一领导，为实践育人奠定主基调

学院党委借助"三全育人"改革契机，坚持党建带团建的工作思路，坚持围绕学生、关爱学生、服务学生的工作理念，积极从加强校企共建力度、保障实践育人经费投入两个维度为实践育人提供支持。为拓宽学生实践平台，培养学生卓越理念，提升学生专业认同感和社会融入感，学院党委书记亲自为学生联系专业内的顶尖企业，拓宽学生实践认知的平台；学院党委副书记亲自带领学生参观专业相关的优秀企业和杰出校友的企业，确保学生实践活动的安全和实效性。

学院党委在拓宽实践平台、深化校企合作、建立全过程人才培养机制的同时，积极保障实践育人经费投入力度。学院始终保障学生课程内的生产和认知实习经费足额配备；日常工作中，学院党委也积极为学生志愿服务提供经费支持，为实践活动的顺利实施提供了坚实的物质保障。

2. 学工统筹指导，为实践育人指明前进方向

学院学工团队在学工书记的带领下，围绕实践育人积极思考、主动作为，想学生之所想、急学生之所急，切身融入学院实践育人的大环境中，积极引导，主动发声，为实践育人指明方向。学院学工团队注重在实践中指导实践，在陪伴中引领思想。学院学工书记坚持每天早上为学生发送励志格言，365 天从未间断；坚持每天陪学生出早操，出操日从未缺席。学院学工办主任积极带领学生参加素质拓展，融入其中，寓教于乐。学院团委副书记主动带领学生参加社区共建，身体力行，为学生做好行为示范。学院辅导员多次带领学生去敬老院慰问抗战老兵，通过党建带团建，提高学生的理想信念；带领学生每日英语打卡，通过国际化视野培养，以点带面提升学生的行动力；指导学生心理团辅，通过破冰之旅等团辅活动，助人自助，构建学生健全人格；通过建设伯藜社团，引导学生自强实干，克服今日困难，塑造辉煌明天。学院学工团队在做实做细学生日常管理的同时，通过全员融入、全过程参与、全方位指导，以自

身实践引领为标杆，以自身成长方向为指引，不断指引学院实践育人往深里走、往实里走、往心里走。

3. 团委着力实施，为实践育人架起沟通桥梁

共青团是党的助手和后备军，肩负着凝聚青年、服务大局、当好桥梁、从严治团的时代责任。学院团委坚持立足根本、建强队伍、服务青年的工作思路，依托学院大学生青年志愿者协会和江苏大学爱暖西吉公益团队开展志愿服务活动。

为架好学生通往实践的桥梁，学院团委努力将日常志愿活动打造得既有规矩又有特色，社会实践活动既有传承又有创新。在学院团委组织的日常志愿活动中，爱心是基调，创新是主调。学院团委坚持每周举办"爱心敬老院"活动，为老人带去陪伴；坚持每周举办"爱心助残"活动，为渐冻症患者带去关怀；坚持每周举办"爱心家教"，为留守儿童带去温暖和希望。学院团委还在传统节日和重大时间节点联合社区举办大量创新性志愿活动，如：为增进老年人身体健康，联合丁卯社区举办"健身你我他，奋进新时代"徒步大会；为培养孩子们感恩的心，结合三·八国际劳动妇女节，组织学生为辛勤的妇女送上一束鲜花；为引导学生继承革命先烈的遗志，联合丁卯小学举办"感贤思齐，念恩思源"悼念烈士志愿活动；为做好学生的国防启蒙教育，培养爱国情怀，联合幼儿园举办船艇学院阅兵礼志愿活动；为培养小学生植绿护绿意识，引导大学生树立"绿水青山就是金山银山"的生态保护理念，依托植树节，组织大中小学生"共植一棵树"志愿活动；为弘扬中华优秀传统文化，培养学生命运共同体理念，依托中秋节，组织外国留学生和小学生共度中秋佳节，增进互助互信的理念；为给敬老院的老人们一个温馨、愉快的养老环境，联合桃花坞敬老院先后举办了敬老院童心墙绘志愿活动、养老院七彩虹桥、最美夕阳志愿活动和老年人保护脊椎的脊椎操推广志愿活动等。

学院团委在社会实践中坚持传承，勇于创新。江苏大学爱暖西吉公益团队自成立以来，一直坚持到宁夏西吉参与支教活动，十年如一日，扎根最艰苦的地方，磨炼最顽强的品质，在传承中不断做大做强，不断扩大影响，成为学院社会实践中最亮丽的一道风景线，目前支教团已和宁夏师范学院建立共建关系。学院在坚守传承的同时，不断探索创新其他实践形式，学院的暑期爱心课堂是自上而下引导、适应社会发展需求的创新成果；学院的路山暑期社会实践

团是自下而上申报、增强爱校荣校内生动力的创新成果。党旗所指、团旗所向，党有号召、团有行动。学院团委加强实践育人实施力度，做好服务学生成长成才的桥梁与纽带。

4. 社会广泛参与，为实践育人注入强大活力

《关于加强和改进新形势下高校思想政治工作的意见》指出，要建立多方协作常态机制，形成党委统一领导、党政齐抓共管、职能部门组织协调、社会各方积极参与的工作格局。学院在实践育人过程中，尤为重视社会各方力量的参与，学院团委在充分利用已建社会实践基地的基础上，积极主动拓展新的实践基地，先后和丁卯社区签订为期三年的共建协议，与德高敬老院建立长效合作机制，与京畿路社区建立全方位关爱留守儿童共建计划，与桃花坞社区签订关怀老年人健康共建协议。学院在做好基地建设的同时，积极利用校友资源，通过校友现身说法，增强学生自信心，提升学生主动性，引导学生积极参与实践锻炼和品格养成。

5. 学生全员融入，为实践育人提供人力保障

全国本科教育大会提出教育要回归常识、回归本分、回归初心、回归梦想的要求，学院在实践育人过程中坚持"四个回归"，坚持以学生为中心，坚持以学生成长值和获得感为目标，坚持以大学生志愿服务活动为主抓手，坚持以制度激励保障为驱动力，营造学院"人人皆可志愿、人人主动志愿"的全员融入氛围。

自学院大力推进实践育人以来，学院在推行班团一体化进程中，设立生活与志工委员，负责班团志愿服务活动；学院青年志愿协会建立志愿者库，通过发布活动面向全体学生招募志愿者，为所有学生提供平等的服务平台；学院建立了周恩来班考核体系，新增班级学生参与度的考核指标，引导学生积极投身志愿活动中。

（三）经验启示

经过理论探索和实践结合，学院建立了"党委统一领导、学工统筹指导、团委着力实施、社会广泛参与、学生全员融入"的"五位一体"协同实践育人机制，从5个层面完善了学院实践育人的工作职责和构建体系，形成了一套兼具创新性和实效性的实践育人思路、载体、机制、模式和制度，形成既有纵向贯通，又有横向联合的工作体制，实践育人工作取得了显著的成效，实践育人

的工作模式具有可推广价值。

基于"三全育人"理念的实践育人模式很好地整合了实践资源，拓展了实践平台，通过多措并举、多方共行的方式有效地建立了多个社会实践基地和企业实习基地，同时借助"三全育人"综合改革的契机，学院党委统一领导，各职能部门统筹协调，积极构思丰富的实践内容，创新实践形式，广泛开展社会调查、社会公益、志愿服务等社会实践活动，形成了全员全过程全方位的育人格局，切实提高了实践育人工作亲和力和针对性，着力培养学院国家能源动力领域需要的德智体美劳全面发展的社会主义建设者和接班人，培育能够担当民族复兴大任的时代新人，不断开创新时代学院思想政治工作新局面。

四、 计算机科学与通信工程学院 "三全育人" 综合改革实践探索

(一) 案例概要

计算机科学与通信工程学院紧紧围绕学校总体部署，贯彻校第四次党代会精神，立足专业特点，坚持育人为本、德育为先、能力为重、全面发展的教育方针，努力打造具有学院鲜明专业特色的"互联网＋"实践育人学生工作品牌项目，激发大学生"互联网＋"热情。学院通过多种形式积极开展"互联网＋"教育相关活动，培育"互联网＋"思政教育，搭建"互联网＋"实践平台，拓宽"互联网＋"育人渠道，成功举办江苏大学第一届计算机文化节，成立院级"互联网＋"创新创业研究所，为大学生成长成才搭建更为广阔的平台。1名辅导员获评江苏高校辅导员年度人物及第十一届高校辅导员年度人物入围奖；1个创业团队获第六届江苏省"互联网＋"大学生创新创业大赛一等奖，并入围第十二届"挑战杯"中国大学生创业计划竞赛国赛。

(二) 主要做法

学院紧紧围绕学校总体部署，立足专业特点，坚持"以人为本、因材施教、因势利导"的理念，努力打造具有学院鲜明专业特色的"互联网＋"实践育人平台，强化思想引领工作，夯实常规基础工作，落实实践育人机制，打造创新教育平台，积极创新"互联网＋"实践活动有效载体，丰富内容，彰显特色，强化品牌，创新工作思路。

1. 培育"互联网＋"思政教育

学院坚持把新媒体作为传播知识、传播正能量的重要载体；把握新形势下

思政工作规律、大学生成长规律；依托项目，学院构建以微信、QQ 公众号为主体，以新浪微博、青年之声平台线上线下互动为引领的新媒体工作矩阵。目前，平台粉丝众多，已基本实现对学院青年学生的全覆盖和多重覆盖。学院着力探索"互联网＋思政"的工作模式，服务青年学生成长成才。

（1）资源整合强阵地

按照培育"互联网＋"思政教育工作思路，学院构建以微信、QQ 公众号为主体，以新浪微博、青年之声平台线上线下互动为引领的新媒体工作矩阵。学院微信公众号平台以"e 青关注""e 青课堂""e 青舞台"三大版块为主体，下设"时事热点""专业前沿""活动展示"等各类子栏目，以"贴近青年、注重特色、强化互动"为特征，及时向学生推送时事热点新闻、校院两级动态、特色活动展示、专业知识分享等；学院 QQ 公众号打造了集"考试安排""成绩查询""放假购票""生活小贴士""资讯提前造"等一站式便捷服务功能，成为学生身边的"贴心小棉袄"。学院陈锦富教授等人的论文获第二届高校网络空间安全人才培养思想政治工作研讨会优秀论文（见图 7-11）。

（2）内容建设重品质

"国庆·告白祖国"主题活动月中，学院以新媒体平台为阵地，创作《我与国旗合个影》《喜迎国庆创意编程展》《计算机学院人物志》等推文，打造青年学生喜爱的"筑梦计小码"。疫情防控期间，学院微信公众号相继推出"抗疫一线""停课不停学"等栏目，深入挖掘抗击疫情过程中的鲜

图 7-11　第二届高校网络空间安全人才培养思想政治工作研讨会优秀论文

活素材，对学生进行爱国主义教育和生命感恩教育，鼓励学生把握假期时间、努力提升自我；打造云端第二课堂，开展"战疫有我，青春在线"青年说信仰公开课，进一步引导青年学生增强"四个意识"，坚定"四个自信"，做到"两个维护"。

（3）疫情期间网络思想政治教育

疫情期间，学院微信公众号相继推出"抗疫一线""停课不停学"等栏目，深入挖掘抗击疫情过程中的鲜活素材，对学生进行爱国主义教育和生命感

恩教育，鼓励学生把握假期时间、努力提升自我；打造云端第二课堂，整合线上育人资源开展"战疫有我，青春在线"青年说、"共同战疫，见证硬核中国"师者说等信仰公开课，进一步引导学生增强"四个意识"，坚定"四个自信"；学院还积极开展"防疫政策与知识问答""谣言击破者""逆境携行，你我同心"等防疫知识线上教育活动，倡导学生在日常生活中自觉做科学的传播者、谣言的粉碎者、健康的守护者；学生热情参与制作视频、海报、原创书信、诗歌等形式的防控疫情、传达爱心的文化作品；学生还通过打卡记录方式分享居家期间的学习成果、锻炼成果、阅读成果。积极号召学生到村或社区报到参与疫情防控志愿服务；指导各班级依托腾讯会议等平台开展线上网课学习、"绽放战疫青春"等主题团日活动，通过身边同学的志愿服务抗疫事迹分享，鼓励大家积极做好健康防护，居家合理安排好作息时间，以自己的实际行动为抗击疫情贡献一分力量。还有学生入选"最美逆行者子女守护计划"，在线上为"守护花朵"提供学业辅导及计算机编程逻辑拓展。通过一系列丰富多彩又各具特色的活动，青年学子们表达了对抗击疫情从我做起的担当，呈现共克时艰，同心战"疫"的积极氛围。

2. 搭建"互联网＋"实践平台

学院重视培育工科学院的学生对于创新创业的兴趣，开拓"互联网＋创新创业"新渠道，宣传政策，搭建交流平台，提供培训，配备导师，提供场地，构建全链条、层级化的"导师—团队—精英"创新创业培育体系。积极推动实践平台建设，通过搭建科技竞赛平台、自主训练平台、技能提升平台和社会实践平台等"四大平台"建设，循序渐进、环环相扣、相互作用、共同促进，逐步推进"互联网＋"实践育人教育工作达到实效。

（1）打造品牌活动，搭建科技竞赛平台

逐步打造并形成了具有学院特色的"互联网＋"创新创业大赛，依托"互联网＋"创新创业、ACM 程序设计、中国大学生计算机程序设计、全国大学生信息安全、全国大学生数学建模、全国软件测试、全国大学生英语等学科竞赛，充分发挥学院的学科优势，树立典型，打造亮点。学院根据学生兴趣配备学业导师，组建兴趣小组或创业团队，充分发挥学业导师的指导作用，为学生提供全国、省级、校级科技竞赛菜单，鼓励学生积极参加学科竞赛并提供技术指导。通过技能实践、学术指导、表彰展示等途径，积极搭建"互联网＋"实践育人平台，积极营造良好的育人工作氛围。让志同道合的学生找到自己的"同心圆"，助力学生青春圆梦。

（2）依托第二课堂，搭建自主训练平台

学院坚持第二课堂是第一课堂的延伸、是第一课堂的补充的原则，将课内和课外相结合，倡导"以赛促学，以证促教，以赛促技能提升"的培养理念，在"互联网＋"思维下，积极创新育人新模式。引导研究生、高年级学生带动低年级学生基于共同的研究兴趣和创业热情组成科技创新团队，参与研究生导师课题组，鼓励本科生进研究生实验室。鼓励本科生参加专业相关证书考试，提高编程动手能力，组织指导学生申报国家级、省级、校级大学生创新创业训练计划项目并开展研究（见图7-12、图7-13）。充分开发学生组织潜力，通过设置学生会创新实践部，利用学生社团组织传播"互联网＋"思维理念，充分培养学生的自我管理、自我教育、自我服务的能力，搭建工作平台，为学生创业实践提供了演练机会，从而不断激发学生的自主创新意识。

图7-12　2019年（第12届）中国大学生
计算机设计大赛（团体项目二等奖）

图7-13　优秀案例获奖证书

（3）夯实基础增强能力，搭建技能提升平台

鼓励学生结合自身专业优势，利用"互联网＋"理念，将自身优势与现实需求结合，实施项目驱动、团队驱动式的科研训练模式。每个学生根据自己的优势，选择合适的主攻方向，在班内自愿组成项目研发小组，在专业导师和在校研究生的带领和指导下，以团队的形式开展项目开发的学习和实践活动。学生在活动小组内，通过项目管理和项目开发的练习，掌握了在课堂上学不到的知识和技能，而且以点带面、由个体带动整体，步步深入。针对选修CPS课程的学生越来越多的实际情况，学院积极发掘有创意想法的学生，为他们提供舞台，让他们尽情施展创业才能，实现创业梦想。通过网络平台积极宣传创新创

业政策，经常邀请学院杰出校友为有创意想法的学生指点迷津，积极为入驻学校创业孵化基地的创业团队配备导师，争取资金支持。充分发挥学校创业孵化基地的创业孵化器功能，让这里成为怀揣创业梦想学子的暖心家园。

（4）校内外基地齐发展，搭建社会实践平台

通过建立校内实训基地、建立校外就业创业基地，对学生进行专业技能训练，提高学生的动手及实践能力，缩短毕业生与企业的距离，为学生实践搭建校内外的技能提升、实战拓展平台。在不增加学校投入的前提下，进行资源的优化配置和整合，按照企业标准在实验室建立了硬环境、软环境和工作环境。软环境就是安装企业使用的操作系统平台和开发用的新型语言工具等。工作环境就是对实训的学生按照企业工作模式进行训练，包括企业文化、职业导向、工作规范、人员管理等。学生实训期间实行项目经理制，按照企业化标准流程进行严格训练，让学生在毕业前就如同到企业上班一样，提前适应工作岗位要求。与相关企业、校友企业合作建立校外就业创业基地，搭建学生就业平台。根据学生所学专业、技术优势、就业趋向等，学生将所学知识应用到企业各个岗位，进行实战演练，不仅锻炼了实践能力，也增强了就业竞争力，疏通了毕业生就业的绿色出口。

（三）拓宽"互联网＋"育人渠道

1. 传承红色信仰，服务智慧农场

2019 年，学院获批团中央国家级项目 1 项——"新时代追梦青年"实践服务团，围绕北大荒七星农场发展建设，调研农业机械化、智能化水平及各方面建设取得的成果，学习七星农场的发展经验、精神及信息化技术，结合专业知识积极为七星农场发展建言献策。实践团队针对农场农产品供应链建设现状、智能化设备投入现状及信息化管理平台的使用现状进行了调研访谈，结合专业知识针对农场智能化设备的推广方式、管理平台功能的完善措施、实时监测的功能优化等方面提出了建议，并在后期形成"物联网助力智慧农业应用研究"调研报告与"智慧农场"建设方案，助力现代农业发展，取得了良好的社会效益。中国青年网对此次实践活动进行了深度报道。

围绕由镇江市农业农村局、江苏大学计算机科技与通信工程学院和江苏润果农业发展有限公司共建的"智慧农业"基地，学院开展实地调研和参观访谈，全方位调研农业机械化、智能化水平与各方面建设取得的成果。通过座

谈、参观厂房和智慧农场的农业物联网设备及运行，同学们走进企业，走进田间，努力将自己所学的知识应用到农业实际发展中，对现代化农业新概念、新模式、新技术的应用推广情况进行实地考察，为企业的科学发展献言献策，真正做到学有所长、学有所用。

2. E网联世界，博爱系青春

围绕专业特色，学院积极申报镇江市博爱青春项目并获得立项，"阳光绿网，呵护花开"志愿服务系列活动开展得有声有色。为保证关爱空巢老人志愿服务取得实效，在实施居家养老工作前期，对社区的老年人进行了认真细致的入户调查。通过调研，了解到老年人的实际需求，在为老人提供全面服务的同时，注重针对不同层次老人的不同服务需求，提供多样化、个性化服务，使许多空巢老人足不出户就可以得到各种帮助。学院开辟的"科普假期""小候鸟网络课堂""银发学堂"也获得多家媒体的报道，取得了良好的社会效益。在疫情防控期间，学院大三学生南旭东"宅家"却不"宅"专业，发挥所学优势开发"淘鲜拼购"线上平台，解决了甘肃天水市民"买菜难"、农民"卖菜难"的"两难"问题。大年初七，合作农户带着年货专程上门向南旭东致谢……南旭东团队发挥专业特长，利用已有的创业经验，在疫情期间积极践行志愿者服务精神，展现了学院学子勇于担当社会责任的良好风貌。

（三）经验启示

1. 明确目标聚焦成果

根据学生需要与"互联网+"思维，广泛搭建实践育人平台，清楚目标导向、聚焦实践成果，引导学生在实践中培养创新思维。在成果导向的理念指导下，以培育大学生"互联网+"思维提升大学生创新实践能力为目的，反向设计学生实践活动。作为IT专业大学生，我的目标是什么，今后专业方向是什么；通过大学学习需要提升哪些方面的能力；我怎样才能获得这些能力；用人单位需要什么样的人才；等等。这些既是学生要回答的问题，也是学生工作的最终目标和任务。结合学院实际，在创新实践活动形式，优化组织设置，搭建学业导师、辅导员和大学生交流平台的基础上，将培育"互联网+"思维、搭建"互联网+"实践平台、拓宽"互联网+"育人渠道作为育人实践的核心任务，帮助学生培养创新思维，增加创业实践，提升自我管理技能，最终提高学生的创新实践能力。

2. 创新机制改进方法

坚持问题导向，通过搭建活动平台引导学生自觉探寻规律，积极探寻路径，在"互联网＋"思维中达到实践育人的最佳效果。"坚持问题导向"是一切方法的出发点和落脚点，通过有目的、有计划的主观自觉行动，能引导人们去自觉探寻规律，主动创造条件，积极拓展路径，达成最佳效果。"互联网＋"实践育人平台的搭建同样要坚持问题导向，要客观分析目前在实践育人过程中存在的问题和不足，通过补短板、强弱项，实现实践育人能力的全面提高。

3. 结合特色增强实效

充分发挥学院在计算机领域的专业优势，结合 CPS 课程、ACM 竞赛、程序设计大赛等专业活动，以此搭建平台，更好地激发学生"互联网＋"新思维。随着"互联网＋""智慧城市"等概念的提出和推广，学院更新人才培养理念，创新学生实践方式（包括学生社会实践）、完善保障措施、开放专业实验室、设置大学生创业室、实践培训基地、创建就业见习基地，搭建交流平台，积极推进"互联网＋"实践教育活动，鼓励学业导师指导学生积极参加大学生"互联网＋"竞赛，积极参与例如挑战杯、ACM 程序设计竞赛、信息安全竞赛、节能减排大赛、农机装备大赛等可以与"互联网＋"融合的比赛项目，激发学生热情，发挥导师作用，服务学生成长需求。

五、 教师教育学院 "三全育人" 综合改革实践探索

（一）案例概要

"百年大计，教育为本。教育大计，教师为本。"党的十八大以来，以习近平同志为核心的党中央高度重视教育发展和教师队伍建设问题，在不同场合多次强调教师工作的重要意义，对全国教师表达期望与寄语：广大教师要做有理想信念、有道德情操、有扎实学识、有仁爱之心的"四有"好老师；教师不能只做传授书本知识的教书匠，而要成为塑造学生品格、品行、品位的"大先生"。

教师教育学院高度重视人才培养和大学生思想政治教育工作。近年来，学院立足办学规模小、学生数量少的实际，根据"以人为本，德育为先，全面发展"的总体要求，以理想信念教育为核心、以学生全面成长成才为目标，全面

落实"立德树人"根本任务，紧扣"三全育人"综合改革建设要求，逐步探索和形成了主要领导齐心重视、党政工团全力配合、教育教学相互渗透、管理服务协调补位，具有学院特色的"大学工""大思政"工作格局，并谋划构建了包括党政领导干部导师、关工委老同志导师、专兼职辅导员导师、朋辈学长学姐导师、校内学业教授导师及校外基地校友导师等在内的"六大导师"导学体系，沟通联动、齐抓共管，发挥育人合力，齐心培养新时代师范专业的准"大先生"。

（二）主要做法

学院以习近平新时代中国特色社会主义思想和习近平总书记对新时代教师发展的期望要求为指引，以不断提升学生教育管理水平和思想政治工作内涵为目标，不断推动学院"三全育人"工作从实处做、往深处走、在特处亮。

学院构建的"六大导师"导学体系，旨在对学生的思想道德素质、学业规划成长、专业技能提升等方面提供全方位的指导和支持，发挥育人合力，齐心培养新时代师范专业的准"大先生"。

1. 依托党政领导干部导师和关工委老同志导师，培养准"大先生"的思想道德素质

"大先生"要有大格局。格局是指一个人的思想道德、品格品行或人格层次。一个人的格局有多大，就注定他能走多远。作为教师更是如此，要成为"大先生"，必须要有高尚的思想道德素质、浓烈的爱国主义情怀，能将自己所从事的教育事业升华为国家民族复兴的事业，牢记使命，兢兢业业、矢志不渝。这样才能摒弃教育的功利思想，在三尺讲台上书写自己的春秋岁月，不负韶华。

（1）党政领导干部导师——组织育人

第一，联系本研班级、宿舍和支部。为进一步强化学院意识形态引领，帮助学生树立正确的世界观、人生观和价值观，引领学生坚定理想信念，学院制定出台了党政领导干部联系班级、宿舍和支部制度，与同学们开展座谈交流，讲授党课，引导学生坚定理想信念、矢志艰苦奋斗。同时，学院党政领导还分别担任部分本科生的学业导师，对学生的综合素质、学业规划和未来发展进行更加细致的指导。

第二，重视指导团建。为加强学院"党建带团建"工作，学院高度重视对团的建设与指导，积极组织党政领导为学生讲授"领航——开学第一课""信

仰公开课"。在院团委组织的"信仰公开课之梦想公开课"上，院党委副书记为本研新生做专题讲座，引导学生爱国、励志、求真、力行，既要仰望星空，又要脚踏实地，树立远大理想，热爱伟大祖国，担当时代责任，勇于砥砺奋斗，练就过硬本领，锤炼品德修为。

（2）关工委老同志导师——心理育人

为推进学院关工委工作常态化建设，学院通过关心下一代工作委员会平台，全面发挥学院、学校老同志在大学生思想政治教育和心理健康教育中的作用。

第一，积极参加团学活动。关工委老师参加"信仰公开课之梦想公开课"活动，寄语本研新生要适应全新生活，明确奋斗目标，做好科学规划；参加本科毕业班考研及实习动员主题班会，为本科毕业班同学奋战考研提供指导、加油打气；建立关工委老同志联系本科新生班级制度，建立班级联系群，引导本科新生尽快适应并合理规划大学学习生活，消除学生学习和生活困惑。

第二，重视心理健康教育。学院积极发挥师资优势，将关工委工作与学生心理健康教育工作紧密结合，以学院"心晴坊"心理辅导站和关工委"关爱谈心屋"为平台，开展新生心理健康普查干预、新生校园生活心理适应、毕业生考研就业心理减压、日常人际关系相处等谈心谈话工作，及时了解学生心理动态，缓解学生心理压力，形成心理育人工作双重合力，实现学生在校期间心理状态平稳健康发展。

2. 依托专兼职辅导员导师和朋辈学长学姐导师，指导准"大先生"的学业规划成长

"大先生"要有大学识。"有扎实学识"是习近平总书记提出的"四有"好老师标准之一，说的就是作为教师，不仅要掌握专业基础知识，还要注重跨学科知识的培养。这就要求我们，基于"学工"和"思政"体系培养师范专业的学生，要引导学生积极拓宽视野及时做好自身的学业规划和职业规划。

（1）专兼职辅导员导师——课程育人、管理育人、服务育人、资助育人

辅导员是高等学校学生日常思想政治教育和管理工作的组织者、实施者、指导者，具有教师和管理人员的双重身份，辅导员要努力成为学生成长成才的人生导师和健康生活的知心朋友。

第一，指导学业，课程育人。就辅导员的教师身份而言，学院专职辅导员

同时担任本院大一新生的"学业规划概论"课的课程教学工作，借助这一优势，学院充分发挥课程育人作用，利用课堂教学的时间，有针对性地引导本院学生结合专业特点及时做好科学的学业规划、职业规划，提供理论指导，为学生今后四年的学习生活打下坚实的基础。

第二，全方位管理，全身心服务。就辅导员的管理身份而言，除了党团和班级建设、日常事务管理外，学院专兼职辅导员坚持每天跟班早操、晚自习，通过下自习教室、线下教育与线上引导相结合的方式，做好学生宿舍安全卫生、学风文明督查等工作，实现全方位管理。辅导员紧密联系每一位学生，做到全面关注并了解全体学生，准确掌握各年级各班级各个学生的实时情况，在有效开展学生工作的同时尽最大努力为学生提供帮助与服务，做到全身心投入。最终实现全方位管理与全身心服务相融合的学生工作模式。

第三，帮扶助困，资助育人。学院坚持"公开、公平、公正"的原则，通过大数据分析、个别访谈等方式，全方位了解学生家庭经济实际状况，及时纠正认定结果偏差，做到精准扶贫；通过定期召开主题班会来对学生进行思想教育，引导学生自立自强、懂得感恩；将扶贫与扶智、扶志相结合，积极开展"三星"评选、诚信教育感恩月、学生资助宣传大使进校园、"国家奖学金"获奖学生风采展示和"助学·筑梦·铸人"等主题宣传活动；积极拓展西部支教、学工助理、志愿服务、勤工助学岗位渠道，完善奖助学金评定，注重励志教育，发挥资助育人功效。

（2）朋辈学长学姐导师——文化育人、网络育人

学院具有良好的文化引领氛围，注重发挥文化的凝聚、激励、引导作用，征集凝练了"笃学乐教，自立善为"的院风和"真言真为，真知真人"的院训，以新时期的学院形象为聚合点，传承优良传统，凝练办学特色，彰显学院精神，塑造学院形象。

为了提倡"朋辈榜样"力量，学院推出了"朋辈学长学姐导师制"，选聘高年级或研究生中优秀的学生担任导师，以朋辈互助的形式，突出引领优势，营造特有的学院文化氛围，受到媒体报道（见图7-14）。

图7-14 学院学长导师制受到媒体报道

第一，开展结对指导，树立榜样影响。学院学长学姐导师始终坚持以学弟学妹为主体，秉持"服务与指导并重"的理念。在新生入校后，学院就第一时间组织朋辈导师与新生班级进行结对，在新生入学教育环节及随后的日常教育管理环节，通过开展交流会、分享会，为新生提供适时引导和帮助；朋辈导师也会走进学生自习教室、生活宿舍，切实有效解决新生在学习和生活上的困难，帮助他们科学规划大学生活，实现自我全面发展。同时，学长导师全方位协同老师进行管理，引导新生尽快适应大学生活，确立目标理想，帮助其实现健康成长。朋辈导师"导学、导管、导助"作用的充分发挥，可以帮助和促进学生在自我管理、自我服务中实现自我教育和自我成长，从而不断提升学生的综合素质和能力，营造积极向上的院风、班风和学风，形成健康的学院文化。

第二，打造文化品牌，发挥示范引领。学院通过打造"教师教育文化节"品牌活动，实施"文化塑形"工程，鼓励学生积极参与师范专业竞赛活动，充实自我，锻炼能力，成为一名有追求、高素质的创新型人才。为了扩大文化节的参与范围，提炼、提升教师教育文化节活动内涵和活动影响力，学院协同全校其他师范专业一起，共同组织全体师范专业学生参加，以提升全校师范生的综合素质和专业技能为目标。此外，学院举办"最美教院人"师生表彰暨事迹交流会，向在教学及管理一线辛勤付出的教师表达充分尊重，以及对品学兼优学生的充分认可；举办线上"百优青年""十佳青年"学生事迹分享会、"我的青春故事"报告会、学业规划与团学工作经验交流会，展现学院优秀学子在学习、工作和生活中健康乐观、积极向上的精神风貌。通过系列活动，鼓励先进，树立典型，促进学院师生争先创优，养成勤学奋进的优良学风，推动学院更好更快发展。

3. 依托校内学业教授导师和校外基地校友导师，提升准"大先生"的专业教学技能

"大先生"要有大技艺。教师作为教育教学活动的具体实施者，要想成为"大先生"，在做到有教无类、锻炼出高超的教育教学水平的同时，还必须培养自身的"工匠精神"，拥有大技艺。新时代的学生成长于蓬勃发展的互联网时代，对知识的获得相对容易。这就需要教师紧扣时代的脉搏，在自己的学科领域精耕细作，在教学手段方法上与时俱进，做一个"有手段"的"教育家"，坚持不懈、久久为功，成为工匠精神的践行者。基于这样的专业要求，学院主要依托校内学业教授导师和校外基地校友导师，培养锻炼学生的大技艺。

（1）校内学业教授导师——课程育人、科研育人

校内学业教授导师具体分为本科生学业导师和研究生教授导师。

第一，专业课教师任学业导师，打基础。学院邀请组织专业课教师担任本科生学业导师，既指导学生的学习生活规划，又指导学生的专业课程学习，每位导师每年指导 5~7 名学生，因此具有"精细化、精英化"培养的特点。同时，学院专业课教师也深入学生班级 QQ、微信群，在平时与学生零距离接触、心贴心交流，直至学生毕业，实现全方位、全过程指导。在分散指导的同时，学院也十分注重对学生的集中教育，利用"学业指导教授大讲堂""专业导论课"等平台，开展本科生新生专业导论、考研备考指导等专题指导讲座，邀请专业课教师主要围绕院系发展、学生培养、专业简介、就业情况、考研备考等方面开展教育活动。学院本科生学业导师始终秉持"高目标引领、高素质发展、高质量毕业"的工作宗旨，针对不同年级学生的实际情况，精准培养所带学生，着重提升学生的"师范生能力、教育技术专业能力、创新能力、教师领导能力"四大能力，全力培养高素质发展、高质量毕业的优秀师范生人才。图7-15 为镇江一中教师来校指导教学实践。

图 7-15　镇江一中教师来校指导教学实践

第二，研究生导师任学业导师，带科研。学院选聘部分硕士研究生导师担任学业导师，由他们带领学生逐步开展课题研究，储备后备人才。如此，既缓解了师资不足的压力，也使部分学有余力的本科学生提前培养做科研写论文的能力，一举两得。

此外，教职工支部联系学生支部，促共建。为了充分发挥基层党组织作为战斗堡垒和广大党员作为先锋模范的作用，学院筹划开展了教工党支部与学生党支部结对共建、研究生党支部作为学校"样板党支部"带领本科生党支部共建，通过形式多样、内容丰富的主题党日活动，促使学院基层党组织建设教学相长、优势互补、资源共享、相互促进。

（2）校外基地校友导师——实践育人

学院为学生培养和教育研究开发了丰富的实践资源，为学生的成长成才提供了良好实践平台，也为一线教师的选拔奠定了坚实有力的基础。基于这样的优势，学院积极发挥校外基地和校友的作用，聘请校外基地导师对学生进行指导，以此提升学生的教学实践技能。

第一，充分利用实践基地平台。学院实践基地的中小学一线教师导师团队由中小学一线教师和课外辅导机构培训师两部分组成，在师范生的教学实习培养环节中提供经验传授和实践指导，通过"作业问题""纪律问题""班级卫生问题""课外阅读问题""复习问题"等真实案例的讲解演示和实际训练，提高学生的实践教学技能。学院与常州优尼科文化艺术培训中心有限公司建立长期合作关系，公司不但为学生提供教学实习岗位，其优秀教师还与学生分享自己的教学经验，学院学生的教学实践能力得到了进一步提升。

第二，主动借助优秀校友力量。学院扮演"红娘"为有需要的学生提供与校友联系的渠道，这些从学院毕业的一线骨干教师、优秀校友，能够帮助学生提前了解社会和职场规则，指导学生的职业规划，提供实习和就业方面的建议，帮助学生获得各种实习机会，增强学生就业竞争力和社会适应能力。

在培养学生的过程中，传授知识固然重要，但更重要的是引领学生坚定理想信念、矢志艰苦奋斗，把自己的青春梦和伟大的中国梦结合起来，最大限度激发学生的主观能动性和自我实现的动力。学生在成长发展过程中，除了需要学业方面的指导外，还需要思想政治、心理健康、职业规划、专业技能、社会责任等方面的支持和指导，学院构建的"六大导师"导学体系正是基于这一现实考虑而提出并推广实施的。导学体系的不断完善和成熟运行，也将进一步推动学院"三全育人"工作从实处做、往深处走、在特处亮。

（三）经验启示

1. 突破传统导学体系，构建多角度、全方位、立体化育人体系

在以往的工作模式下，辅导员是开展大学生思想政治教育的主导力量，学业导师以学习科研指导为中心，发挥科研育人的主要职能。面对新时代背景下思想政治教育工作的多方位需求，传统育人模式的局限性日益显现，尚不足以满足新的形势和新的要求。学院提出的多导师领航体系则能够很好地弥补传统引领的不足，六类引领主体分别来自校内外的不同行业领域，拥有不同的思维视角，能够帮助学生更加全面地看待和思考问题。"六位一体"的思想引领模式通过不同导师的导学领航，借助于丰富而有层次的线上线下教育模式，最终构建多角度、全方位、立体化的育人体系，在潜移默化中将思想政治教育工作做到学生的心坎上。

2. 拓宽"三全育人"工作内涵，统筹实现大思政教育管理模式

"三全育人"工作强调全员、全过程、全方位开展育人工作。长期以来，学院立足办学规模小、学生数量少的实际，逐步探索和形成了主要领导齐心重视、党政工团全力配合、教育教学相互渗透、管理服务协调补位，具有学院特色的"大学工""大思政"工作格局。而其中以多角度、全方位、立体化育人体系为特点的"六位一体"模式则是对"三全育人"生态系统的最重要体现。多导师领航模式下，导师主体来自于各个行业，涵盖各个年龄层次，他们的加

入有助于学院协调各方资源，形成全员育人合力，从而更好地推进包括心理育人、课程育人、服务育人、组织育人、资助育人、实践育人、管理育人、文化育人、科研育人、网络育人等在内的"十大"育人体系向着更健康、更有效的方向推进实施。

六、 艺术学院 "三全育人" 综合改革实践探索

（一）案例概要

艺术学院以习近平新时代中国特色社会主义思想为指导，认真贯彻总书记关于美育工作"崇德尚艺"的总体要求，紧紧围绕立德树人根本任务，以理想信念教育为核心，以社会主义核心价值观为引领，以培养"德艺双修"的高层次艺术专门人才为工作导向，以全面提高学生创新创业创作能力为关键，有效打通日常思政、思政课程、课程思政之间的壁垒，层层推进从本科生一年级到四年级各年级育人工作，积极构建"院内与院外""学校与家庭""学校与社会"互动协同的"大思政"格局，着力打造与艺术学院学科专业特点相契合的"思政＋艺术"思想政治工作生态体系，不断提升思想政治工作的针对性、实效性、亲和力和影响力。

（二）主要做法

学院党委把"三全育人"工作的启动、探索、推进，作为学院综合改革的着力点，作为人才培养模式改革的切入点。立足于立德树人这一根本任务，充分挖掘和利用学院自身的思政资源、办学特色，坚持问题导向，坚持统筹施策，从体制机制进一步完善，项目带动进一步优化，队伍建强进一步彰显等方面进行系统设计，构建"思政＋艺术"工作体系。

1. 强化工作职责，构建全员育人整体工作布局

根据教育部《高校思想政治工作质量提升工程实施纲要》相关精神，学院成立以院党委书记、院长为"双组长"的工作领导小组，推动"思政＋艺术"工作体系全面融合与渗透到党建、学生日常管理、人才培养、教育教学等各环节。建立"三全育人"岗位人员责任激发机制、考核机制、激励机制，对"三全育人"工作体系内不同岗位、不同类别人员的责任实施有区别各有侧重点的考核，强化高质量思政教育供给，形成工作"一盘棋"。

一是强化院领导"三全育人"领导职责，推动院主要领导、分管领导自觉

将"三全育人"融入本职工作中去谋划、去落实、去推进。二是强化辅导员队伍在"三全育人"工作体系中发挥重要作用。进一步提升辅导员队伍职业能力、研究能力和专业化水平，取得"四级辅导员"或"副教授级辅导员"零的突破，推动我院辅导员职业化建设，取得显著进展。三是重点发挥任课教师在"三全育人"工作体系中不可替代的作用。以"四有好老师"为建设目标，以人才培养计划和课程教学大纲修订为抓手，全面激活任课教师课程思政的积极性、主动性。四是精心培育学院机关良好作风，为"三全育人"提供有力保障。以推行党员示范岗、首问负责制为牵引，以院务公开为保障，全面提升学院管理人员工作作风和工作能力（图 7-16 为我院教师获"最受学生欢迎的十佳教师"，图 7-17 为我院开展红色圣地写生实践）。

图 7-16 "最受学生欢迎的十佳教师"　　图 7-17 艺术学院红色圣地写生实践

2. 强化素质提升，推动多元化育人平衡发展

学院积极开展大学生综合素质教育提升工程，围绕立德树人这一主线，构建"思想道德素质教育、科学文化素质教育、身心健康素质教育和创新能力素质教育"四大模块教育内容，以课堂教学与课外实践相结合，能力拓展和素质深化相结合，全面促进学生成长成才。学院积极组织实施了"四大工程"和"四项计划"：

"德艺双修启航工程"：深入学习贯彻习近平总书记对青年大学生成长成才的重要讲话精神，尤其是习近平总书记在 2018 年 8 月给中央美术学院 8 位资深教授的回信精神，立足艺术学科特点与特色，推进课程思政，组织红色主题和重点题材创作，评选课程思政优秀案例，引导教师讲好"艺术的故事"，引导学生"崇德尚艺"，争做新时代美的发现者、创作者、传播者。

"学业规划引航工程"：充分发挥研究生导师、学业导师在学生专业思想巩固、未来发展目标确立、学习方法改进、学习动力持续增强等方面的作用，引导学生结合自身兴趣、个性、发展潜力等科学规划自身发展路径，使学生朝着就业目标、考研目标、出国目标、创业创作目标等合理规划大学生活。

"创新创业创作远航工程"：以全国美展、全国大学生广告设计大赛为龙头，以江苏省时代风华、融通并茂等区域性赛事为重要展示平台，以"科研立项""互联网＋"等品牌活动为基础，建构艺术学子百项展览和竞赛"导学体系"，差异化发挥第一课堂和第二课堂作用，让创新创业创作成为艺术学子最为鲜亮的底色。

"学风建设护航工程"：要通过学业指导教授大讲堂、"学风建设月"主题活动、教风学风双促双提、典型学子榜样选树等途径加强学风建设正向引导。进一步加强对课堂、晚自修、早操的管理，显著减少大学生上课"低头族"现象和"网络成瘾"现象，营造良好学习氛围。积极推进"三走"活动，引导学生养成良好的学习和生活习惯。

"文化育人润心计划"：注重以文化人、以文育人，深入开展中华优秀传统文化、革命文化、社会主义先进文化、网络文化教育，推进"江大艺术小筑"等新媒体平台建设，引导学生积极践行和弘扬社会主义价值观。优化院风学风班风教风作风，建设优美学院内环境，滋养师生心灵、涵育师生品行。

"实践育人拓展计划"：建立相对稳定的实践育人基地，建设"寻访抗战老兵""寻访非物质文化遗产民间传承人"等社会实践精品项目，打造平面设计、游戏美术、交互设计等创新创业团队，推动形成"作业—作品—产品—精品"的创新创业创作链条，让"创在艺术"的品牌更加响亮。

"岗位育人提升计划"：汇编学院工作规章制度，研制《艺术学院各类人员育人职责》，分院领导、专业教师、学业导师、辅导员、管理及实验室人员等类别，差异化制定育人职责，确定考核方案，形成制度成果。强化师德师风建设，引导广大教师争做"四有好老师"。强化机关作风建设，推进首问负责制。

"组织育人保障计划"：以"党建带团建，党建带群建"为工作抓手，进一步加强党对学院事业发展和立德树人工作的全面领导。实施教师党支部书记"双带头人"培育工程，把"三全育人"作为考核党支部书记职责的重要方面。切实发挥学生党员在学生自我教育、自我管理、自我服务中的重要作用，培育建设一批先进党支部、先进班级、文明宿舍。

在疫情防控期间，针对学生居家学习缺少氛围的实际情况，学院创新工作举措，强化疫情期间学风建设，引导学生在家学习、在家科研、在家创作。学院青年教师结合自身专业所长，创作原创歌曲 MV《最美逆行》，从作词作曲到制作，再到发布，仅仅用了 40 个小时，被学习强国和其他平台转载。通过"一院一品"活动，举办线上"青年艺术论坛"暨素养公开课——"艺术的温度：美术、设计论文写作的初衷与意义"。学院还积极组织开展"众志成城抗疫情"书画创作和主题海报设计大赛、"'疫'不容辞"疫区学生资助海报设计大赛，举办"抗疫"作品展，振奋精神、鼓舞士气，传播正能量，讴歌真

图 7-18 艺术学院 2019 级研究生"文化创意与民艺学研究"课程展示

英雄。图 7-18 为艺术学院 2019 级研究生"文化创造与民艺术研究课程展示"。

3. 强化专业建设，高质量构建"思政 + 艺术"工作体系

学院围绕培养人才目标，整合师资资源，提升教育教学质量为核心，充分发挥课堂教学、课堂思政的主渠道作用，把"以本为本、德育为先、能力为重、全面发展"的理念渗透于教学、科研、实验实训、社会实践环节等全过程。明确专业定位，注重通识教育，强化实践教学，重视创新创业教育，建构与人才培养方案相适应的教育教学体系。通过建立各门课程共同育人的思想政治教育网络，充分发挥思想政治理论课的主渠道作用，在传授专业知识的过程中渗透思想政治教育，使学生在学习科学文化知识过程中，自觉加强思想道德修养，提高政治觉悟。学院以教师团队为基础，分类开展精品课程、重点课程和合格课程的教学内容与方法改革，开展"金课"建设，强化教学团队建设，推动专业核心课和通识必修课质量提升，在授课方式上采取翻转课堂、情景式、探究式等多样化教学模式及采用启发、案例、线上线下结合等教学方法，提高学生学习效果。学院在本科教学和实践环节引入红色主题，把思想政治教

育元素融入课程教学、实践教学之中，推动"思政＋艺术"课程建设。鼓励专业课教师 在"工业设计史""中国美术史"等史论类课程教学中挖掘思想政治教育元素，通过课程内容整合式设计，将体现社会主义核心价值观导向的故事、案例和艺术作品赏析评论等有机融入课堂教学之中，增强课程思政的生动性和亲和力。"青山绿水"课教师教学中以自身的创作经历阐释对生态文明思想的艺术化表达，"文化创意"课教师传授地方非遗项目，增强学生文化自信，取得了良好的效果。

目前，学院已形成了"以作品说话"的教育教学氛围和"D＋X创新驱动""以赛代训""X＋1考核"等教学特色，初步形成了课程教学培育，学科竞赛竞技，专利成果固化，对外交流推广，产教融合转化的创新教育体系。

4. 强化特色凝练，打造"一院一品"文化活动品牌

"青年艺术论坛"是学院推进"三全育人"工作，积极构建"思政＋艺术"工作体系打造的品牌学术与文化活动，也是学院探索科研思政、调动广大教师特别是青年博士教师群体与广大同学互动的有效形式和良好平台。"青年艺术论坛"主讲人由学院内获得博士学位或正在攻读博士学位的青年教师担任，围绕"思政＋艺术"开设系列专题讲座，主题涉及艺术发展史、当代艺术、审美教育、民间艺术等多个领域。论坛坚持繁荣学术与鼓励创作的宗旨，聚焦核心素养与学术规范，强化能力与意识培养，积极推进艺术学前沿研究与美育工作、研究生思政相结合，春风化雨，立德树人。活动举办两年多来，得到广大师生的认可与喜爱。同学们从他们身上学到求真求新求美的专业精神。

学院组织获得美术学、设计学博士学位的教师，围绕"传世名画赏析与审美体验""民间艺术活化与传承保护""青山绿水绘画与生态文明思想""当代中国精神艺术表达"开展"微课程育人"，不断提高学生的审美能力和人文素养，有力推进以文化人、以文育人。组织学生经常前往博物馆、艺术名人故居、非遗传承人工作室等"第二课堂"参观学习，拓展专业实践和社会实践空间，让学生们在品味艺术经典中，领略中华艺术所独有的神韵，激发创作热情。开展"思政＋艺术"主题创作和特色展览，学院举办了"致敬祖国——庆祝新中国成立70周年师生书画作品联展"、"筑梦青春"——江苏大学·扬州大学双城双校研究生作品展、国家安全动漫设计大赛、资助育人优秀海报设计大赛等活动。在疫情防控期间，学院还精心组织了"众志成城抗疫情"书画创

作和创意海报设计大赛和线上系列展览。

（三）经验启示

当前高校学风建设过程中存在一些问题，有一定缺陷与不足，主要体现在以下两个方面：一是随着高等教育由精英教育变为大众教育，高校学生数量日益增多，学生素质的参差不齐使整体的高校学风出现一定变化。部分教师受应试教育观念影响，教学的理念过于传统和落后，和不断发展的当今社会出现了脱节；少部分教师功利主义思想严重，没有高度的敬业感和责任心，使教学质量难以提升。二是学生到了大学之后，不再受到中学那样的严格管理，很容易失去学习的动力与目标，对自己没有严格要求，导致两极分化比较严重，不能达成高校既定的教学目标。以上原因导致不少高校学风建设情况很不理想。

要想使高校学风建设的问题得到解决，使高校的学风更加优良，应从多个角度、多个层面来推进，坚持将思想作为先导、学生作为主体、教育作为重点、教师作为主导、自觉作为前提、服务作为动力、课堂作为阵地、氛围作为助推的基本原则。将"三全育人"核心理念当作基础对自身学风建设的对策进行探索和研究，真正做到全方位指导、全程掌控、全员参与，使学风建设的基础得到夯实，推动自身的学风建设。

针对新时代对大学生思想政治教育工作提出的新挑战、新任务和新要求，立足于立德树人这一根本任务，充分挖掘和利用艺术学院自身的思政资源、办学特色，坚持问题导向，坚持统筹施策，从体制机制进一步完善、项目带动进一步优化、队伍建强进一步彰显等方面进行系统设计，深入实施思想政治工作质量提升工程，大力推进"三全育人"示范学院创建工作，积极构建"12345"思政工作一体化育人体系。即坚持一个根本——以"立德树人"为根本。把握两条主线——把加强青年教师队伍建设和青年学生的思想政治工作作为立德树人的"两条主线"。打造三支团队——以"一流"专业建设和课程为抓手打造优秀教学团队，以学科建设为龙头打造优秀研究生导师团队，以服务学生成长成才为根本打造优秀管理服务团队。选塑四类典型——导师育人典型、党员先锋典型、管理服务典型和学生骨干典型。实施五项工程——理论武装工程，筑牢思想政治工作的"根"；实施意识形态工程，把稳思想政治工作的"舵"；实施价值引领工程，铸就和凝聚思想政治工作的"魂"；实施师德师风建设工程，提升思想政治工作的"力"；实施美育工程，滋养思想政治工作的"脉"，通过这一系列系统工程，积极营造"三全育人"的良好氛围，全力打造"思政＋艺术"工作特色品牌，全面提升"三全育人"工作水平，为高校思想政治工作质量提升和"三全育人"工作提供理论依据和实践模式，形成示范效应。

七、 农业工程学院 "三全育人" 综合改革实践探索

（一）案例概要

以习近平总书记给全国涉农高校书记校长和专家代表的回信暨对江苏大学重要批示精神为契机，以"立德树人"为根本，以"强农兴农"为己任，围绕国家农业农村发展重大战略部署和学校一流学科创建开展育人工作。以理想信念教育为核心，以社会主义核心价值观为引领，强化基础、突出重点、建立规范、落实责任，一体化构建内容完善、标准健全、运行科学、保障有力、成效显著的高校思想政治工作体系，培养具有"知农爱农"初心、"强农兴农"本领、"助农为农"行动的农机创新人才。

（二）主要做法

1. 教育创新，工农结合

教育的目标就是不断提高国民素质，培养适应不断发展的社会需要的人才。学院围绕"095"工程要求，根据教书育人和学生成长规律，以一流农机人才为培养目标，创新构建融合"新农科""新工科"理念的工农结合人才培养方案。

学院召开"新农科新工科融合创新发展"高等教育改革研讨会，在体制机制改革、顶层设计、农机农艺融合、一流专业建设、课程设计和生源质量提升等方面达成共识，要全面推动新农科建设，加快培养知农爱农的科技人才。为学生的个性发展进行全程设计，打造差异化、精准化的人才培养体系。早启动、早关注、早规划，以培养学生创新实践能力为中心，为其配备成长发展的院内外、校内外、国内外资源。通过思想引领、专业培养、实践锻炼，引导学生知农爱农、强农兴农、助农为农。同时准确把握学生各阶段的特点，跟进各阶段的思想变化，进行有针对性的思想教育和专业教育，培养他们热爱农机专业，努力为农业发展奋发作为的精气神，确保不出现教育盲点、断点，全程为促进大学生的身心健康和技能发展保驾护航。

图 7-19 "新农科新工科融合创新发展"高等教育改革研讨会

2. 科研"落地"，深入实践

推动学生深入实践，将所学理论知识与实际结合。组织学生到现代化的农机企业参观，了解现代农业的生产运作模式。提升学生视野，改变传统观念对农业、农机的认识误区，为学生专业发展提供宏伟蓝图与美好愿景，激励并引领他们向着农业现代化的方向前进，激发学生在农机领域建功立业的斗志。学院通过党支部、团支部开展"身上衣、盘中餐"溯源行动、"农场一天"等活动，在学生中开展劳动教育，强化学生感恩意识，推进节约粮食行动，体验衣食来之不易，使他们更加珍惜农业成果，更加了解农业农村，从而增强其强农兴农的信念。

积极组织学生开展社会实践。组织为农服务暑期社会实践团，让学生深入田间地头，了解农业、农村的发展，调研农业发展中的问题，寻求解决方案。组织学生深入农机企业一线，深化校企联合培养模式，加大与地方研究院的合作，将人才培养与解决现实问题紧密结合，提高农机人才的行业贡献度和辨识度。

针对目前农机相关专业研究生偏重理论研究，不注重解决实际问题的现象，学院深入贯彻落实新修订的研究生培养方案，鼓励研究生下车间、下田间工作，深入"田间地头"培养研究生由"知农"，逐渐上升到"爱农""兴农"。加强对"科研落地"工程的过程考核，深化产教融合，使农机人才的培养更加接地气、更加社会化，做到农机人才的培养和解决国家发展战略服务，为解决农业发展实际问题服务，真正发挥农机人才的责任与担当。

3. 打造平台，营造氛围

积极提升全国大学生智能农业装备创新大赛的国际化程度，为学生打造展示科研成果的舞台，营造追求科学知识，力争上游的学习氛围。

凝聚全院师生力量，增加大赛的国际知名高校参与度，提高大赛的综合实力与国际影响力，将大赛办成开拓学生国际视野、提升创新创业能力的学生科研平台。精心为学生参加大赛准备人力、物力和智力支持，着力提升学生大赛的参与度、贡献度，催生更多产业化项目的出现，更多高水平成果的产生，提升学生的综合实力。让学生在参与、合作、奉献中提升科研能力与水平，增强团队合作意识，提升作为农机人的自信心与责任心，建立与农业的深度情感链接，对专业发自内心的真正喜爱。

4. 知农爱农，培育情怀

（1）丰富课外活动，开阔学生学术视野，培育"知农爱农"情怀。

学院通过中国农机文化展示馆、农业工程学院农机文化长廊、农机文化及成果网络展示平台等，依托二十四节气、中国农民丰收节等开展农机及农业文化宣传活动。充分调动党团组织和学生社团力量，利用主题党团日活动、社团文化节等开展农业文化展示活动，营造"知农爱农"的校园文化氛围，培养学生"知农爱农"的情怀。学院师生精心组织举办"耒耜论坛"等学术交流活动，营造心系农业的国际视野，使学生对农业农村的认识格局进一步提升。

（2）认真组织学院师生宣讲团，定期、长期开展校内外宣讲，营造浓郁的"知农爱农"文化气息。

宣传学校"工中有农，以工支农"的鲜明办学特色与独特的文化情怀，以及学校为国家农业现代化所做出的艰苦努力和卓越贡献，激发师生的使命感与责任感，增强学校的行业与社会影响力。同时宣传农机人的为农初心、杰出校友和优秀师生典型，增强师生心系"三农"的情感，传承"责任担当、创新求真、实干奉献"的农机精神，帮助师生树立刻苦钻研、脚踏实地、立志报国的人生信念。

（3）院士讲课作为新生"入学第一课"，为新生配备大师级的入学教育课程。

图 7-20　陈学庚院士为新生讲"入学第一课"　　**图 7-21　校关工委讲师团成员与学生交流**

认真策划新生入学教育内容，将"知农爱农"的情怀教育作为重点内容，结合习近平总书记批示精神和农业工程学科创建，邀请知名人士、知名学长进课堂，现身说法，激发学生的专业认同感、院校认同感。

为助力学院学生知农爱农、强农兴农、助农为农，帮助学生全方面成长，农业工程学院坚持以不断强化人才创新实践能力为基础，不断推进搭建国际化平台，鼓励学生扎根学术，脚踏实地，积极投身于我国农业生产、社会工作、志愿服务等实践活动，在学习和实践的过程中，拓展学术和国际视野，追求全方位成长蜕变。

（三）经验启示

总结学院"知农爱农、强农兴农、助农为农"育人实践，有以下几点思考体会：

1. 强化创新工农结合人才教育教学方法

加快涉农专业集群建设，充分利用校内资源，快速提升人才培养的综合实力，围绕"卡脖子"技术开展联合攻关，提升学生解决问题的能力。推进"四融合"人才模式，深化产教融合，大力培养高层次农机拔尖人才，提升人才的行业贡献度。围绕乡村振兴计划，推进北京、南京、洛阳研究生院内涵建设，增加学生实习实践及联合科研攻关机会，充分发挥地方研究院的育人作用。积极创新工农结合教育体系，让学生在日常专业学习过程中了解学科发展前景，激发学生的研究兴趣和责任担当。

2. 搭建国际化教育平台，拓宽学生视野

拓展与国际农机高校及科研院所、知名企业的合作交流，将国际大学生智能农业装备创新大赛办成国际有影响的品牌赛事，吸引更多的校内学生和国际农机人才参与。如高质量运行赞比亚农机化管理干部培训班，推进赞比亚国际办学。在实践比赛中检验学生的学习和科研成果，促进学院一流学科创建，激发学生的专业认同感、院校认同感等，有助于学生适应大学生活和研究生生活，实现全面成长。

3. 宣传活动引导，注重实践，培育农业氛围

组织学院师生宣讲团，定期、长期开展校内外宣讲，在学院内营造良好的"知农爱农"氛围，润物细无声，将正确的价值观传导给学生，实现育人效果最大化。辅以长效的工农结合和实践育人体系及多元化的实践项目，帮助学生在了解农业、感知国情的过程中，找到自身的定位和社会需求的契合点，逐渐引领学生创造自身价值和承担社会责任，感受自身价值的闪光点。

第二节　江苏大学"三全育人"示范专业典型案例

一、 机械设计制造及其自动化专业育人实践探索

（一）案例概况

机械设计制造及其自动化专业是以 1960 年镇江农机学院建校之初的三个专业中的"机械制造工艺与设备"和"农业机械设计与制造"两个专业为基础发展起来的，具有鲜明的工科特色，可以说是江苏大学办学历史最悠久、办学底蕴最深厚的专业之一，也是江苏省品牌专业、国家级特色专业、首批教育部"卓越工程师教育培养计划"试点专业，并入选首批国家级一流专业建设点。

该专业历来重视全员、全过程、全方位三全育人工作，专业深厚的办学底蕴、强有力的学科支撑、浓厚的育人氛围、完善的教学与实践育人体系和机制，为构建内容完善、标准健全、运行科学、保障有力、成效显著的专业"三全育人"工作体系提供了坚强保障。

（二）主要做法

1. 凝聚育人力量，打造"三位一体"全员育人体系

该专业在学院指导下，结合自身优势，联动各方育人力量，根据大学生思想政治教育工作的"亲疏远近"关系，形成"核心圈""支撑圈"及"拓展圈"，打造了"三位一体"育人同心圆（见图7-21）。根据不同育人主体的岗位要求、工作特性和自身诉求，有针对性地激发育人动力，营造合力育人、协同育人的良好氛围，增强合力推动育人工作的自觉性和责任感。

图7-21 专业"三位一体"育人同心圆

一是明确思政工作主体责任。严格执行《机械工程学院教师工作条例》和《机械工程学院学业导师制实施细则》，明确各育人主体的育人职责；定期开展思政工作专题研讨会，将"立德树人"作为一切工作的出发点和落脚点。二是加强师德师风建设。紧密围绕"四个统一"，促进教师提高自身修养，明确师德师风是教师任职的首要条件；通过"听课巡课督导""青年教师助理教学"等制度，使教师在育人讲台上"站得住、站得稳、站得好"。三是发挥校外育人元素。努力构建"学校—政府—协会—企业—校友—家庭"六方联动的协同育人模式。加强校地联系，整合地方政府资源；与行业协会联合举办竞赛、论坛等；定点设立企业实践基地和协同创新基地；加强"家校联系"，发挥家庭育人功能；对接地方优秀校友资源，发挥校友育人、助人作用。

2. 联动第一、第二、第三课堂，打造协同育人主平台

努力打造"课程育人""科研育人"和"实践育人"相衔接的协同育人平

台，坚持"思政课程"灌输和"课程思政"浸润相结合，培养"创新精神"和培养"实践能力"相结合，充分发挥"第一课堂"主渠道和"第二课堂"主战场及"第三课堂"主阵地三者协同育人的作用。

一是推动"课程思政"教学改革。定期举办"课程思政"的教学研讨活动，引导教师回归人才培养和课堂教学，打造以专业导论课为引领、核心课程为骨干专业课程全覆盖的课程思政体系；要求教师明确将"思政育人"融入教学计划和课程目标；实施"名师名课"计划，发挥教学名师的榜样示范力量；通过"学生评价、督导反馈、定期巡课、检查教案"等方式，确保课堂教学的政治方向。二是实施思政育人绩效考核。依据《江苏大学机械工程学院师德师风考核细则》中对育人主体提出的"政治方向、价值取向、学术导向"等要求，要求育人主体开展"理想信念""社会主义核心价值观""积极健康心理"等教育。三是发挥社会实践育人作用。积极推动各级各类实践基地建设，持续推进创新创业教育，建立和完善实践育人体系。四是构建科研育人体系。持续推动思政育人工作与学术科研活动相结合，鼓励和支持学生参加各级各类国内重大赛事，打造"一院一赛，一系一项目"学科竞赛品牌效应，构建"创意、创新、创业"三创平台，引导学生在竞赛中提升专业实践能力。

3. 解决"思想问题"和"实际问题"，抓住思政育人的主要矛盾

针对学生的实际困难，围绕"组织育人""心理育人"和"资助育人"，实施组织建设、心理教育和奖励资助，努力解决学生思想问题和实际困难。

一是发挥好基层党支部的"政治核心"和"战斗堡垒"作用。深化"党团共建"阵地建设，发挥组织优势，以述职考核、支书培训为抓手，将"三全育人"工作任务落细落小落实；落实教师党支部书记"双带头人"培育工程，将"德才兼备"作为党支部书记的选聘标准，形成"一支部一品牌"的基层组织育人工作体系。二是发挥好心理健康教育的作用。开展心理健康教育系列活动，将心理健康教育工作融入新生入学教育、职业生涯规划教育、考前焦虑缓解引导、就业指导等环节，针对不同年级实施不同的心理健康教育方案。三是发挥好资助育人的"扶困""扶智"及"励志"作用。完善"困难资助"数据库建设，通过民主评议、电话咨询、家庭走访等方式精准认定贫困生；在资助工作中继续开展励志教育、诚信教育和感恩教育，实现在帮助人、关心人的同时教育人、引导人，进一步挖掘资助育人的优秀案例，树立先进人物典型；

办好"励志强能"培训班，发挥资助老师的育人能力，帮助困难学生提升综合能力。

4. 整合四大育人阵地，营造立体育人环境和氛围

积极对接学院各个条线建设"管理育人""服务育人""文化育人""网络育人"四大阵地，营造立体育人环境和氛围。

一是严格规范"管理育人"阵地。践行"管理即服务"理念，严格做好学生的日常管理工作；深入开展"学习能力提升计划"，进一步完善"过程性和结果性评价相结合"的考评体系。二是建设需求与供给并重的服务育人阵地。协同学工、教务、团委、关工委等部门，既关注学生"需求侧变化"，又推动"供给侧改革"。三是建设中华优秀传统文化与社会主义先进文化相结合的文化育人阵地。将中华优秀传统文化教育纳入思政工作计划中，结合传统节日、重大事件和新生入学教育等节点开展主题教育活动；深度挖掘文化育人元素，充分发挥校训、校史、校标的育人作用，并将其固化为仪式制度；打造"读书工程""三走活动"等文化育人品牌，营造"全民阅读""全民运动"的良好文化氛围。四是建设网络素养与价值塑造并重的网络育人阵地。深入推动传统思想政治教育工作与网络育人相结合，将 QQ、微信、微博等新媒体及学院网站打造成大学生思政教育工作的重要阵地。

（三）经验启示

该专业在推进"三全育人"工作中取得了较好成效，获得了如下启示。其一，"三全育人"工作的有效推进需联动各方育人力量构建完备的育人体系；其二，"三全育人"工作的实效开展，需实现课内外联动建设协同育人平台；其三，"三全育人"工作的长效发展，需紧抓育人主要矛盾建立立体育人环境和氛围。

二、 车辆工程专业育人实践探索

（一）基本概况

江苏大学车辆工程专业创办于 1958 年，由原南京工学院的汽车、拖拉机专业成建制转移而来，1986 年获批硕士点，1996 年获批博士点。现为国家级一流专业、特色专业、首批卓越工程师计划专业、江苏省品牌专业；拥有"国家级车辆工程虚拟仿真实验教学中心""车辆工程国家级工程实践教育中心"

等实践平台，连续 2 次通过中国工程教育专业认证。坚持"育人为本、德育为先、能力为重"，注重知识、能力、素质协调发展，以培养适应区域经济建设需要，具有社会责任感、良好的职业道德和人文素养，掌握车辆工程及相关学科的基础理论、专业知识与技能，具有国际视野、创新精神和实践能力的面向汽车及相关行业的高级工程技术人才为己任。

（二）主要做法

1. 发挥党支部带头作用，以团队为抓手，积极推进"三全育人"工作

车辆工程专业党支部能够认真宣传执行党的路线方针政策和上级党组织的决议，严格执行"三会一课"、组织生活会、民主评议党员等制度，做好高层次人才、优秀青年教师、海外留学归国教师的思想工作。紧扣习近平新时代中国特色社会主义思想入脑入心这个重点，推动"两学一做"学习教育常态化、制度化，积极探索、总结凝练加强支部政治建设、开展支部政治生活、组织教师政治学习、发挥政治把关作用等方面的经验举措，引领带动高校基层党组织全面进步、全面过硬。把党的建设作为落实立德树人根本任务、建设高水平人才培养体系的重要牵引，推动党建工作与教学科研工作相互结合、有机融合。

以党的建设为龙头，改进和完善"三全育人"的管理制度。通过加强"三全育人"工作的组织领导，深化体制机制建设、舆论宣传、队伍建设、督导监察等方面工作，为本专业"三全育人"工作的开展提供了良好的发展环境和合理的制度保障。为保证"三全育人"整体思路的规范化和制度化，出台并逐步完善了本专业"三全育人"的相关制度和实施条例。例如，完善学业导师考评体系，通过定期开展育人工作的研讨和经验交流活动，不断总结经验、落实措施、推进工作。奖励和表彰优秀个人和集体，进而调动各方面的积极性，在全专业内形成了重视学生思想政治教育工作的合力。

强化"三全育人"意识，深化自身责任感和使命感。通过定期组会、党支部例会等议事形式，不断明确"教职工是育人工作的主体"这一理念，深化教职工自身的责任感和使命感。具体做法如下：首先，不断加强自身修养，带头做好学生表率；其次，始终恪守职业道德，做到同学生们亦师亦友；再次，严格遵循教育规律，因材施教，提高育人工作质量，同时因岗施教，丰富育人工作渠道；最后，以学生为永恒的关心对象，热爱学生，走进学生，了解学生，为学生创造良好的学习和生活环境，培养学生团结向上、拼搏进取的时代

精神。

在教学管理过程中有计划、有目的地组织教师团队，建立有效的团队合作机制，促进教学研讨和教学经验交流，开发教学资源，提高教学水平，进而更好地实现教书育人的目标。近年来，"汽车工程学"教学团队获批江苏省"青蓝工程"科技创新团队，"智能汽车"教学团队获批江苏省"六大人才高峰"创新人才团队。该教学团队成员不仅水平高，而且年龄结构合理。在教学过程中弘扬先进教学理念，确立创新性教学思维，关注学科前沿，从而推动车辆工程系教学质量的大幅提升，展示了车辆工程专业特色。

2. 运用学科科研平台，突出学科特色，强化实践育人

大力建设教学科研平台，塑造专业品牌，强化学科优势。面向汽车"新四化"的变革，狠抓本专业内涵建设。如构建了具有"机—电—信—控—智"五元知识结构全覆盖的专业课程新体系，适应汽车"新四化"变革下电气电子、信息技术、自动控制、人工智能等多方面人才的新要求；构建以汽车结构链条为主线、校内外结合的宽覆盖渐进式实验教学体系及"机—电—信—控—智"五元全覆盖的实践环节培养机制，按照"以虚补实、以研哺教"的思路，培养结构、原理、设计、性能测试与制造多元融合的汽车人才，进而逐步塑造专业品牌，强化学科优势。

注重教师工程实践能力，突出工科专业特色。结合中国工程教育专业认证理念，新增高水平企业导师和产业教授 30 名、企业博士后 10 人，"双创计划"科技副总入选对象 16 人，组建了一支"师德高尚、业务精湛、结构合理、充满活力"的高素质专业化教师队伍，既突出了本专业工科专业的特色，又为学生成长成才提供了有力保障。

以研究所为载体，教研相长，强化课程建设。成立课程委员会，负责教学、课堂、课程等多个领域的改革；成立教研组，推动课程内容、教学方法改革，将新知识、新技术、新工艺带进课堂；探索新的教学理念，注重教育学的关系、改进教学流程，将自信教育和激励教育贯穿课程，做学生成长途中的引领者、示范者、指导者和推动者。

3. 拓展外部资源，推进校企融合，内外联动，强化育人成效

聘请企业专家走进课堂，加大产学融合。聘请企业专家走进课堂和毕业设计答辩现场，和学生面对面学习交流，引导学生关注社会责任、企业需求、行

业发展，强化学生认知能力、合作意识和创新精神，进一步加大产学融合力度（见图7-22至图7-24）。

图7-22 全国五一劳动奖章获得者、上汽集团企业专家张力生为本科生上课（一）

图7-23 全国五一劳动奖章获得者、上汽集团企业专家张力生为本科生上课（二）

聘请国外高校教师开设全英文课程，拓宽学生国际视野。积极推动本科生教育国际化进程，车辆工程专业聘请美国、加拿大、奥地利等国的教授开设 *Mechanical vibration*，*Theory of ground vehicles*，*Muti – body dynamic system*，*Alternative Propulsion Systems*，*Bridge Design Challenge* 全英文课程，适应教育全球化发展需要。

图7-24 上汽集团企业专家参加毕业设计答辩

（三）经验启示

1. 坚持人才培养特色

面向汽车"新四化"变革下汽车人才需具备机械工程、电气电子、信息技术、自动控制、人工智能等多方面知识的新要求，创新构建了具有"机—电—信—控—智"五元知识结构全覆盖的专业课程新体系。新增开设"汽车智能网联技术""电机驱动与控制技术""动力电池技术""新能源汽车技术"等与新能源汽车及智能汽车新技术密切相关的新课程，完成了智能车辆、电机电控、动力电池三大教学平台的搭建，突出"研究型、实践性、国际化"的人才培养特色，培养具有扎实的基础理论和专业知识、突出的创新和实践能力、健全的人格和体魄，能在国际学术界具有竞争力、在国民经济和社会发展中发挥核心作用的高水平学术人才、技术人才和管理人才。

2. 坚持德智并举

车辆工程专业紧紧围绕立德树人根本任务，将"不忘初心、牢记使命"的政治要求与扎根大地、铸魂育人的办学实际紧密结合，自觉将"三全育人"的主题教育引向生活、引入课程，推行专业思政、课程思政，将思政教育与知识教育有机结合起来，注重塑造学生健全的人格，让他们用智慧和能力服务于人民，取得了良好的效果。多年来，车辆工程专业持续开展以"早安镇江"公益团队为引领的立德树人育人系列活动。

3. 坚持协同育人

高校的师资力量是立校的基本要素，企业的人力资源也是企业能否生存的首要条件。在校企联合培养卓越汽车工程师项目的建设中，开展现有师资工程实践能力的培养，以产业教授为抓手，着手建立校外兼职师资队伍，探索校外兼职师资管理及运行机制，建立起面向专业学位研究生培养的校内外师资联动新模式。

车辆工程专业以国家一流专业建设为抓手，全面落实立德树人根本任务，做好中长期规划，早做计划、逐步推进，建立"三全育人"常态化培养机制，通过产教互融，校企互通，虚实互补，形成具有新时代特征的"产—学—研—创"四维协同的实践与创新创业新模式和协同育人体系。

三、 能源与动力工程专业育人实践探索

（一）基本概况

能源与动力工程专业是江苏大学的"王牌"专业之一，先后获批国家专业综合改革试点专业、江苏省重点专业类、江苏高校品牌专业、国家级一流本科专业建设点，目前为教育部能源动力类教指委副主任委员单位。该专业坚持立德树人根本任务，以培养我国能源动力领域的建设者和接班人为目标，结合新时代新要求推进改革，取得了显著的人才培养成效。近年来，该专业以深入开展"三全育人"综合改革工作为契机，不断完善组织育人、教学育人、科研育人、文化育人、管理育人、服务育人机制，形成了系统的育人方案，营造了以多角度、全方位思政教育辅助工程能力培养的良好氛围。

（二）主要做法

1. 开展校企党委共建，强化工程能力培养的政治导向

党建工作是各项工作的龙头。人才培养是高校的主要职能之一，也必然是高校党建工作的重要落脚点之一。该专业充分发挥党建工作在学生素质教育和工程能力培养中的作用，培养学生在坚定的理想信念指引下，认知工程，学习典型，增强服务社会的意识。鼓励教师党支部与学生党支部结对共建，并与行业重点企业的党委开展合作共建，如与上海凯泉泵业（集团）有限公司党委、国电常州发电有限公司党委进行共建，通过校企党委共建，进一步提高了教师和学生的思想觉悟，将"产—学—研—教"具体化，拉近了学生与实际工程的距离，使学生的价值取向更为明确，并且夯实了学生用所学专业为社会做贡献的决心。

2. 融汇校内校外师资力量，合力助推工程能力培养

该专业强化教师在人才培养中发挥的关键作用，通过政治学习、"不忘初心、牢记使命"主题教育等强化教师的理想信念，定期举行教学技能大赛，组织教师赴企业进行工程能力训练，并对新入职教师的工程教学能力进行考核，为工程能力培养提供保障。为了提高大学生的创新创业能力，学院鼓励教师指导学生开展科研创新，同时组织各个科研团队对学生进行结对培养，不断完善科研育人体系，有效地激发了大学生参与科研活动的热情。邀请企业工程师为学生做讲座，传播工程知识和创新创业理念，并定期组织大学生到知名企业如恒力液压股份有限公司进行实践。校内外教师共同指导学生开展工程能力培养、科研创新等活动。2019 年，该专业学生获全国大学生节能减排社会实践与科技竞赛、江苏省"互联网＋"大学生创新创业大赛等省级以上竞赛获奖23人次，授权实用新型专利和受理发明专利18 项。该专业制定了学业导师选聘制度、师生交流制度，并对学业导师的绩效进行考核。学业导师在指导学生的同时，自身的教学能力也得到不断提升，学业导师在2019 年全国能源动力类教指委会议暨教学研讨会上进行示范授课，并入选校"教学名师"培育对象。

3. 加强专业课程建设，提升学生的专业自豪感

为了适应新时代能源动力类人才培养需求，该专业认真分析智能制造和物联网对传统工科专业提出的挑战，积极推进工程教育认证和培养方案修订工

作。新的培养方案以学生为中心，坚持成果导向、分类指导、特色发展等基本原则，从课程、实践、创新、国际化等多维度落实"三全育人"理念，以服务社会需求为导向，以培养复合型、创新型、应用型新时代卓越工程人才为任务，全面构建适应新时代发展的育人体系。重视课程内涵建设，为学生系统地传授专业知识。利用国家级实验教学示范中心、中国机械工业离心泵实验室等平台增强学生的专业兴趣。4 门课程获评国家级一流课程，其中 2 门国家级虚拟仿真实验教学项目，1 门课程获得 2019 年全国高校混合式教学设计创新大赛三等奖。教学实践表明，高质量的课程增强了学生的专业自信心和自豪感。

4. 有效利用课堂教学和课外活动，深化思政教育

课程是传授知识的主要媒介，也是师生之间交流互动的重要工具。该专业在利用课程传授专业知识的同时，增加思政课的元素，在课堂上与学生分享能源动力领域内的历史人物、大事件，加深学生对专业发展的理解，增强学生用专业报效国家和社会的意识。通过学科带头人和专业负责人讲授专业导论课程，在学生中广泛宣传专业使命、专业对国民经济发展的重要作用，提升学生对于专业的认识。每年为学生安排专业报告近 20 场次，使学生对"如何成为一个助推时代发展的人"有了更为明确的认识。该专业高度重视学生的课外活动，积极发挥学工辅导员、关工委教师和管理岗位教师的作用，培养学生的社会公益意识，引导学生服务社会。该专业定期举办师生共同参与的球类、拔河、征文、书法和演讲比赛等，增进师生之间的感情，同时加强学生的素质和团队意识。

（三）经验启示

衡量人才培养质量的首要标准是道德素质和政治观念，而后才是工程能力。该专业将德育与工程能力培养有机结合，并从体制机制和服务团队方面为人才培养提供坚实的保障。近年来，该专业始终在育人队伍的"广"和育人内涵的"深"两方面下功夫，真正使育人理念走入学生的内心，坚定了学生"依靠专业工具，做一个对社会有贡献的人"的信念。江苏大学能源与动力工程专业的人才培养经验得到新华网、《中国青年报》、江大学工等媒体的报道与推送，学生参加的公益活动得到新浪网、中国青年网、视觉江苏网等媒体的报道。

四、 工商管理专业育人实践探索

（一）案例概要

工商管理专业立足长三角地区创新创业、应用型人才需求，在省级哲学社会科学创新团队和优秀学科梯队等团队支撑下，以全面培养管理能力强、具有国际视野和创新创业能力的复合型人才为中心，强化中小企业创业教学特色引领，打造"一心两翼三融合"人才培养模式。

（二）主要做法

1. 确定了以复合型人才培养为中心的基本理念

结合教育部高等学校工商管理类学科专业教学指导委员会《全国普通高等学校本科工商管理类专业育人指南》的相关要求，抓住专业被评为"江苏省品牌专业"和"江苏省一流本科专业"的契机，确立专业以培养综合素质高、管理能力强、具有国际化视野和较强创新创业能力的复合型人才为中心的基本理念。

2. 开拓以创新创业教学和应用管理教育为两翼的基本路径

（1）基于科研反哺教学，推进中小企业应用管理教育

工商管理专业从 20 世纪 90 年代就系统研究中小企业及其创业管理，跨入 21 世纪后，加强科研与教学联动，关注并进行中小企业创业成长管理教学。该专业主持了以中小企业创业成长为主题的国家自然科学基金、国家社会科学基金项目 10 余项，"中小企业创业研究"获蒋一苇学术基金奖和江苏省哲学社会科学优秀成果一等奖，进而运用科研成果动态调整培养计划、教学内容，保证了本专业的先进性和方向性。

（2）基于专业前沿与品牌导向，推进创新创业教学

依托中国中小企业运营监测点、江苏省中小企业发展研究基地等平台，运用中小企业研究成果指导以创新创业教学为特色的专业建设，形成的成果《"塔式"立体化中小企业创业人才培养体系研究与实践》和《推进产业集群中中小企业创业基地建设》先后刊登在国务院促进中小企业发展领导小组办公室的工作要报上。《人民日报》《光明日报》《中国教育报》等国家级媒体和省级媒体多次重点报道了本专业系统培养学生创新创业能力的主要做法，本专业

的社会知名度显著提升。

3. 实施"课程资源—实验实训—国际化"三融合的人才培养模式

（1）基于学生需求导向，实现课程与教材资源的融合

专业打造了"4＋4"精品课程资源体系，其中建成国家精品在线开放课程、国家精品资源共享课等4门国家级课程，以及4门省级精品课程，进而将教材编写和课程建设相融合，出版了与课程配套的《创业基础》《管理学》等4部规划、重点建设教材，以及《运筹学教程》等10多部自编教材。

（2）基于市场需求为导向，促成实验平台与竞赛实训的融合

一是开展实验实训，将获批的全国高校实践育人创新创业基地、省实验教学与实践教育中心"管理与创业综合实验中心"、省级虚拟仿真实验教学项目"创业管理在线虚拟仿真综合实验"作为实施双创能力培养的平台，实现创业全过程全方位的协同融合。二是师生协同开展各类竞赛，该专业学生在教师指导下，荣获"挑战杯"中国大学生创业计划竞赛金奖4项，教育部"中国—东盟创新大赛管理模拟"比赛一等奖4项等。

（3）基于国际化需求导向，促进"走出去"和"招进来"的融合

一是与日本三重大学、韩国济州国立大学等高校每年互派学生学习交流，与美国加利福尼亚州立大学等高校开展本科联合培养双学位项目，已有14名该专业学生在美国进行为期2年的学习。二是积极招收海外全日制留学生，先后从英国、俄罗斯、马来西亚等18个国家招收了65名本专业留学本科生。

（三）经验启示

1. 课程育人

课程是学校实现教育目的的基本载体。坚持立德树人、德才并举，就要使传统德育课程与专业课程协同发力，相互支撑、互为补充，既要发挥德育课程的应有育德功能，又充分挖掘和促进工商管理专业课程及其他课程的德育因素发挥育德作用。尤其要转换以往只注重德育课程而忽视专业课程德育功能的观念，充分发挥各类课程的协同育德功能，实现从"德育课程"到"课程德育"范式转换，使立德树人渗透在工商管理专业各课程、各堂课中，渗透在每个学生管理环节里。

2. 实践育人

强化实践教学，设置德育和工商管理专业实践课程，建设品牌实践项目和

实践基地。在发挥好课堂教学主渠道作用的同时，切实发挥社会实践的养成作用。重视和加强第二课堂建设，重视实践育人，坚持教育同生产劳动和社会实践相结合，让学生在亲身参与中认识国情、了解社会，受教育、长才干。以"塔式"创新创业类人才立体化培养特色体系为引领，在全校范围内形成横向"三课堂复合"培育体系和纵向"三阶段推进"培养方案，打造"苗圃—赛训—孵化"的双创人才培养链条。

3. 专业育人

（1）确立"立德树人"为导向的专业教学质量理念

目前，该专业已向社会输送 31 届毕业生，累计培养 2000 多名毕业生，绝大多数毕业生得到用人单位的充分肯定；该专业毕业生秉承创新创业人才培养理念，毕业后积极进行创新创业，历届毕业生中，报考并被香港理工大学、北京大学、复旦大学等知名高校录取为研究生的有 100 余人；选拔成为省委组织部选调生、大学生村干部和被政府部门、事业单位录用的毕业生，也得到所在部门的重点培养。

（2）建成"五制并举"为路径的生态化教学质量保障机制

该专业通过"五位一体、四级链动、五制并举"，重点建设"苗圃—赛训—孵化"人才培养链条的生态化教学质量保障机制，实现以 5 门国家级课程和 6 部国家级省级教材为核心的教学资源体系保障"苗圃"质量，以全国高校实践育人创新创业基地、省级虚拟仿真实验项目为主体的实验实训条件保障"赛训"质量，以校内外创新创业基地为平台的协同实战系统保障"孵化"质量。

五、 电气工程及其自动化专业育人实践探索

（一）案例概要

江苏大学电气工程及其自动化专业办学历史悠久，经过 60 多年的建设与发展，已建成国家特色专业，拥有国家教学团队、国家级精品课程、规划教材和教学成果，综合育人底蕴厚重。该专业以国家一流专业建设为目标，瞄准国家战略发展的新需求、国际竞争的新形势，始终坚持立德树人根本宗旨，牢固树立服务国家和地方意识，主动适应全员、全过程和全方位育人的新要求，努力提升学生工程实践能力和综合素质，以教师主导、课程主线和课堂主场为抓手，优化课程体系和教学内容，创新育人模式，将"三全育人"理念渗透到课

堂教学、实践教学全过程，不断提升人才培养的针对性和实效性，切实肩负起培养德智体美劳全面发展的社会主义建设者和接班人的神圣使命。

（二）主要做法

1. 深度挖掘科研育人功能，发挥教师育人主导作用

高素质师资队伍是新形势下教学和科研育人的主导。本专业充分发挥电气工程学科和师资优势，深度挖掘科研育人功能，以国家百万千人才、长江学者和国家杰青为引领，建立"电机及其驱动控制""电力系统及新能源应用"专业特色教学团队，发挥"传帮带"作用，对新引进的青年教师，严格执行学校1年助理教学和2年主讲培训制度，安排资深教授一对一指导，并进入科研团队和教学团队，从科研到教学全面指导青年教师，促进学科优势和科研优势转化为育人优势，努力提升青年教师科研、教学育人水平。

注重师德师风建设工作，利用每周三下午的教研活动时间，面向全体教师开展诚信教育，每年举办多场专业学术规范与学术道德专题讲座，建立师生交流互动平台，广泛宣传和弘扬专业教学、科研典型人物和先进事迹，营造良好的教学、科研育人氛围，多措并举提升教师队伍的育人能力、责任意识、服务意识和实效意识。努力建成一支教学水平与学术造诣高，学历职称结构合理，充满生机和活力的高素质、高水平教学团队，为课程育人、科研育人、实践育人奠定坚实基础。

2. 优化课程体系和教学内容，创新课程育人模式

该专业依托电气工程、控制科学与工程一级学科博士点的优势，结合江苏省电气制造行业、新能源领域、现代农业装备的发展优势及市场需求，打破传统的"基础课—专业基础课—专业技术课"的"老三段"课程体系，把"课程思政"和学生创新能力培养贯穿于课程教学、课程设计和毕业设计等诸多环节，消除各教学环节相互脱节的现象。将传统的"老三段"课程体系优化为由"六条线"（思想政治线、电气工程学科基础线、计算机能力线、外语能力线、工程应用线、创新实践线）组成的新体系；优化课程教学内容，将"课程思政"内容写入教学大纲，让"课程思政"如盐融入水一般融入每一门课程的教学过程，努力探索"课程门门有思政，教师人人讲育人"的教学模式。通过课程评价、优秀案例示范和宣传教育等手段，增强通识课程育人功能、发挥专业课程育人作用、强化实践课程育人效果。

根据"六条线"课程体系的工程应用和创新能力培养要求，构建了"四层次"（认知层、基础层、拓展层、创新层）实验教学体系及"四类型"（基本型、设计型、综合型、研究创新型）的实践教学内容，综合提升学生的工程意识、工程能力、职业道德、创新思维和使命担当，强调自主开发、自主研究，激励学生实践创新，增强学生的工程设计和综合应用素质。推进本科生进入科研实验室和教师科研团队进行创新训练，探索本科生研究型培养机制。同时组织开展各类学科竞赛活动（见图 7-25）及各级大学生创新项目申报、指导和评审活动，坚持层层选拔，分类指导，实行经费支持保障制度和学分置换等激励制度，多举措强化实践育人效果。近 5 年来，该专业学生获全国大学生电子设计大赛一等奖 4 项，全国大学生智能农业装备创新大赛特等奖 3 项、一等奖 4 项，获奖数量和等级均居省内前茅。

**图 7-25　黄振跃老师带领电气工程及其自动化本科生
参加江苏省大学生电子设计竞赛**

3. 拓展实践育人平台，探索产学研协同育人新途径

在优化课程体系和教学内容的基础上，结合电气工程领域的新动态和新要求，拓展实践育人平台，探索"产—学—研"协同育人新途径。在专业课程教学中引进企业生产实践典型案例，拓宽学生视野，激发学生求知成才、报效祖国的热情。每年聘请电气制造企业的资深工程技术专家参与课堂教学、实践教学和教学评价等工作，并形成长效机制（见图 7-26）。目前，与地方龙头企业——江苏大全集团、上海电机厂等 12 家企业签订了产教协同育人协议，强强联合，优势互补，资源共享，大胆探索产学研协同育人途径，形成校内外联合培养人

才新格局，为我国地方经济发展培养"现代电气工程师"提供新途径和新方法。

图7-26 上海空间电源研究所高级工程师吉裕晖给本科生讲授
"航天飞行器电源系统"课程

（三）经验启示

电气工程系在"三全育人"推进过程中，结合学科、专业特色，深挖育人元素，以教师主导、课程主线和课堂主场为抓手，多措并举，取得了较好的阶段性进展，主要有以下启示：

第一，发挥教师育人主导作用，以名师为引领，培育建立专业特色教学团队，主动服务国家战略，完善体制机制，从制度上加以保障，推动专业全体教师把工作的重心和目标落在立德树人和育人实效上。

第二，以学生发展为中心，优化课程体系和教学内容，将"课程思政"和能力培养等要求融入人才培养各教学环节，建立有效考核评价机制，将课程育人、实践育人、学科竞赛等做实、做细，激发学生的创新潜能。

第三，拓展实践平台，发挥产学研协调育人作用，将企业专家和典型案例引入课堂等人才培养过程，拓宽学生视野，激发学生树立远大理想和报国之志。

六、 思想政治教育专业育人实践探索

（一）基本概况

思想政治教育（师范）专业是马克思主义学院唯一的本科专业，创办于

1982 年，1998 年与南京师范大学联办，2004 年自主办学，2006 年获批校品牌专业，2019 年获批江苏省一流专业。获批江苏大学"三全育人"示范专业以来，学院根据中学政治课程教学、企事业单位思政工作等实际需要，以培养有思想、懂政治、善教育、能创新的一专多能复合型人才为目标，依托马克思主义理论省级重点学科平台、江苏省高校示范马克思主义学院、江苏高校哲学社会科学重点研究基地等省级平台，强化立德树人培养目标，逐渐形成了"领导重视带头干、深入指导用心干、搭建平台创新干、同频联动合力干"的本科生育人体系，重点打造"思想导航、教学创新、实践育人"的"三位一体"本科生育人模式，"三全育人"工作取得了良好效果。

（二）主要做法

第一，强化思想导航，升华专业育人内涵。从新生入学到毕业，在他们的四年学习生涯中始终以立德树人为先导，引导学生系好思想扣子，结合思想政治教育（师范）专业的学生特点，以入学教育、专业导论、研讨课、专题报告等形式开展理想信念、专业导航、生活指导、学习方法等主题教育。利用充裕的师生配比，创新实施以"1＋1"双核模式、"博＋本"穿越模式为代表的学业导师制，对学生进行精准培育。注重细节育人，包括毕业论文写作、考研、考级等过程的诚信教育等，做到始终抓住思想扣子不放松。学生党建和思想政治工作支撑有力，党建"三个一"工程、党建带团建"三结对一创争"、校企支部共建活动卓有成效，"微积分　正能量"学生党员和入党积极分子积分制管理形成特色。所培养学生政治立场坚定，先后涌现出以江苏省先进班集体、省大学生年度人物、省优秀共产党员等为代表的优秀集体和个人。

第二，推进教学创新，强化课程育人功能。根据思想政治教育专业培养的目标，坚决按照习近平总书记提出的"六个要"要求，全方位创新思想政治教育（师范）专业的课程改革，把马克思主义理论素养提升、师德师风养成、政治能力培养作为重点内容贯彻到每门课程的教学过程中。强化理论教育，培养学生扎实的马克思主义理论素养，提升思政专业人才的核心竞争力。加强思想政治教育专业公共课模块建设，培养职业基础能力和科学人文素质；加强思想政治教育专业课模块的建设，为学生学习专业理论、进行专业拓展、掌握专业技能奠定扎实基础，增强学生适应社会需要的能力。持续推动教学与科研的互动、研究型教学和互动式教学结合，打造马克思主义理论文献平台、思政课教学资源平台，充实专业"资源库"，开展特色教学法的创新、培育和推广，先后涌现出"情投意合"教学法、"四题化"教学法等特色鲜明、行之有效的教学方法。

第三，注重理论与实践结合，提升实践育人实效。注重探究思想政治教育（师范）专业在"三全育人"过程中理论教学和实践教学之间的有效融合，实现理论体系构建与实践平台搭建的统一。系统设计师范生技能训练方案和计划，邀请知名中小学教师开展师德师风教育的专题讲座，健全本科生"双导师制"，遴选不同学段、层次的合作学校，建设稳定有效的联合培养体，开展教育见习实习，全面提升师范生的专业素养。注重学生的实践锻炼，建立若干省市级实践教学基地，开展与思想政治教育学科紧密相关的实践，形成助教助研、国情考察、社会服务等多元的实践教学体系，充分发挥第二课堂育人功能，努力培养学生一流的专业素养，推进国情实践考察，培养学生家国情怀。

（三）经验启示

第一，精准定位，持续优化专业培养方案。按照国家和区域改革发展重大战略需求，科学制订和优化专业培养方案，精准定位人才培养目标和培养规格，突出立德树人根本任务，彰显思政专业特色要求。建立健全培养目标评价机制，扩大对毕业生及其用人单位的调查范围并持续跟进，提高中学、教育局教研室参与评价的积极性，充分听取各方建议，形成动态反馈和持续改进机制。

第二，突出本科教学地位，深化培养模式改革。把本科生培养作为学院和专业工作的核心，根据自身优势，打造自己的培育特色，构建高水平文化素质育人体系，实施融合学科竞赛、创新项目训练和创业平台建设的创新创业教育模式。根据培养目标定位加强专业选修课建设，培养宽口径人才，加强实践性教学，培养创新精神和实践能力。多举措鼓励教师主动进行课程思政教学改革，加大教学考核在年终个人考核中的比重，推动培育一批教学成果和教学研究成果，建成一批育人课程、教材、课件等优质教学资源。

第三，系统推进，实现学生素养全面提升。实现理论体系构建与实践平台搭建的统一，形成相互交融的工作"平面"，最终实现过程与目标的统一：以目标为导向，加强"三全育人"工作模式实施过程的控制，及时对照分解细化的阶段性目标检查、纠偏；以过程为考量，关注"三全育人"工作模式当前面临什么环境、如何实施，明确在预期目标与能够达到的效果之间出现了什么问题及如何解决这些问题。

七、 信息安全专业育人实践探索

（一）案例概要

江苏大学信息安全专业围绕国家工业化、信息化和智能化融合的重大发展需求，紧贴实用性、交叉性与综合性的新工科专业建设要求，坚持以立德树人为根本，牢固树立服务国家和地方意识，面向工业信息安全，服务网络系统安全和工业自动化安全，通过"科研反哺教学、加强产学合作、注重实践能力、培养特殊人才"机制，培养家国情怀浓、综合素质高、国际视野宽、创新能力强的跨学科复合型的信息安全领域专业人才，切实提高专业育人成效。

（二）主要做法

1. 融合新工科建设理念，深入推进专业内涵建设

坚持"学生中心、产出导向、持续改进"工程教育理念，以立德树人为目标、全员育人为手段，探索实践新工科背景下信息安全人才培养模式。对照人才培养质量国家标准，树立质量意识，完善人才培养方案，开展新工科教育教学研究，凝练建设成果，提升专业内涵。

依托信息安全专业工程教育认证工作的开展，院系针对信息安全专业培养方案制订、课程体系设置、课程教学大纲编制、课程教学过程及课程考核等建立了教学过程质量监控体制；对课堂教学、实验教学、生产实习、课程设计、专业综合实践和毕业设计等主要教学环节建立了明确的质量要求。

近年来，专业教师先后参与编著出版了《信息安全概论》《现代密码学》等4部适用于专业教学的教材和专著，获得江苏省教学成果一等奖、校教学成果特等奖各1项，校教学成果一等奖2项；获批教育部产学研合作协同育人项目2项，校级教改项目3项，发表教研教改论文5篇，其中论文《融合三全育人的网络空间安全人才培养改革实践》获评"安全人才与人才安全"第二届高校网络空间安全人才培养思想政治工作研讨会优秀论文。

2. 挖掘专业课程思政元素，积极推动课堂教学革命

以"知识传授、价值塑造和能力培养多元统一"为目标，以专业课为载体

加强思政教育，挖掘课程思政元素，建设案例库；推动课堂教学革命，积极利用现代信息技术，重构教学设计，将课程思政案例巧妙地融入线上线下混合式课堂，对学生学习过程加强管理，培养新时代又红又专人才。

与此同时，院系规范教学研讨、同行听课评课、老中青教师传帮带、新教师助理教学、青年教师学历提升、专业师生面对面交流等机制，促进专业教师不断改进教学方法，提高教学水平，把工作重心和目标落在立德树人和育人实效上。

目前，专业课课程思政、线上课程资源覆盖率接近100%，每年新增课程育人教学改革典型案例2～3项；"信息安全技术"课程先后获教育部来华留学生精品课、江苏省高校省级全英文授课精品课程、江苏大学双语教学示范建设课程、江苏大学842T精品课程。

3. 科研反哺教学，激发学生学习兴趣和创新潜能

发挥专业教师科研优势，结合研究方向设置专业选修课，促进科研成果进教材、进课堂、进实验，并将研究课题拆解为科研"小任务"，以大学生创新创业训练计划和科研立项等方式，引导学生通过承接小任务加入科研团队，通过任务驱动激发学生学习兴趣和潜能，培养学生科研和创新能力。

此外，院系定期开设有关科学精神、学术诚信、创新意识、团队协作等方面的专题讲座，加大学术名家、优秀学术团队先进事迹的宣传教育力度。从新生入学到毕业对学生实施全过程、全方位指导，为培养学生具备坚实科学素养、坚持正确价值取向和学术导向保驾护航。

基于"科研反哺教学、教学促进科研"的培养育人机制，专业教师在教学和科研上均取得了显著的成绩。专业教师作为主持人承担国家自然科学基金重点项目、国家重点研究计划、国防973项目、"十三五"装备发展部项目、江苏省重点研发计划及其他国家和省级项目30余项。获教育部高等学校科学技术进步奖二等奖1项，省级科技进步二等奖1项，中国公路学会科学技术奖一等奖1项。近三年指导64名本科生参与重点项目研究，获批国家级大学生创新训练项目20余项；为政府、985高校等输送了在国内网络安全技术领域达到领先水平的复合型人才及安全战线立功的先进典范（见图7-27）。

图 7-27　杰出毕业生张翼屡获一等功及"先进工作者"称号

4. 开展产学研合作教育，着力构建复合型人才培养体系

依托省重点实验室等平台，积极与国家部厅局及企业合作，建立产学研基地、现代产业学院等，聘请杰出校友和企业导师授课、指导竞赛，推进产学研合作，构建信息安全复合人才培养体系，提高专业办学水平和行业影响力。

随着近几年专业实践教学条件和实验室环境的大力改善，信息安全专业教学活动中已逐步构建既能发挥教师主导作用又能充分体现学生主体地位的新型实践教学模式，已建成由专业课程群建设团队和竞赛指导教师团队组织学生参加专业及学科竞赛、创新创业、专业实习等活动的长效机制，培养学生创新创业和实践能力。此外，还组建了"信息安全精英兴趣小组"，培养和锻炼学生的专业实践能力。

在专业教师的指导下，信息安全专业学生在全国大学生挑战杯、全国大学生信息安全竞赛、全国大学生软件测试大赛、省信息安全技能竞赛等省级以上科技创新竞赛中多次获奖，获奖学生达 113 人次（见图 7-28）。"信息安全兴趣小组"已成为江苏大学信息安全专业的一张"宣传名片"，兴趣小组中走出的"技术男"专业人才事迹先后被《中国教育报》、光明网、中国江苏网、贵阳网、中国西藏网、《镇江日报》、金山网、北京 ITET 培训中心等多家媒体或网站报道。报道中称："江苏大学信息安全兴趣小组是块小班化培养精英人才的试验田，从这块试验田里，培养出了全国大学生信息安全竞赛一等奖，培养出了多个网络安全领域专家。"

图 7-28　专业教师指导学生在挑战杯等竞赛中获奖

（三）经验启示

信息安全专业在"三全育人"推进过程中，发挥理、工学科交叉融合优势，探索实践新工科背景下专业育人模式，并取得了阶段性进展。总结工作，主要有以下启示：

第一，围绕国家战略，凝练专业特色，强化思政元素，加强国家信念教育，培养拥有坚定理想信念、具有跨学科知识体系的实用性人才，培养学生通过其掌握的网络技术为国家安全做出卓越贡献，提升专业育人实效。

第二，国家重大项目驱动"小任务科研"反哺教学，培养学生组队参与科研和实战的能力，将学科前沿研究融入专业课程体系，培养了一批科学素质高、创新能力强、实践技能专的安全人才，实现专业教研相长。

第三，以工程教育认证为专业办学标准，培养国际实质等效工程人才，契合"以学生为中心，面向产出，持续改进"理念，建立科学规范的教学质量管理和监控体系，可提高专业教育教学水平与人才培养质量，保证专业培养水平。

八、临床医学专业育人实践探索

（一）基本概况

江苏大学临床医学专业秉持"博学厚德、精业至善"的培养理念，坚持以立德树人为根本任务，以深化综合改革创新人才培养模式，构建"泛在学习、泛在管理、泛在导师"的三泛育人体系，培养了一批有本领、重人文、敢担当的医疗骨干和精业务、善管理、有灵魂的领军人才。近年来育人成效显著，执业医师通过率、升研率、学科竞赛和创新实践能力等得到了稳步提升。临床医学专业已通过教育部专业认证，获批国家级一流专业及"三全育人"示范专业。

（二）主要做法

1. 创新模式，医教协同全员育人

医学院以临床医学专业认证为契机，启动了医学教育综合改革。依托综合性大学优质资源，打造由多元文化与学科交融"两翼"，赋能医教协同"一体"的人才成长平台，基于"预防—诊疗—康养"的医学教育新理念，构建了以"器官—系统"为主的基础与临床、预防与临床的双向整合课程体系，推进"社区—校园—临床"的3C课堂革命和基于"问题—感知—实践—项目"的4P自主学习革命，促进学生的知识、技能、诊疗思维及人文素养向健康服务能力的转化（见图7-29）。

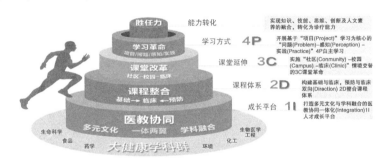

图7-29　江苏大学临床医学人才培养模式

医学院统筹医学教育，完善基础与临床的沟通机制，深化医教协同。完善基层教学组织建设，建立系负责专业建设、教研室负责课程建设的管理机制，建立"学校—学院—医院"三级联动教师发展中心，提升基础与临床教师教育教学能力。建设高水平教学基地，加强临床技能训练，严格见习、实习管理，重视社区卫生实践，实现实践育人。近年来，育人成效显著，学生在国家级、省级竞赛中获奖100余项，临床医学本科毕业生近三年就业率100%，执业医师总通过率升至83%，升研率达52%，"博爱传承，生命永恒"团队获全国"三下乡"社会实践活动优秀团队。用人单位调查数据表明，毕业学生在科研创新、职业操守、团队合作、专业知识及操作技能等方面表现突出，综合评价在95分以上。

2. 价值引领，内外兼修全程育人

学院秉承"博学厚德、精业至善"的人才培养理念，将"上医治国"的理想、社会主义核心价值观和中国传统文化融入入学教育、课程教学、社会实践和临床实践中，建立"序贯式"主题育人体系。低年级阶段开展"立理想，定信念，勇担当"成医大业系列育人活动，邀请名人名家开展系列讲座，开展校史院史教育、白袍宣誓典礼等新生入学仪式教育，引导医学生树立"上医治国"的崇高理想和坚定信念。在专业课程教学中融入思政元素，夯实育人主阵地，建设课程思政案例库、医学人文案例库等教学资源，结合学科竞赛、社会实践、志愿服务等主题活动，引导医学生爱党爱国、团队协作，时刻牢记医学生的社会责任与担当，为人民健康保驾护航。高年级阶段开展"仁心仁术"主题教育，通过"叙事医学"等特色课程和临床实践开展职业道德和生命教育，激发医学生的仁爱和感恩之心，实现爱的传递，提升学生的专业认同度、社会责任感和职业自豪感（具体见图 7-30 至图 7-32）。

图 7-30   临床医学专业为"三全育人"示范专业

图 7-31   "医美人生"系列讲堂

医学教育离不开艺术。临床医学专业将"艺术"贯穿于"道术、仁术、学术、技术"教育的全过程，开展"蓄内融外、情知互激"医学美育系列实践活动，举办"医学绘图及建模大赛""微生物培养艺术开放性实验""人体结构绘画大赛"等医学美育系列实践活动；开设"微笑人生、美丽人生"三全育人名师讲座等系列讲坛，树立和端正医学生审美观念、审美情趣，培养医学生创造性思维能力和想象力，实现以美动人、以文化人、以情育人。

3. 齐抓共管，"三泛"全方位育人

医学院着力构建"泛在学习、泛在管理、泛在导师"育人体系。首先，医学院打造了一批优秀的在线开放课程和虚拟仿真实验项目，2门课程

图7-32 江苏大学青志协志愿者参与第四届江苏志愿服务展示交流会

获评首批国家级一流本科课程，8门课程获批省级一流课程，优秀的课程资源让学生泛在学习有资源。其次，以"党团共建见活力、师生结对促成长"为思路构建育人工作网络，建设"教师—辅导员—学业导师"的导学队伍，让学生泛在导师有保障。最后，通过教师发展中心和各种教学激励机制，保障"医学院—附属医院"的齐抓共管，保障全员育人的协调运行，泛在管理有保障。近年来，学院形成了教师追求育人质量、学生关注学习体验、管理重视学习效果的价值追求、行为自觉和文化氛围，学生评教优秀率达100%，临床见习满意度达90%以上，每年有30%的课程获批校级A类课程。

（三）经验启示

江苏大学临床医学培养的专业人才有较好的社会认可度和影响力，学生在各类学科竞赛、创新创业实践和社会实践活动中崭露头角，成绩斐然。主要经验如下：

第一，注重顶层设计，融汇平台优势，夯实了课程育人"主阵地"。借助综合性大学学科交融、多元文化的平台优势，以课程育人为抓手，以机制建设为保障，将人才培养目标落到实处。

第二，突出价值引领，强调以生为本，走稳了全程育人"纵贯线"。坚持以立德树人作为检验高校一切工作的根本标准，课程思政全覆盖，发挥了教师的育人主体作用，营造了良好的育人氛围。

第三，建立机制保障，做到了"三泛"育人。持续改进教学质量，构建"泛在学习、泛在管理、泛在导师"的三泛育人体系，激发医学生主动服务国

家健康战略和社会发展需求的热情。

第三节　江苏大学"三全育人"示范岗位典型案例

教育的核心问题是"培养什么样的人、如何培养人以及为谁培养人"的问题。立德树人是高等教育的根本任务，大学生思想政治教育是一个系统工程，不只是思想政治教师、辅导员、班主任的工作，而是每一个教育工作者的职责。要坚持将立德树人作为中心环节贯穿教育教学全过程，实现全程育人、全方位育人。

一、"一站式"学生事务与发展中心育人实践

(一) 案例概要

为创新高校学生教育管理服务模式，紧紧围绕立德树人根本任务，创建大学生思想政治教育工作重要载体，江苏省教育厅于2016年发布《关于在全省普通高校推广建设"一站式"学生事务与发展中心的通知》，鼓励高校积极推进"一站式"工作服务模式改革的探索实践。

江苏大学积极响应号召，落实"以生为本"服务育人要求，以一流服务助力"双一流"建设，2018年1月15日正式启用"一站式"学生事务与发展中心（见图7-33）。中心紧紧围绕立德树人根本任务，以学生实际需求为工作中心，坚持"应入尽入"原则，优化服务流程，为学生提供精准化服务；遵循"能集中不分散，能线上不线下"标准，深入推进"互联网＋"服务，探索利用"大数据、大平台、微服务、轻应用"等数字技术，提升服务育人效能，打造"窗口服务、线上服务、自助服务"三位一体智慧型平台；整合社会、学校、中心三方资源，通过校内与校外、线上与线下、事务指导途径，打造业务服务、指导服务、发展服务多态供给的立体式服务中心。践行"人在一线、心在一线、思在一线、干在一线"的服务育人规则，推动学生事务"最多跑一次"改革，努力实现"让数据多跑路，让学生少跑腿"。

图7-33　"一站式"学生事务与发展中心外景

（二）主要做法

1. 坚持"一个中心"，全员服务谱新篇

（1）理念为先，构建"以生为本"服务育人新格局。中心坚持"以生为本　服务至上"的工作理念，努力构建服务育人新格局。通过座谈调研、网络互动等方式，积极了解学生所求所思，针对学生实际需求增加服务业务，优化业务流程，切实提高"一站式"办结率和学生满意度。中心现有服务内容涵盖奖助贷补服务、学习科研服务、就业创业服务、国际交流服务、医疗后勤服务、财务信息服务、生活综合服务七大类，基本覆盖了学生日常需求。

（2）制度为本，完善"六项基本"服务育人新规章。完善的制度是保障优质服务的基础，中心建立"学校—中心—派驻部门—工作人员"的协同联动服务制度，同向同行、互联互通。以《江苏大学"一站式"学生事务与发展中心管理办法》为核心，以《综合办公室工作职责》《窗口工作人员服务规范》《"一站式"学生事务与发展中心请假管理办法》《"一站式"学生事务与发展中心窗口考核细则》等制度为保障，将"四项基本工作制度"（首办负责制、办结限时制、全权代理制、AB岗工作制）严格落实到服务工作中，进一步简化办事流程，探索设立了即办件、承诺件、加急件等不同形式的事务办理模式。形成考勤打卡、窗口评比"两项基本考核制度"，加强对各窗口单位服务人员的日常监督、管理及考核。设立意见箱、中心电话、建议邮箱、"我要提问"网站专栏等反馈模块，多渠道接收学生建议和反馈。

（3）力行为根，贯彻"落地落实"服务育人新要求。通过月度工作例会、学期总结大会、年度表彰大会等工作形式不断推进中心建设向前发展。通过优化中心布局、美化服务环境、提供便捷咨询等途径，营造温馨和谐的服务氛围。以新生参观、海报展板、微信推送等方式加大线上线下宣传力度，让更多学生了解中心，走进中心，提高中心服务质效。

2. 优化"三个平台"，智慧服务创新举

（1）提升服务质效，打造窗口服务新形象。中心窗口细化形成分工明确的工作责任制，并积极为工作人员的学习、教育和培训创造条件，不断提高他们的服务水平。根据月度考核结果评选挂牌"红旗窗口"和"服务标兵"，并反馈至原单位，激励工作人员自觉"比学赶超"。

（2）创新服务举措，打造自助服务新体验。自助服务具有高效便捷、无人值守、长时便捷等优点，能够弥补窗口服务有限的不足，更能促进提高学生自我服务的意识和能力。

（3）扩容线上服务，打造网上服务新时代。中心依托智慧校园建设工程，围绕"能线上不线下"的服务原则，不断开发网上服务大厅功能，尤其在新冠肺炎疫情防控期间，实现了"不见面服务"新途径，保障了学生事务正常运转，事务服务"不打烊"。

3. 深化"X个名片"，靶向服务亮新点

扩展服务形式，抓好"一窗口一品牌"特色项目。中心在做好事务服务的基础上，充分利用校内资源开展特色活动，创新服务模式。探索性举办了"新生服务季""毕业服务季""留学服务季"等品牌特色活动，重点打造"一窗口一品牌"项目，在财务知识、出国留学、应聘求职、急救保健等方面为学生提供扩充知识储备、培养实用技能、提高个人素养的机遇。

延伸服务触角，邀请便民性社会服务进校园。中心努力发掘校际资源、政府资源和社会力量，积极引进社会便民项目进入校园为师生服务。

（三）经验启示

1. "一站式"服务是顺应时代发展的必然趋势

办理点分散、流程烦琐、环节多、时限长一直是阻碍学生事务服务的难点问题。传统的学生日常管理与服务会消耗大量的人力、物力、财力、精力成本。"一站式"学生事务与发展中心的成立，改变了高校传统管理模式下"多点办事"的服务方式，将校内服务资源进行重组，并借助自助设备、互联网信息手段，优化事务运行机制，提升事务的处理时间、成本和效率，契合新时代高校弱化管理、强化服务的发展趋势。

2. "一站式"服务是实现服务育人的有效途径

"95 后""00 后"大学生思想活跃、视野开阔，迫切需要个性化、多元化的引领与指导，传统单一的服务模式已无法满足学生成长成才的需要。高校树立"以人为本"的学生服务理念，建立"以人为本"的学生服务体制，是适应新形势下大学生思想行为发展的需要。江苏大学"一站式"学生服务模式，就是以学生为主体，以为学生服务为理念，从服务体系系统化、服务队伍专业化、服务制度规范化、服务方式高效便捷化等方面着手，整合与学生生活、学习、发展密切相关的指导和服务，从而培养出身心健康、有创造力、全面发展的新时代青年，最终将服务育人要求落在实处。

3. "一站式"服务是实施"四自"教育的重要载体

中心科学合理设置勤工助学岗位，鼓励学有余力的家庭经济困难生通过勤工俭学参与服务实践，在服务同学的同时提升自己的综合能力；定期开展问卷调查、主题座谈会等活动，引导学生积极参与服务事项拓展优化工作，进而关心学校的建设发展大事，以主人翁姿态实行自我管理、自我教育、自我服务、自我监督；形成以"壹课堂"工程为契机的学生发展服务平台，为学生提供展现自我、碰撞灵感、朋辈辅学、特长发展的机会，于服务中彰显育人本质。

二、关工委育人实践

（一）案例概要

在江苏大学，有一个致力于定向帮扶孤儿大学生的项目——"给我一个家"，富有爱心的离休、退休老教师与孤儿学生结成对子，进行全方位一对一帮扶，用"家"的力量温暖、感染、教育他们（见图 7-34）。"给我一个家"项目自 2005 年 11 月启动以来，每年新生入学后，学生工作处及时了解并确定新生孤儿名单，梳理他们的性别、专业、籍贯、民族、特长等基本信息，并将有关信息提供给学校关心下一代工作委员会（以下简称"关工委"）。校关工委根据提供的学生信息物色、落实与学生结对的"家长"，"家长"不但要富有爱心，热心学生帮扶工作，还要能给学生多方位的指导。通过关工委的精心安排，每位孤儿学生都找到了合适的江大之"家"，"家长"往往与结对的学生是同一个学院、同一个籍贯或同一个民族的，这使孤儿学生帮扶更有针对性。

图7-34　江苏大学第十五届"给我一个家"结对帮扶仪式

（二）主要做法

"一群可爱可敬的退休老人，用拿惯教鞭的手弯成爱的港湾，把孤寂的心慢慢焐热，只为了曾经打湿的翅膀，也能飞出精彩的诗行！"

1. 巧结对铸就温暖之"家"

退休的金老师是满族人，他和爱人杜老师先后结对的3名孤儿大学生都是少数民族学生，"我们是一个温暖的多民族大家庭，来了学校，有事找爷爷奶奶。"两位老人总这么叮嘱学生们。

寒假中，结对的藏族小伙次仁的手机坏了，金老师连续三天联系不上他，只能焦急地翻看次仁的资料，终于找到了拉萨市的一个联系方式。"谁知打过去对方满口说着藏语，我一句也听不懂，只能挂上了电话。"金老师心想是不是次仁的手机欠费了，立即给次仁的手机充了话费，可电话还是无法接通。之后，金老师经过多番周转联系上次仁所在学院的辅导员，才和次仁通上话，他这才放下心来。

金老师点点滴滴的关怀感动着次仁。次仁专程从家乡带了两条哈达，寒假返校后献给两位老人，祝他们吉祥如意。

江苏大学历来重视家庭经济困难学生的成人成才，以"不让一个学生因家庭经济困难而失学"为基准点，以"育人育才"为最终目标，结合"七位一体"精准资助体系和"四结合"资助育人理念，针对不同学生群体的不同需求，实施靶向式资助、项目化育人，构建发展型资助育人体系。

2. 全过程点亮希望之灯

孤儿大学生不仅缺乏父母之爱，在物质生活上也极其匮乏，没有依靠和保障，在成长道路上步履维艰。

为了更好地帮助孤儿学生解决生活困难问题，学校从新生入学开始，除了常规的奖助学金、勤工助学、助学贷款、临时困难补助之外，实行学费减免政策，还额外给予每名孤儿学生每年 3000 元生活费补贴。

逢年过节，"家长们"不但自发给结对孩子压岁钱或过节费，还会根据他们面临的实际困难，提供额外的经济资助。"家长"赵老师曾一次性资助 10000 元给结对学生小勇，帮助他赴哈佛大学短期学习，实现梦想。从此，小勇打开了新世界的大门，进一步赴加利福尼亚大学河滨分校交流学习。一年的时间，他先后获得哈佛大学"优秀表现奖"、加利福尼亚大学"优秀学习奖"。回到学校后，他于 2016 年 7 月出版了个人著作《青春圆梦——一个"90 后"的成长经历和感悟》，并被哈佛大学直博录取。

3. 全方位引领成长之路

为了更好地帮扶孤儿学生，学校始终坚持"项目化、规范化、长期化"的理念，从心理、学业、人际交往等各方面给予孤儿学生全方位的帮扶。

在校学习期间的每个月，学生都至少"回家"一次，吃吃饭、聊聊天，"家长们"往往利用这个机会与学生进行充分交流；为了与学生交流更加畅通，"家长们"还摸索出了家庭谈心、寝室谈心、教室谈心、网络谈心等诸多方法；为了提高心理帮扶的专业性，学校关工委还专门开辟了"关爱谈心屋"，开出从学业规划到人际交往、从求职择业到情绪调节等"话题菜单"，安排"家长们"定期值班，与孤儿学生进行一对一的专门谈心。

"家长们"还有一项重要工作就是指导学生学习，帮助他们制订学业规划，为此老同志们想了不少妙招。有的学生出现学习动力等方面的问题，"家长们"就对学生进行学习行为、学习态度的提醒、督促；对于学生共同存在的一些专业或共性学习问题，则由"家长"中年纪相对较轻、教学水平相对较高的教师组成的"学业导师团"来集中解决；对于尖子学生，则鼓励其积极投身科学研究，促其潜力开发。

"上课的时候，要尽量坐在教室的第一排，要认真记笔记，要多向任课老师请教。"退休的李老师连续结对了 3 名孤儿，每两个星期李老师就会喊孩子们到家里吃饭，交流学习和生活情况。来自偏远地区的孩子学习基础差，李老师经常鼓励他们："只要学习态度对头，学习方法得当，一定能把成绩搞好。"在李老师的关心下，3 名学生在大学里都获得了奖学金。在他们毕业时，李老师还特意给每个孩子送了两本励志图书，鼓励他们"人生的路要靠自己走"。

退休的景老师和来自贵州山区的小高结对。性格开朗的景老师爱好广泛，喜欢打乒乓球、拉二胡，他的乐观精神让小高深受感染。"每次去景伯伯家做客，他们总是自己动手做很多面包，让我带回去和宿舍同学分享。"小高说。景伯伯总是强调不要把自己孤立起来，要融入集体，要求他"班级里有聚会就去，钱不够伯伯来解决"。

4．全员唱响梦想之歌

15 年坚持不辍，在学校领导、学院辅导员、学业导师、结对家长等的共同努力下，98 名孤儿学生拥有了温暖的江大之"家"。他们中有 69 名同学顺利毕业，14 人考取了名校研究生，其余 55 人也都顺利找到了满意的工作单位。

在享受着学校"家"的温暖的同时，孤儿学生们也自觉践行"关爱他人、服务社会"的宗旨来传递关爱。江苏大学开设的"关爱超市"为有需要的贫困生免费提供书籍、衣物等物资，但物资的募集、发放等工作一直是难题。孤儿学生们在得知这一情况后，主动承担起"关爱超市"各项工作。他们不定期组织志愿者向毕业生、教职工募集闲置的衣物、棉被、书籍，登记造册、洗涤晾晒、值班发放。参与"关爱超市"策划、管理的孤儿学生既在"给我一个家"项目中感受了浓浓的"家"的温情，也通过"关爱超市"，用自己的力量让爱得以传承。

"给我一个家"活动在江苏大学不断生根发芽、开花结果，为孤儿学生找到一个又一个"家"。"给我一个家"资助育人项目的老教师们用实际行动诠释了"春蚕到死丝方尽，蜡炬成灰泪始干"的深刻含义，他们无私奉献的大爱精神感动了江大校园，也必将从江苏大学弘扬开来，成为社会的正能量，鼓励青年学子们扬起梦想的风帆，开创辉煌的人生。

（三）经验启示

学校始终将育人作为资助工作的出发点和落脚点，实施项目化育人帮扶。"给我一个家"项目15年坚持不辍，在学校领导、学院辅导员、学业导师、结对家长等的共同努力下，98名孤儿学生拥有了温暖的江大之"家"。学校资助育人将继续扎实推进助困基础工作，精准构建"六位一体"帮扶体系，完善体制机制建设，落实精准资助政策，践行资助理念发展转型，提升资助协同育人质量，助力学生成长成才。

三、 饮食服务中心育人实践

（一）案例概要

为深入贯彻落实习近平总书记关于"坚决制止餐饮浪费行为，切实培养节约习惯"的重要指示精神，后勤饮食服务中心不断推进精细化管理、程序化工作、创新化育人管理体制。把规范管理的严格要求和春风化雨、润物无声的育人方式结合起来，细化制度建设，实现管理育人；创新服务形式，实现服务育人；学生全程参与管理，实现实践育人；以搭建开展"光盘"系列活动为平台，努力实现全员、全过程、全方位育人。通过"光盘行动"行动方案的实施，一方面，进一步强化师生的节约意识，减少了饮食中的浪费现象。另一方面，同学们的健康意识明显提高。在办好基本伙食的同时，饮食服务中心还提供具有地方特色的小吃，丰富饮食品种，建立多元的饮食体系，形成多元化、多层次的饮食格局，以满足不同地区、不同饮食习俗的学生的就餐口味。此外，情感教育有效增强。饮食服务中心为贫困学生提供勤工助学的机会，真正解决其生活中的困难与需求；根据各民族的饮食习俗与习惯，设立少数民族餐厅，让学生感受到爱的温暖和家的温馨。通过这些具体的情感服务举措，再加上服务人员在服务过程中亲切的微笑和文明的用语，不但对学生进行了爱的教育，还在教育的过程中得到了学生的理解和尊重，使学生学会关心与关爱他人。

（二）主要做法

1. 精准把握路线，实施思政引领工程

把学习贯彻习近平总书记"制止餐饮浪费行为"重要指示与主题教育有机结合，围绕落实"立德树人"根本任务，按照"学生为本、服务为魂"的工作思路，以打造温馨食堂、提升校园文化氛围、引领学生成长为目标，通过"三全育人"综合改革管理服务示范平台，进一步完善以"支部共建"为抓手的"三全育人"体系建设，全面实施后勤育人工程，积极探索和实践饮服中心全员、全过程、全方位育人机制，创新服务新思路和育人新格局，全面促进人才培养质量，助推学生成长成才。在学生中积极开展艰苦奋斗精神和节约意识的宣传教育。结合校内外媒体加强宣传工作，通过校宣传部积极联系镇江市电视台到学校做"光盘行动"报道，宣讲后勤"拒绝舌尖上的浪费"的一些积极有效的做法，扩大"光盘行动"的影响力。积极与校学生会、研究生会、社团联合会接洽，联合开展线上线下互动活动。

2. 理论联系实际，实施实践提升工程

将"光盘行动"向前延伸，让学生知道粮食是怎么来的，了解粮食生产的不易，学生通过亲身实践，增强节约意识，养成艰苦奋斗的品质。农业培训基地还可以与红色教育基地相结合，组织倡导学生在农业培训基地上好"劳动体验课""文化体验课"，让学生在扎根农田的实践体验中锤炼成长。在校内实践中，学校伙专会与学生会取得联系，共同配合，戴上红袖章，由食堂工作人员和学生组成节约引导小队，在就餐时倡导"光盘"，倡导文明就餐，让学生全过程参与厉行节约的活动。

3. 育人春风化雨，实施环境润化工程

在校内食堂餐厅进行健康饮食、文明就餐、勤俭节约及社会主义核心价值观的宣传教育。通过在食堂内摆放宣传展板，餐桌上粘贴桌贴，墙壁上悬挂横幅，让学生走进食堂感受到满满的节约氛围，做到人人知晓、人人了解。展板还会展出习总书记的重要指示，桌贴上也会印一些倡导节约的故事和诗句，让学生感受节约氛围的同时，也可以多一些知识的积累。打造主题餐厅，在部分食堂餐厅设立图书漂流角，以良好的就餐环境，感染、影响每一个学生，让学生在潜移默化中得到精神陶冶。

4. 服务润物无声，实施服务感染工程

在后勤一线服务人员中深入推行激励机制，有效激发队伍内驱力，实现服务的专业化、精细化，提升后勤整体服务品质。食堂内部开展厉行节约、品质提升活动。一方面，根据不同的菜品，提高净菜率，把反对餐桌浪费和"光盘行动"向前延伸。另一方面，加强菜品创新，做出师生想吃的菜，喜欢的味道；为方便学校西南片区学生就餐，新设立了就餐车；推送餐车宣传微信，推行"光盘行动"；临近打烊时，推出 5 元打折套餐，所有菜品不过夜。后勤人员以彬彬有礼的语言、热情周到的态度、专业精湛的技能、吃苦耐劳的作风、高效优质的服务感染学生，以行育人。

（三）经验启示

1. 打造高素质的后勤服务工作队伍

后勤职工是开展后勤育人工作的具体实施者，这支队伍素质的高低决定着后勤服务工作开展效果的好坏，也决定着后勤服务工作本身是否具备育人的基础条件。首先，提高职工的政治思想水平。培养职工勤俭节约和甘于奉献的精神，要求职工具有高度的责任感和事业心，切实转变服务观念。其次，提升职工的专业技能水平。结合实际工作，从后勤管理、服务礼仪、岗位技能、食品卫生安全等多方面对职工进行职业技能培训。最后，坚持"以职工为本"的管理理念。在强调本职工作的同时，关心职工的生活，充分调动职工积极性，更好地发挥后勤的育人作用。

2. 建立健全灵活高效的服务育人管理和运行机制

通过有章可循、规范有序的管理秩序制约和影响学生，让学生充分认识到遵守纪律的重要性。同时，还要完善监督制度，公布监督电话，让师生对后勤服务工作进行监督。通过监督，可以使学生的自律意识增强，对学生良好行为的养成和素质培养起到积极的促进作用。

3. 引导学生体会后勤服务工作的育人内涵

大学生对高校后勤服务工作了解甚少，或是对后勤服务工作性质有误解，很大程度上是因为后勤人员与学生沟通少。社会实践是育人的重要环节，对于大学生了解社会、增长才干、锻炼毅力、培养品格具有不可替代的作用。大学生参与社会实践活动是学以致用，就是将外在知识转化为内在知识的磨炼过程。召开学生座谈会，让学生了解后勤、走进后勤，对学生提出的合理意见建议及时整改，让学生体会到后勤职工全方位的服务和家的感觉。高校后勤部门通过自身资源的挖掘、整合，提供机会，让学生进行实践锻炼，促进实践育人。

4. 促进内涵式服务育人

后勤服务应精准对接师生思想实际和行为习惯，后勤员工更应做到文明礼貌、热情周到、爱岗敬业，实现在关心人、帮助人、服务人中教育人、引导人，使师生在潜移默化中受到教育。后勤服务应引导师生在进行自我服务的同时，树立平等、互助和资源共享的意识，培养师生"自我服务、服务他人"的良好品质。后勤工作与学生的衣、食、住、行息息相关，在为学生提供服务保障过程中，将正确的社会价值取向、高尚的人文精神及"真诚、尚德、进取、担当、知恩、包容"等人性美德，渗透到大学生的骨子里并扎根于内心，使学生在学校学到知识的同时提升自身的素质。

四、 江大恒昌物业服务育人实践

（一）案例概要

高校后勤肩负"三服务、三育人"功能，江苏江大恒昌物业管理有限公司作为江苏大学自己出资建立的高校物业公司，为学校4万余名师生提供保洁、楼宇管理、电梯维护、会议等服务，与师生的日常生活、学习、工作紧密联系。作为物业服务部门，经营服务中心（江大恒昌）将"精细化服务"列为育人工作的重心，聚焦"文化引领工程"，按照优化团队、创新模式、深化改革、提高能力、完善保障的基本思路，以大学生思想政治教育和价值引领为目标，以大学生的诚信建设为重点，以加强学生社会公德、职业道德、家庭美德、个人品德教育为核心，逐步完善管理服务育人工作的运行机制，积极探索育人工作新途径、新方法，建设"恒昌学堂"育人平台、"服务岗位示范"育人平台、"实习实践"平台，形成具有"江大恒昌"特色的育人模式，切实把育人贯穿于服务的各个环节。

（二）主要做法

1. 建设"恒昌学堂"育人平台，在学习实践中育人

首先，建设"恒昌学堂"育人平台，从知识型课堂、技能型课堂、体验式课堂着手，精心组织开展了形式丰富的育人活动。具体有如下几项：

知识型课堂：开展"生活常识课堂"、商务礼仪及职场形象培训课堂、垃圾分类小课堂（制作育人课堂短视频）、"饮食与健康"主题讲座、"师生携手

创平安，校园安全我承诺"安全培训等，增长学生知识见闻，提高生活品位和情趣，在学习实践中成长。

为进一步提高在校学生的防疫意识，加强校园文化建设，积极配合疫情防控工作，恒昌公司京江新校区项目部组织开展了防疫书画作品展活动，广大学生和后勤员工纷纷用手中的画笔加入战"疫"，创作了一幅幅防疫主题画作，具有代表性的作品有《此刻我们都是一家人》《中国加油》《助力防疫，为爱前行》《众志成城，共战病毒》等（见图7-35）。

图7-35　创作防疫主题画作

技能型课堂：特邀江苏大学附属医院老年科的黄贤凤护士长做老年保健知识专题培训，教学生们掌握测压仪和血糖仪等保健工具的实操方法；开展电梯困人应急演练、消防应急疏散演练，增强大学生的安全意识，提高应对、处置突发事件的能力，共筑安全、文明、和谐的校园；开展厨艺课堂"木糠杯制作"、书法课堂"不忘初心书情怀，礼赞祖国表真心"等活动，丰富大学生的业余文化生活，陶冶情操。

体验式课堂：开展后勤岗位体验日活动，设立勤工助学、义工岗位，给大学生参与社会实践的平台，组织学生开展义务劳动等志愿活动。例如，开展专题培训"阿姨教你做家务"活动，营造卫生整洁的宿舍环境，让学生们深入后勤、了解后勤、理解后勤。

其次，倡导传统文化及美德教育，涵育学生家国情怀。以中国各种节日为契机，开展三八国际劳动妇女节、母亲节、教师节、中秋节、国庆节等主题教育系列活动，如"后勤阿姨你最美"三八节主题活动、"温馨五月 感恩有你"母亲节主题活动、"不忘初心勤劳作，落叶作花颂师恩"教师节特别活动、"中秋国庆共携手，画意京江庆佳节"喜迎国庆（见图7-36）、中秋主题活动等，培养学生以"德"为中心的个体价值取向和家国情怀。

图7-36 画意京江庆佳节活动

2. 建设"服务岗位示范"育人平台，以示范领成长

经营服务中心（江大恒昌）重视各岗位服务礼仪培训，倡导微笑服务、站立式服务，让学生在优质、高效、热情、规范的服务中受到感染，常怀感恩之心、常念相助之人、常感相识之人、常存敬重之意；会议中心项目开展"每日站立晨会"，以自身规范的礼仪及职业形象引导、感染学生；随着学校国际化进程的不断加快，要不断提升服务质量，践行后勤"服务育人"的理念，加强后勤人员与学校师生之间的沟通交流，为学校师生提供更加优质的服务。

3. 打造"家"文化，环境育人，润物无声

大学是大学生的第二个家，用心打造"家"文化，为学生营造温馨舒适的学习环境。干净、整洁、温馨的学习环境，涤荡着学生的心灵，潜移默化，润物无声。开展文化长廊学生艺术作品展览、校园消防安全宣传、"6·26国际禁毒日"禁毒宣传、"阿姨教你做家务"等活动；开学季设立"新生助力站"，为新生和家长们提供贴心服务，增进学生与第二个家的感情。

新型冠状病毒性肺炎疫情发生以来，为更好地应对开学后学生大量返校的疫情防控新形势，经营服务中心积极落实各项防控要求，开展疫情防控知识培训，每天做好教学楼宇卫生保洁及公共场所消毒工作，开展暖心服务，如建设

"无接触"电梯；卫生间配备洗手液、肥皂，张贴"七步洗手法"宣传画，宣传正确洗手方法；加强防疫废弃物管理；等等。

（二）经验启示

1. 做实做细服务育人工作

努力做到面"全"深"育"，让"三全育人"工作沉底盖边，使育人工作贯穿始终。进一步梳理各岗位承载的育人功能，挖掘育人元素，努力实现面全深育，使育人工作切实落地生根，开花结果。

2. 进一步发挥好"恒昌学堂"育人平台作用

进一步整合师资力量，优化育人内容，创新育人形式，扩大育人范围，使更多同学受益，形成可复制可借鉴的育人模式。

3. 挖掘、培养两类育人好导师

依托"恒昌讲堂"学习平台，营造浓郁的学习氛围，提高员工的综合素质和育人能力，培养并挖掘两类好导师：企业导师和党员导师。

五、 博士后管理科服务育人实践

（一）案例概要

博士后是具有创新型、流动性、可塑性的青年人才，思维比较活跃，开拓创新能力较强，是高层次人才队伍的"蓄水池"。博士后人才队伍建设水平直接影响学校的师资队伍建设整体水平。博士后管理科科学把握博士后发展的机遇，充分尊重博士后成长规律，紧紧围绕"以提高博士后培养质量为核心，服务学校事业发展"的总体要求，深入挖掘博士后育人元素，创新管理育人方法，坚持"在培养中使用，在使用中培养"，从优化博士后科研工作环境、拓宽博士后事业发展渠道等多方面入手，实施进出站流程精细化服务，将博士后的"团队化"建设、考核与激励贯穿于博士后管理全过程，主动营造博士后人才脱颖而出的良好环境，促进了博士后人才事业的不断壮大和发展进步。

（二）主要做法

1. 实施人才优先发展战略，科学树立博士后管理工作理念

响应国家人才发展战略，发挥博士后制度在学校人才建设中的重要作用。近年来，博士后管理科始终坚持"人才第一资源、人才优先、服务发展"工作

理念，牢固树立"以人为本、精诚服务"宗旨，认真履行职责、扎实开展工作，积极谋划顶层设计、完善制度、搭建平台、强化考核、注重职业发展，营造积极向上的工作氛围。结合省政府办公厅《关于推动博士后工作高质量发展的意见》和江苏省实施的"万名博士后聚集计划"，立足学校博士后工作实际，着力挖掘博士后群体科研创新的发展潜力，全力推进学校"高水平、有特色、国际化研究型大学"建设。

2. 加强制度建设，做到有文可依、有章可循

瞄准博士后人才定位，以制度建设为抓手，完善长效育人机制，明确任务分工和责任落实，强化过程指导与监督，确保博士后管理制度化、规范化、合理化。近年来，先后修订颁布了《江苏大学博士后管理工作实施办法》《江苏大学师资博士后暂行管理办法（试行）》等一系列顺应博士后发展的"新政策"。在后勤保障方面，努力为博士后研究人员营造宽松的氛围，以热情高效周到的态度，认真做好保障工作，落实博士后人员住房、落户、配偶安置、子女入学等问题，减少他们的后顾之忧，让他们可以全身心致力于科研工作（见图7-37）。

图 7-37　组织召开博士后综合评估动员会

3. 强化过程管理，做到全面科学、精准规范

建立"三级管理"模式，促使"学校—流动站—合作导师"管理无缝对接，博士后在站期间，学校负责科研条件、生活待遇等相关政策的制定和宏观

把控，流动站严格负责日常考核管理，合作导师负责博士后的团队建设和科研管理，注重发挥学校人才政策的激励作用。在进出站管理方面，适时依据政策整理博士后进出站流程、报到须知、年度考核及期满考核规程等指导性文件，博士后管理流程清晰明了，材料清单简洁完整。在博士后科学基金申报方面，采用广泛动员、组织申报经验交流会、邀请专家给予指导等多种措施，来提高博士后各类项目的申报数量和质量，严格做好形式审查，确保申报材料规范有效。同时，努力搭建校企合作的桥梁，积极组织博士后参与"双创计划"申报、各类产学研合作交流、创新创业大赛等，组织校内专家参与指导和实践，进一步推动了博士后科研成果的转化。积极鼓励优秀博士后出站后应聘学校专任教师岗，可以对科研工作进行延续，生活上也可以得到更好的保障。坚持"严、实、暖、新"，积极做好疫情防控期间的政策上传下达、项目申报指导、日常服务保障等工作，借助特殊时期管理方式的创新来提升服务质量。

4. 促进博士后队伍国际化，做到吃透政策、主动服务

2017 年以来，为适应国际化发展战略，江苏大学大力实施外籍博士后引进计划，针对外籍博士后招收与管理，通过多种途径广泛做好宣传工作，鼓励和吸引更多国（境）内外优秀年轻博士的加入。在日常事务办理上，提供英文版进出站申请指南、项目申请指南；在开展博士后研究过程中，协调各课题组给外籍博士后配备科研助手，鼓励外籍博士后积极参加各类学术交流；在日常生活保障上，积极协调装修一栋公寓楼为外籍博士后提供住宿保障，其子女入学与校内教职工享受同等待遇；在职业发展上，疏通外籍博士后出站后留校任专业外教的职业渠道，在各方面积极营造良好国际化氛围、创造贴心生活环境，为博士后提供优质服务保障。建立高效的沟通路径，并完善反馈机制，以热情高效周到的态度，认真做好保障工作，让外籍博士后在学校更加安心地工作、学习，得到更好的生活服务。

（三）经验启示

1. 以"双一流"创建为出发点，改革创新，加强管理育人针对性

当前，学校正处在"双一流"创建的关键时期，博士后人才队伍建设一直坚持一流导向，博士后管理队伍能够积极谋划博士后人才队伍建设，聚力内涵发展，努力做好博士后人才队伍引进、项目申报等各项工作，只有坚持不断改革创新，加强管理育人的针对性，才能以一流的管理服务水平助推学校"双一

流"创建。

2. 牢牢把握博士后人才建设需求，竭诚服务，提高服务育人实效性

人才队伍是高等院校发展的根本所在，一流的大学必须拥有一支一流的教师人才队伍。博士后是高校人才队伍的蓄水池，源头活水直接影响汪洋大海的水质。博士后管理工作必须在博士后人才培养各个阶段坚守责任担当、坚持主动作为，坚持管理与服务相统一。管理人员必须自觉提升自身各项素质，并为博士后人才队伍竭诚服务，才能在管理育人实践中提高针对性、实效性。

3. 着力加强长效机制建设，强根固本，提升管理服务育人综合能力

博士后是学生身份向独立科研人员转变的中继站，对博士后人才队伍建设的管理与引导是一项艰巨而严肃的任务，博士后管理服务必须坚持推进长效机制建设，加强博士后人才队伍建设的顶层设计，坚持不断地学习与改革创新，强根固本，坚持博士后人才建设每一环节，优化办事流程，提高办事效率，全面提升博士后管理育人的综合能力。

六、 公寓服务中心服务育人实践

（一）案例概要

后勤处（集团）公寓服务中心根据示范岗建设标准和要求，围绕自身"服务育人、管理育人、文化育人、实践育人"的育人使命，初步形成了"教育引导、实践活动、环境改善、管理培训、组织保障"五位一体的"三全育人"模式。

（二）主要做法

公寓服务中心在"三全育人"工作上积极探索，充分挖掘育人元素、把握育人契机、创新育人方法、打造育人亮点，结合自身工作实际构建以"一个文化主题，一个品牌活动，一堂特色课程"为架构的"三个一"工程公寓育人体系，将社会主义核心价值观、中国传统文化等融入并贯穿于公寓服务工作的全过程和各个环节，充分发挥后勤作为学校育人工作的"第二课堂"的作用。

1. "一个文化主题"——打造主题社区，营造育人氛围

公寓服务中心通过完善社区基础设施、改善学生住宿环境，提升硬实力；选取一个文化元素作为社区氛围建设的出发点，通过建设特色文化长廊，提升"环境育人"软实力。

公寓服务中心将爱国主义精神作为社区文化建设的焦点，以"弘扬爱国精神，凝聚中国力量"为主题，以中秋、国庆双节为契机，通过板报、文化长廊、电视屏等形式弘扬爱国主义精神、营造浓厚的爱国爱校氛围（见图7-38）。

图7-38　"四海一家 欢度中秋"活动合影

2. "一个品牌活动"——推出特色活动，助力文化育人

公寓服务中心立足以生为本的服务理念，以"逐梦毕业季"为主题开展系列活动，举办了"礼赢职场，'寓'见未来"免费衣物熨烫（见图7-39）和面试礼仪培训活动，对打领带、着装细节、面试礼仪等进行了现场培训，为广大毕业生应聘求职助力。活动得到了学生的一致好评，让学生真真切切地感受到后勤服务的温暖。

3. "一堂特色课程"——开拓第二课堂引导实践育人

公寓服务中心作为服务育人、实践育人的后勤"第二课堂"，坚持"育人为本，德

图7-39　熨烫衣物

育为先"的育人理念，将思想政治教育融入工作实践，开设"寓"人大讲堂、公寓小课堂。开展"民乐品鉴""书画赏析"等为主题的文化课堂；依托传统佳节，开展"迎新春 闹新年""粽情端午""进社区 闹元宵"等传统文化体验活动，让包括留学生在内的广大学生感受中国传统文化的魅力，鼓励大家做中华文化的传承者。

（三）经验启示

1. "三全育人"，人人有责

每个员工都是育人工作的相关者，一个最简单的打扫卫生的工作，只要做得好，都可以向学生们传达"爱卫生，爱劳动"的思想理念。要加强制度建设和对员工的基础培训，力求将安全工作、卫生工作、行政工作、楼栋管理、社区管理标准化，全面提升管理人员的教育能力、管理能力、执行能力。

2. 构建共治共享的联动机制

做好学生公寓建设，仅仅依靠公寓服务中心的努力是远远不够的，需要与后勤处（集团）修缮、绿化等其他中心科室的合作，还需要与学校学工处、保卫处更加紧密的合作，共建共治共享。公寓可以充分利用党团组织的号召能力，吸取学生会、社联等学生组织的反馈意见，不断改进自身工作。

3. 建设智慧的学生社区

公寓硬件升级的主要思路是"智慧化"，扩充公寓功能，在原本住宿功能的基础上增加自习、研讨、休闲、文体等其他功能，将学生生活管理智能化，增设更新自助售卖机、智能照明、电子门禁、人脸识别等设备，使公寓服务更完善、高效。

第四节　江苏大学"三全育人"示范导师团队典型案例

2016年12月，习近平总书记在全国高校思想政治工作会议上强调，要坚持把立德树人作为中心环节，把思想政治工作贯穿教育教学的全过程，实现全程育人、全方位育人，努力开创我国高等教育事业发展新局面。每一名教师都应在教学活动中主动承担起培育社会主义核心价值观的任务，不仅要注重丰富自身的专业知识，更要将思想政治教育有机地融入课程教学过程中，教给学生基本的做人做事的道理。江苏大学坚持立德树人理念，广大教职工扎实育人，涌现出了大批育人典型案例。

一、 激光技术研究所示范研究生导师团队育人实践

（一） 案例概要

激光技术研究所导师团队自 1997 年成立以来，充分认识中国特色社会主义教育是思想政治教育同知识体系教育的结合，始终将团队思想政治工作体系贯穿团队建设和人才培养全过程。团队所在的机械工程学院拥有一级学科博士点和一级学科硕士点，依托的江苏大学机械制造及其自动化学科是国家重点（培育）学科、江苏省优势学科。团队所有成员皆为博士生导师，具有较高的学术水平和丰富的育人经验，团队合作关系稳定，组成结构合理。团队成员共同承担课题、共享研究平台、共有科研成果、共同完成研究生指导工作，具有良好的协同创新精神，始终注重学习"三全育人"共同体建设体系，梯队结构合理，老中青传帮带机制健全，建设目标明确，发展规划清晰。

（二） 主要做法

"三全育人"是新时期研究生培养的客观需求，是提高研究生培养质量的保障，也是学术交流的纽带。激光技术研究所导师团队以习近平新时代中国特色社会主义思想为指导，紧紧围绕"双一流"建设，以立德树人为根本，以理想信念教育为核心，以社会主义核心价值观为引领，依托工科特色学科优势与人才培养定位，全面统筹团队内各领域、各环节、各方面的育人资源和育人力量，推动知识传授、能力培养与理想信念、价值理念、道德观念的教育有机结合，构建内容完善、标准健全、运行科学、保障有力、成效显著的示范团队"三全育人"工作体系，致力于培养具有科学人文素养、创新精神、实践能力和国际视野的工科特色一流人才。团队主要采取的育人体制如下：

1. 凝聚育人力量，打造"三位一体"育人同心圆

激光技术研究所导师团队结合自身优势，联动各方育人力量，根据研究生思想政治教育工作的"亲疏远近"关系，形成"核心圈""支撑圈""拓展圈"，打造"三位一体"育人同心圆。团队根据不同育人主体的岗位要求、工作特性和自身诉求，有针对性地激发育人动力，营造合力育人、协同育人的良好氛围，增强合力推动育人工作的自觉性和责任感。

2. 构建宏观制度、中观执行、微观评价三个层次逐级贯通的育人体系

激光技术研究所导师团队精细分析人才成长发展的能量导入机理与路径，

制定既按照合格人才标准全面精心管理，又根据学生个体差异发挥其个性特点的发展办法；出台既立足宏观制度，又落实中观执行，更细化微观评价考核的办法，从制度层面、执行层面、评价层面对团队育人各要素进行优化设计，遵循整体性原则通盘对"三全育人"生态系统进行优化和创新，使得研究生知识、能力、素质三螺旋上升，并在"三全育人"生态系统中交互协同、互促共进，形成人才发展新动能。

3. 借力学科特色优势，构建工科特色育人体系

"三全育人"综合改革要求调动一切可调动的育人元素，将其融入思想政治教育中。激光技术研究所研究生导师团队依托学科优势和产业影响，以学科优势促进科研育人，以师资优势促进教书育人；以产业优势促进实践育人，以积淀优势促进文化育人，以资源优势促进资助育人，以"学科带头人"促进组织育人，进一步加强"产—学—研"衔接，让思政教育有内容，让专业教育有方向。

激光技术研究所导师团队紧紧围绕"培养工科特色一流人才"的育人目标，继续深化"政校企行"合作，形成一系列具有激光技术研究所导师团队特色的专业实训基地、创新创业基地、社会实践基地等育人载体，将所有育人环节纵向的顶层设计与具体实施和评价相贯通，打通育人各个环节，保证育人各环节的衔接与连贯，逐步激发示范团队成员"三全育人"的内生动力，形成育人主体"力量汇聚"的工科特色育人体系。

团队负责人和主要成员根据多年的教学与科研经验，制定了《激光技术研究所科研团队管理条例》。条例中明确规定团队中博士/硕士研究生的培养目标和毕业要求，细化研究生各个培养阶段的任务和目标，实现了研究生的自我评价和自我监督；博一/研一新生入学后，结合研究生导师主持的国家级、省部级科研项目、研究生创新项目、科研立项等开展系列科技研讨活动，激发学生的创新意识，培养学生的创新能力，帮助他们尽快明确自己的研究方向；团队严格执行每两周一次的例会汇报制度，团队成员在例会中对于研究生研究进展中存在的问题即时给予指导；团队实施严格的实验室安全管理制度，保障了研究生购买仪器耗材、开展实验、危化品保存等事务的安全规范和有序。此外，团队实施科研成果奖励机制，按照学生取得的科研成果的类型、层次及贡献大小提供科研奖励金，极大地激发了团队研究生的科研积极性。

（三）建设成效

1. 筑牢了党建和思政的"根与魂"

成立示范团队负责人担任组长的思政工作领导小组，充分发挥学院党委把方向、作决策、保落实的领导核心作用，形成党委统一领导、全员协同参与的责任体系。充分发挥基层党支部的战斗堡垒作用，团队多名师生担任教工/学生党支部书记，及时准确地将各项方针、政策传递给团队所有师生，筑牢党建和思政的"根与魂"，坚持"立德树人"根本任务。

2. 打造具备激光技术研究所导师团队特色的"三全育人"工作品牌阵容

依托机械工程学科优势，加强激光技术研究所示范导师团队建设顶层设计，整合教育资源，打造出集"科研思政"、实践育人、文化育人、网络育人、心理育人、管理育人、服务育人、资助育人、组织育人于一体的工作品牌阵容。

导师团队定期组织科技文化育人系列活动。例如，每年春季和秋季组织激光所师生进行户外活动（见图7-40），课题组的凝聚力不断增大，同甘共苦的精神成为激光所傲人的资本。与镇江市特教中心开展"科技编织梦想，创新点燃未来"主题党日活动，带领特教中心聋哑初高中生一起体验激光加工、3D打印、智能机器人等（见图7-41），为积极探索残障学生融合康复、融合教学和融合职训的新路径奉献自己的力量！

图7-40 激光技术研究所日常团建活动

图 7-41　与镇江市特教中心针对聋哑儿童开展科普活动

3. 重点形成师生先进案例和评价方案，打造一批育人典型

建设了一支在地方高校和全省高校中具有影响力的"三全育人"示范研究生导师团队，培养出一批师德楷模，以其人格修为、学养学识影响带动学生，提高育人能力和水平，遴选"三全育人"优秀案例，建立激光所示范导师团队"三全育人"研究生成长评价体系，形成完善的育人综合考核评价制度。团队在研究生培养中，坚持精益求精，鼓励创新，倡导"以我为主、千方百计、雷厉风行"三大科研作风，春风化雨，润物无声。

（四）经验启示

综合改革示范研究生导师团队构建过程中，必须筑牢党建和思政的"根与魂"，坚持"立德树人"根本任务，消除思政工作盲区和断点，在思想政治上保证"三全育人"最后一公里落到实处。必须注重发挥导师"第一责任人"主体作用，为避免科研、教学、学工等条线信息不通畅、不对等的问题，实现对每名研究生的全方位了解，坚持打通入学、科研、毕业各个环节，导师定期向辅导员了解研究生的家庭情况和性格特点，结合一站式综合服务中心、心理咨询中心、就业指导中心、学生党支部及学生团支部的数据，构建和记录每个研究生的成长档案。

后续团队建设过程中，需坚持将团队建设工作与学校"双一流"和高水平大学建设有机融合，持续学习江苏大学"三全育人"综合改革示范学院、示范专业建设的各项方针、路线及政策，借鉴相关有效经验，推动示范团队建设进程，采取目标管理和过程管理相结合的办法，分两个阶段落实：

1．第一阶段：持续深化

全面推进建设工作，定位是强质量、见效果。动态管理激光技术研究所示范团队建设工作项目，并对已推进的工作项目实施考核监督，针对试点建设情况，完善政策措施，建立长效机制。

2．第二阶段：凝练提升

总结育人工作成果，定位是出经验、树品牌。各项工作进行全面科学评估，提炼改革试点工程经验，形成系列成果，提交激光技术研究所示范团队建设工作总结报告。

"三全育人"是各种育人资源、项目、载体和体系的全面整合和融入，激光技术研究所将牢记"三全育人"的使命感、责任感和紧迫感，切实把知识传授、修身立德和滋养学生心灵有机融为一体，保持"钱学森式"的热忱，定以吾心向祖国，共同发掘激光这一"最快的刀""最准的尺""最亮的光"在先进制造科学技术的应用前景，推进激光尽情点燃未来科技之路！

二、 车辆系统动力学及控制技术研究生导师团队育人实践

（一）案例概要

团队主要成员 11 人，包括教授 8 人、副教授 3 人，其中博导 7 人，拥有教育部青年长江学者 1 人，国家"万人计划"青年拔尖人才 1 人，中国汽车工程学会会士 1 人，江苏省"青蓝工程"科技创新团队带头人 1 人，江苏省"六大人才高峰"创新人才团队带头人 1 人，江苏省有突出贡献的中青年专家 1 人，中国科协"青年人才托举工程"培养对象 2 人，江苏省杰青 1 人、优青 2 人，江苏省"333 工程"中青年科学技术带头人 4 人，江苏省高校"青蓝工程"中青年学术带头人 1 人。团队依托混合动力车辆技术国家地方联合工程研究中心、江苏省新能源汽车优势学科、交通运输工程博士点学科等众多科研、学科平台，致力于加强高水平研究生的培养，以科研能力及创新能力为主要培养目标，全方位提高研究生的培养质量。

（二）主要做法

1．长效性的师德师风建设，践行道德育人

"师者，人之模范也"，导师应始终不断加强人格魅力和学术道德的修养。

首先，团队教导学生在为人处事方面，要相互学习、相互尊重。其次，倡导民主风气，构建和谐的师生关系。团队公平公正地对待每一位研究生，保持师生之间的人格平等。最后，在学术道德与学术风气方面，率先垂范、始终坚持实事求是、严谨治学、客观公正的原则，为学生树立榜样，对学生产生潜移默化的影响。

2. 专业性的导师指导培养，强化科研育人

团队在研究生培养过程中要始终体现出专业性。首先，在新导师上岗前，采取一帮一的方法，让新导师协助老导师指导一届研究生，完成一个周期的学习、实践，使之掌握基本规则、积累经验后，再上岗独立指导。其次，突出项目导向，在科学实践中培养和提高学生的创新能力。再次，发挥团队作用，突破由于一个人的知识面、思维能力的限制所带来的局限性，更有效地培养高质量的学生。

3. 创新性的学术能力培育，推进实践育人

创新是研究生培养的目标追求，团队整个培养过程都是围绕这个目标来展开。首先，团队通过导向机制来引导和凝聚学生正向的积极能动性，培育践行正确的学术价值观，引导学生献身学术研究。其次，明确学术训练价值，注重分类培养，把握不同学生的性格特点和基础知识，有针对性地开展科研活动，为学生成长提供最有效的路径。最后，突出课题研究实践，以课题为依托，考核研究生的创新思想与研究方法掌握情况。

4. 支持性的环境氛围营造，实现探索育人

团队一直致力于打造一个追求学术、自由开放的学习环境和氛围，激发学生浓厚的科研兴趣，促进其创新思维的锻炼。首先，提高学科建设水平，团队不断凝练学科特色，适应国家社会进步的需要，积极聚焦科学发展前沿。其次，营造浓郁的学术氛围，团队已形成经常性的学术讨论、交流机制，达到相互沟通、共同进步的目的。最后，坚持思想教育引导，团队主要做好以下三点：一是加强中国特色社会主义理论体系教育；二是加强人文精神教育；三是深入实际，广泛开展社会实践活动。

5. 保障性的培养过程管理，实施规范育人

团队努力加强培养过程的质量管理与监督，尊重学生个体创造和特色，以

差异性代替统一性、用发展性代替终结性、用自主性代替管制性，促进学生健康有序的发展。首先，规范学位论文管理。团队在选题、开题、中期、论文撰写、送审、答辩等过程进行全方位的指导和跟踪管理。其次，加大奖助力度。团队围绕社会责任感和学术贡献，建立了一套科学有效的学生综合评价考核体系，以保证奖助制度得到公平、公正、合理的实施。最后，调动导师积极性。从学科发展需求出发，将导师的科研经费、资助能力与招生计划结合起来，在一定程度上提高了导师的责任感、使命感。

（三）取得成效

在具体的管理制度和基础条件建设方面，团队主要做好了以下三点：

1. 制定管理制度和办法

为了加强团队的管理和促进团队健康发展，制定了相应的管理制度和办法，如《团队内部管理条例》《研究生工作室管理条例》《团队研究生津补贴及成果奖励暂行办法》《关于论文通讯作者挂名的规范和要求》等。

2. 改善实验室硬件设施

围绕国家汽车电动化和智能化发展战略，针对汽车电动化发展方向，团队投入近 2000 万元建设了"AVL 新能源汽车动力与传动总成试验台架"，该设备可以对纯电动汽车、混合动力汽车进行精准、实时地模拟车辆在各种驾驶工况下的行驶阻力与自身惯量，对汽车动力与传动总成的动力性、经济性、耐久性等方面进行试验研究。针对汽车智能化发展方向，团队准备投入 1300 多万元建设一套多自由度智能网联驾驶模拟系统，该设备可以进行驾驶模拟、自动驾驶模拟、ADAS 模拟、自行车模拟等。这两套标志性的实验设备，可以为研究生培养提供一个性能齐全、功能完善的科研基础条件。

3. 改善研究生工作环境

近几年，团队持续对研究生工作室进行了改造，增加研究生工作面积 120 多平方米，保证了每位研究生都有工位，大大满足了研究生对工位的需求，确保研究工作能够顺利进行。

（四）经验启示

在团队建设方面，应不断努力建立完善的团队指导及研究生培养机制，利用各种资源和方案提高团队的凝聚力和积极性，保障团队的正常运作，具体可以从以下三个方面着手：建立完善的团队管理机制；形成合理的团队指导体系；建立健全的团队运作保障。

同时，应注重以下两个方面，不断提升研究生和导师自身的合作能力，为后期的研究创造更有利的条件。

1. 提升导师自身的学术水平是团队成功的保证

研究生导师团队改变了传统的导师负责制下的单一传承关系，有利于提升导师的学术水平，提高研究生的培养质量。学术水平高的科研团队在研究生的培养方面有着得天独厚的优势，不仅能引导学生的学习及科研，亦能对学生起到激励的作用。团队学术水平越高，越能给学生带来优越感、荣誉感，这种优越感和荣誉感能激发起研究生的自信心。

2. 精神是文化的主要成分

团队文化的发展力综合了全体成员的科研欲望与创新能力，是团队得以发展的动力，在内部成员之间有着强大的作用力，在团队中能产生强大的心理压力和共鸣，对其能力培养的意义也很大。此外，在研究团队建设的过程中，由于文化的强大力量会使团队成员形成类似的价值观，甚至类似的思维形式，这有时会使团队成员产生思维定式，因而不断吸收其他团队的文化，不断吸收新的团队成员是团队建设中的一个重要内容。

三、 绿色化学与化工技术研究生导师团队育人实践

（一）案例概要

江苏大学绿色化学与化工技术研究生导师团队是一支研究方向有特色、成果突出、结构合理、分工明确、制度健全的研究生指导团队。团队现有研究生导师18人，其中教授9人、副教授6人，包括教育部青年长江学者、国家优秀青年基金获得者、江苏特聘教授、江苏省高校优秀共产党员、镇江市"十佳教师"等，是一支知识结构完整、人才梯队合理，富有创新、敢于担当、攻坚克难的科研队伍。面向国家和行业需求，团队导师强化使命担当、争做创新先锋，丰厚的科研成果为学校化学和化工两个学科的强劲发展提供有力保障。经过十余年的探索与总结，形成了以目标培养、过程管理、人文教育和思政教育为主要内容的"四位一体"科研思政研究生育人模式，取得了令人振奋的实践

成效（见图7-42至图7-44）。

图7-42　获评江苏省研究生
教育改革成果奖

图7-43　获评江苏省"十佳研究生导师团队"
提名奖

（二）主要做法

在研究生人才培养中，团队以国家需求为导向顶层设计研究生培养核心要素，坚持以生为本育人理念，以目标培养和过程管理为主线，人文教育和思政教育为两翼，始终将理想信念引领贯穿于研究生教育全过程，让科研与思政同向而行、协同共进，实现全员、全过程、全方位育人，培养

图7-44　获评2017—2018年度高校党建工作
创新奖

有远大理想、有创新本领、有人文修养和有责任担当的"四有"研究生人才，落实立德树人根本任务。

1. 目标培养，当好研究生追求卓越的领路人

目标培养是造就"四有"研究生人才的首要环节。针对研究生毕业出口往往在高校、科研院所或企业中从事研发或管理这一特点，比照相应岗位所需的基本能力和职业素养，重点在于培养研究生规划目标的意识和能力。然而，考研过程中普遍存在的"随大流"的从众心态，致使研究生入学后产生一系列负面效应，漫无目标、缺乏规划，难以融入紧张的研究生学习。通过建立问题导向谈心谈话机制，创新"三融合"谈话工作法，将谈话策略、谈话技巧与谈话原则融为一体，促使研究生与导师同频共振，协同设计培养目标。一是人生大目标，将研究生的人生价值、人生梦、"中国梦"有机结合，树立家国情怀、远大理想，为社会发展、国家经济和人类科学事业做出杰出贡献。二是生活小

目标，即安家立业，引导研究生树立正确的择业观、就业观和创业观，用奋斗赢得美好生活，提升获得感、幸福感。三是学业现时目标，在三五年的学习生涯中，努力打造精湛的业务能力、高尚的思想品德、丰富的人文修养和强烈的社会责任感，为将来适应工作、创造美好未来打下坚实基础。同时，帮助研究生明晰三层次目标间的关系，准确定位，在导师的协助下做出合理科学的人生规划。

2. 过程管理，当好研究生科研进步的护航人

过程管理是培养研究生成长成才的重要保障。团队秉持"师生共生体"理念，形成了"同心共建、同室共伴、同力共赢"的过程管理方针，切实练就学生的科研本领，助力研究生成长成才。从团队到教师，从博士到硕士，团队的所有成员心往一处想，让每个学生在团队中都能找到归属感，做好研究生科研入门工作，指明科研发展道路。团队坚持导师与学生同室协作，有利于导师第一时间掌握学生的所思所想所为，陪伴学生成长进步；充分利用师生同室的优势，随时随地为学生讲解重点文献、传授写作技巧、介绍软件操作方法等，对学生的工作汇报进行针对性的点评和讨论，全面培养学生的科研本领。此外，围绕培养学生的独立科研能力和创新意识这一主要任务，团队想方设法为学生搭建锻炼科研创新能力的平台，为学生的科研成长保驾护航。

3. 人文教育，当好研究生素质提升的贴心人

人文教育是促进研究生全面发展的关键组成。如何加强理工科研究生的人文素养，满足德才兼备的需求，是研究生教育必须面对的问题。团队高度重视人的全面发展，积极探索育人机制，实现科学素质和人文素养的交互融合，从而进一步提升研究生精益求精的科学精神。团队充分发挥学生的主观能动性，坚持以美育人、以文化人，引领学生去发现、体验科学之美，产生兴趣，从而有针对性地开展科研工作。团队始终相信，在培养研究生科学精神和人文素质的过程中，导师的影响是深远的，对学生成熟人格的形成具有重要的作用。我们要求团队的导师，尤其是青年教师务必夯实人文基础，领悟科学精神，严格要求自己的一言一行，用人格魅力、学识修养和举止谈吐潜移默化地影响和感染学生。同时，组织表现优异的研究生走进实验室、工作室、网络，走到同学身边，结合自己的科研经历展开宣讲，落实导师和优秀研究生的双榜样引领。

4. 思政教育，当好研究生心灵启迪的推动人

思政教育是落实立德树人根本任务的核心，也是每个人的人生"必修课"，直接关乎培养研究生全面发展的成败。在研究生指导过程中，团队创新地提出了"党支部＋"研究生思想政治教育模式，以课题组研究团队为单位设立教职工党支部和研究生党支部，注重发挥党支部主体作用，整合资源，形成合力，共同推进研究生思想政治教育。团队严格落实导师的第一责任人职责，利用党员发展、谈心谈话等契机，望学生之言行举止、闻学生之谈吐心声、问学生之关注所在、切学生之成长困难，让思政工作更有温度、更入人心。同时，以党日活动为抓手，积极组织教职工党支部与学生党支部、学生团支部的联动，对内互帮互助，形成师生工作互动，对外学习先进，实现校外资源共享，不断提高支部建设水平，切实增强思想政治教育实效。

（三）取得成效

团队注重研究生认知度、适应度、创造度、成长度的不断积累，促进研究生综合素质全面发展，近年来获评江苏省研究生教育改革成果奖 1 项、江苏省高校党建工作创新奖 1 项、江苏省"十佳研究生导师团队"提名奖 1 项，涌现出一批教育先进个人，包括江苏省高校优秀共产党员、镇江市十佳教师等。研究生发表 ESI 高被引论文 89 篇，毕业博士生均发表 6 篇以上，毕业硕士生均发表 3 篇以上，发表 JCR 高质量 SCI 论文 700 余篇，授权发明专利 500 余项，获省优秀博士论文 6 篇、省优秀硕士论文 19 篇。研究生高质量培养推动导学相长，涌现出国家、省部级人才称号分别为 5 人次和 20 人次，培养的研究生晋升教授 12 名、博导 10 名。助推化学学科 ESI 排名上升至 1.55‰，化工学科进入软科世界大学学术排名全球前 50 名。"四位一体"科研思政研究生培养模式在其他理工科学院如北华大学、吉林师范大学研究生培养中得到推广，年受益研究生多达 5000 余人。原中国高等教育学会理事瞿振元及贵州大学、北华大学等高校的同仁多次莅临，探讨研究生培养理念。团队中的闫永胜教授亦多次受邀在国家教育行政学院、江苏师范大学、江苏科技大学、北华大学、吉林师范大学、河南城建学院等院校交流汇报，特色工作被《中国教育报》、《中国青年报》、《中国科学报》、"学习强国"学习平台和"最美教育人"微信平台多次宣传报道。

（四）经验启示

教师是人类灵魂的工程师，是人类文明的传承者。然而，在市场经济原则的泛化下，社会浮躁之风一定程度蔓延到了高校，研究生教育也出现浮躁化。当前，地方高水平大学（以江苏大学为例）理工科研究生培养过程中普遍存在"四重四轻"现象，即重科研教育，轻思想教育；重书本教育，轻实践教育；重继承教育，轻创新教育；重专业教育，轻人文教育。甚至有部分导师只注重研究生学术能力的培养，把研究生当作完成项目、发表论文的"工具"，学生成为教师晋升职称的阶梯。如何破除这一现象，这需要导师团队坚持问题导向，紧扣研究生的全面发展，强化理想信念，提高创新能力和人文素养，按照严把思想关、人文关和学术关的总体要求，积极探索与之匹配的研究生培养模式。

一直以来，绿色化学与化工技术研究生导师团队认真落实教育者先受教育的要求，先立己德、后树人德，帮助研究生导师更好地承担起研究生培养"第一责任人"的角色，更好地承载传播知识、传播思想、传播真理，塑造灵魂、塑造生命、塑造新人的时代重任。尤其是团队被确定为江苏大学"三全育人"综合改革示范研究生导师团队以来，经过一年多的建设，团队取得了一些新的育人成果，但团队成员深知距离团队目标仍存在一定差距，需要团队导师共同努力、不断进步。

接下来，团队将继续以习近平新时代中国特色社会主义思想为指导，深入贯彻落实全国研究生教育会议精神和习近平总书记在科学家座谈会上的讲话精神，积极引导和提高研究生科学兴趣，培养适应党和国家事业发展需要的德才兼备的高层次人才。坚守师德师风是教师队伍素质的第一标准，把立德树人的成效作为一切工作的根本，引导研究生"扣好人生第一粒扣子"；坚持以生为本育人理念，充分调动研究生的主观能动性，加强研究生行为自律，促进研究生习惯养成，服务研究生未来发展；注重以社会主义核心价值观为引领，强化理想信念铸魂，助推研究生"做一颗永不生锈的螺丝钉"，培养出有理想、有本领、有担当的研究生，培养出德智体美劳全面发展的社会主义建设者和接班人。

四、 医疗保障制度改革研究生导师团队育人实践

围绕学校在"三全育人"综合改革推进会上提出的总体目标,江苏大学"三全育人"医疗保障制度改革研究团队围绕立德树人根本任务,以理想信念教育为核心,强化基础、突出重点、建立规范、落实责任,不断提高团队人才培养能力。自2019年1月建立以来,团队通过优化育人模式、完善体制机制、加强队伍建设、完备组织条件等举措进一步凝练育人思路、凝聚研究方向和培养专业人才,努力成为"有高度、有温度、有制度"的育人团队,为国家培养具有江大精神、家国情怀、国际视野、创新意识和实践能力的高层次复合型医保人才。

（一）案例概要

1. 育人思路

医疗保障制度改革研究团队建设中坚持以习近平新时代中国特色社会主义思想为指导,坚持和加强党对团队建设的全面领导,紧紧围绕立德树人根本任务,充分发挥中国特色社会主义教育的育人优势,以理想信念教育为核心,以社会主义核心价值观为引领,以全面提高团队人才培养能力为关键,切实提高团队工作亲和力和针对性。通过团队发展、体制机制完善、项目带动引领、队伍配齐建强、组织条件保障等具体操作方面的系统设计,把团队研究方向凝聚到医疗保障制度改革研究上来,将医疗保险专业优势转化为育人优势,致力于培养出具有江大精神、家国情怀、国际视野、创新意识和实践能力的高层次复合型医保人才。

2. 育人理念

第一,坚持德育导向。研究生培养过程始终坚持知识传授、能力培养、理想信念和道德观念等的有机结合,将思想政治工作贯穿团队建设和人才培养全过程,学科体系、教学体系、教材体系和管理体系始终,努力把医疗保障研究特色和优势有效转化为培养"懂管理、善研究、宽视野"的复合型医保人才的能力。

第二,坚持问题导向。人才培养聚焦短板弱项,从宏观、中观、微观各个层面构建一体化育人体系,打通"三全育人"最后一公里,真正做到把研究生

培养工作的重心和目标落在育人效果上，使高校思想政治工作更好地适应和满足研究生成长诉求、时代发展要求、社会进步需求。

第三，坚持需求导向。牢固树立高校是人才第一资源和创新第一动力的重要结合点，切实肩负起培养医保人才任务，致力于为我国医疗保障制度改革提供源源不断的人才和智力支持。关注医疗保障领域关键社会问题，如健康中国建设、突发公共卫生事件的应对等。在紧密结合客观实际的同时，充分尊重个体的差异性、主动性和选择性，构建并优化团队微观"三全育人"生态系统，更好地适应和满足学生成长诉求、时代发展要求和社会进步需求。

（二）主要做法

1．育人模式

（1）构建研究生导师团队制度

在团队建设中推行并落实导师责任制、双导师制和导师团队制基本育人模式。强化研究生教育层面的协同创新，并在专业内推行产学研联合培养研究生的"双导师制"。积极联合国家医保局、省医保局、市医保局等单位，本着"互惠互利、资源共享"的原则，采取"理论训练＋创新实践""学校导师＋基地导师"的双导师制的模式，建立研究生创新培养基地，联合培养研究生，积极探索基地建设模式和运行机制，利用社会优质资源，加快复合型、应用型高层次人才培养。

（2）组建结构合理的导师团队

团队负责人为学科带头人，为人师表，学术水平高。团队成员具有指导研究生的学术水平和科研条件，承担国家级、省部级科研项目及政府委托项目，研究经费充足，并已取得具有一定影响的科研成果。团队成员共同承担课题、共享研究平台、共有科研成果、共同完成研究生指导工作，具有良好的协同创新精神。团队成员老中青相结合，形成了健全的传帮带机制，为团队成员发展搭建通畅平台，整体提升团队育人育才的能力。在团队成员的管理上，通过构建科学合理、层次清晰、导向性和操作性较强的研究生教育工作评价体系和激励机制，探索新型的研究生培养模式和管理模式，设立研究生示范课程，建立团队优质教学资源共享体系。

（3）加强学术道德与学风建设

团队建设要求导师成员具备高尚的师德师风，模范遵守教师职业道德规范，为人师表，爱岗敬业，以高尚的道德情操和人格魅力感染、引导学生，成为先进思想文化的传承者和社会进步的积极推动者。培养研究生严谨认真的治学态度和求真务实的科学精神，自觉遵守科研诚信与学术道德，自觉维护学术事业的神圣性、纯洁性与严肃性，杜绝学术不端行为。在研究生培养的各个环节，强化学术规范训练，加强职业伦理教育，提升学术道德涵养。按照研究生院及学院的要求对研究生的学位论文严格审核，把好论文质量关。严格审查研究生拟发表的学术论文，注重学术水平和实践意义，引导研究生在高水平刊物上发表高质量的学术论文。

（4）推进创新实践和人文育人

推进实践教学改革，将实践育人工作纳入团队发展计划，注重对团队成员和学生的实践指导。优化研究生培养条件，积极为研究生的学习和成长创造条件，为研究生开展科学研究提供有利条件。鼓励研究生积极参与课题研究，并根据实际情况，为研究生提供相应的经费支持。同时，注重对研究生人文关怀和提高心理健康水平。把解决思想问题同解决实际问题结合起来，了解学生成长环境和过程，在关心帮助研究生的过程中做好教育和引导工作。对因思想政治、品行道德、组织纪律、学业成绩、科研能力等方面存在问题而不适宜继续培养的研究生，应及时向学院和学校有关部门反映情况，并提出合适的处理意见。

2. 主要机制

（1）建立教案修订与评价制度

发挥研究生导师及专业课程教师在课程育人中的主体作用，健全课程育人管理、运行体制，组织全体授课教师开展教案修订，把课程育人理念贯穿教案修订全过程，挖掘专业课程中的思想政治教育元素，作为课堂讲授的重要内容。

（2）构建学术诚信规范管理制度

将学术诚信思想教育贯穿课堂教学、实践教学、论文指导等全过程，研究生导师通过学术规范教育、现场调查方法指导、论文写作与发表指导等形式强化研究生的学术诚信意识，及时发现并规避科研失信行为。通过开展学术道德讲座，加大学术名家的宣传教育力度，提升研究生学术诚信规范管理水平。

（3）形成"传帮带"型科研交流机制

努力形成以导师为中心、以"集体性学习、小组式互动、针对性指导"为主要形式的"传帮带"型科研团队，使得同一科研团队可在研究目标、研究内容和研究成果等方面传承和延续。明确师生在集体性学习中的全员参与角色，定期开展课题研讨活动，提升课题研讨质量，促进研究生独立科研能力的有效提升。

（4）完善"医保"特色社会实践机制

融入思想政治的元素，融入人才培养的标准，融入国家战略的要求，以深化医药卫生体制改革、完善公共服务与公共治理等为主题，建立健全导师带队、师生共同参与的实践机制，加强实践教学基地建设，借助校友资源打造研究生校外实践教育基地。

（5）建立研究生心理健康关怀机制

积极落实学校"校—院—班—课题组"四级心理健康体系和课题组心理信息员制度，将心理健康教育纳入团队人才培养全过程，加强导师与所带学生的交流沟通，同时发挥心理信息员的积极作用，定期与团队其他成员进行交流沟通。团队指派专门的老师负责与学生对接，关注和处理其反馈的相关问题，及时做好对学生的心理疏导，帮助其培养积极的人际关系，养成良好的科研学习、生活习惯。

（三）取得成效

以研究生的理想信念、价值养成、意志品质、思维能力、科学精神、社会使命等为系统培养目标，促进研究生成长成才和全面健康发展。通过开展"三全育人"导师示范团队建设，获江苏省优秀硕士毕业论文1篇，获"江苏大学十佳青年教职工"荣誉称号1人。

第一，团队负责人牵头编写出版书籍《新冠肺炎突发疫情的社区防控：组织与管理》。新冠肺炎疫情发生后，面对严峻的疫情防控形势，本团队敏锐发现并重视社区在防控过程中的重要作用。为切实有效地指导社区基层防控工作，由该团队发起，组织华中科技大学等国内外医学、公共卫生学、卫生应急管理专家学者及疾控中心一线工作者共同编写了《新冠肺炎突发疫情的社区防控：组织与管理》。同时团队还积极鼓励、支持和组织研究生参与书籍的编写工作，切实落实防控育人。研究生在团队教师的带领及指导下，积极参与了书籍的编写及校对工作。

第二，主题微信推送公管学子战"疫"故事。疫情发生以来，团队号召青年学子积极投身抗疫工作，奋战在抗疫一线。同时积极引导挖掘抗"疫"先进事迹和精神，依托学院网站、"管院之青"微信公众号、微信群等，积极开展疫情防控工作宣传，特别是线上推出三期"江苏大学公管学子抗疫一线显担当"系列主题微信推送，传播青年志愿者和公管学子战"疫"故事，弘扬正能量，坚定必胜信心。

第三，围绕专业建设目标，为培养具有"懂管理、善研究、宽视野"的综合性复合型人才，本团队充分利用专业创办期间已经形成的社会平台和社会网络，充分挖掘社会资源，建立以学校培养为核心、"校社"联合的培养平台和导师团队。这一培养模式亦为迎合医疗卫生体制改革的时代背景和充分发挥学生的专业特长提供了难得契机。

第四，积极为学生提供与国内外学者交流学习的机会，加强开展与国外高水平大学（学科）多种形式的深层次合作，如2019年10月举办第二届"三江医改国际论坛"，邀请来自美国、德国、日本、韩国、越南、加纳等国家的学者围绕医疗保障、医疗改革等难题展开讨论。同时，注重国际化人才培养，完善留学研究生全英文授课课程体系。多名学生毕业后就职于地方政府和高校，积极推动中外合作办学和学术交流。

（四）经验启示

江苏大学医疗保障制度改革研究团队始终坚持"专业精、素质高、能力强"的人才培养目标，深化人才培养内涵和举措。围绕团队建设的初期目标，已取得一定成效，如形成了具体的研究生导师团队建设实施方案、优化了课程体系和内容、建立了德育导向的研究生社会实践活动体系等。团队对未来发展方向做了更多深入的思考。

第一，优化以导师为中心、以"集体性学习、小组式互动、针对性指导"为主要形式的"传帮带"型科研团队，使得同一科研团队可在研究目标、研究内容和研究成果等方面传承和延续。

第二，建成一支专任与兼职相结合、行业素养和导师素养兼备的社会服务能力强的"三能"研究生导师队伍。

第三，完成研究生导师团队、研究生培养方案、双导师制、社会实践基地、导师研究生沟通平台、科研协作机制等内容的建设，完成各项建设任务和检查验收的各项工作，全面达成团队建设目标。

第四，总结特色专业建设的有效经验和实践成果，形成对同类专业具有推广和示范作用的教学研究成果，力争发表"三全育人"研究生导师团队构建理论分析教改论文，并积极申报教学成果奖。

五、 文化创意设计与应用研究研究生导师团队育人实践

艺术学院将"三全育人"综合改革作为学院重中之重工作实施整体推进。学院充分发掘课程、科研、实践、网络、文化、资助、心理、管理、服务、组织等条块的育人元素，结合学院特点和工作实际，积极推进"四项工程和四项计划"。艺术学院"三全育人"研究生导师团队在学院的领导下，进一步强化思想认识，坚持以立德树人为根本任务，创新实干，充分发挥学院的美育特色优势，整合多方资源，挖掘育人内涵，打通育人通道，积极推进团队"三全育人"建设工作。

（一）案例概要

导师团队目前共有成员 18 人，其中教授 3 人，副教授 11 人，讲师 4 人，团队成员来自不同专业，不同专业背景，更好的推进了育人工作。

团队以强化立德树人价值理念、把握教育文化关键节点、建设优秀文化创新平台、打造教育文化特色品牌为总目标，以文化创意产业学科交叉培养、构建产业为导向的人才提升渠道为育人体制机制，以"传道成人"全方位育人、"有教有类"个性化育人、"多轨并行"多角度育人为育人模式，以重视文化传承、聚焦培养过程、关注应用能力为培养思路。

目前，团队进一步强化全员全过程全方位育人氛围，引导教师回归育人初心，引导学生回归刻苦学习的初心，制定和完善了导师团队的组织架构，通过编制案例库建设将"三全育人"的理念融入教学工作，制定了项目目标和评价指标，并取得了阶段性成果。

（二）主要做法

一是构建文化创意产业学科交叉培养机制，主要包括培养文化底蕴、培养创意思维、培养管理技能。二是构建产业为导向的人才提升渠道，主要包括企业项目实践、工作坊教学模式、订单式培养方案。三是构建多维度育人模式，

主要包括"传道成人"全方位育人、"有教有类"个性化育人、"多轨并行"多角度育人（见图7-45）。

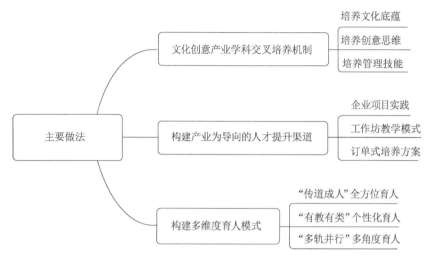

图7-45　团队主要做法

1. 构建文化创意产业学科交叉培养机制

艺术设计学科的相对独立的现状正在被打破，艺术设计作为一种"无边界"的学科范式，与各专业间形成有机联系。艺术设计现象随社会和经济的发展逐渐多样化。社会对于艺术人才的要求转变为熟悉各个艺术门类并懂得其间的内在关联，理解艺术设计与政治、经济、文化、科学技术等之间的关系。因此，艺术学院"三全育人"导师团队既培养学生的文化创意产业思维，又指导学生学习产业所需的跨界知识与技能。

（1）培养文化底蕴

团队成员在课程设置上体现跨学科、模块化的原则，开设培养文化底蕴和艺术素质的课程，如人文历史、艺术理论、设计批评。通过对优秀传统文化的研究，使学生获得传统文化的熏陶。

（2）培养创意思维

团队构建了"团队交流—思维创新—规划制作—反思改进—得出方案—效能评价"的方法，通过引导学生进行更多的交流合作式的学习方法来提高学生分析问题的能力，培养学生团队协作、思维整合的能力。通过组内协作、可以让个体更好地借助团队的力量去完成较高难度的任务，有利于形成良好的相互学习的环境。

（3）培养管理技能

团队成员在授课过程中注重开展与经济管理类有关的专题讨论，如设计与经济学、设计项目策划、设计管理、广告与行销、消费心理学等融合了艺术、商业、管理、法律为依托的文化基础课程。采用课堂教学、专家讲座等授课形式，实现理论与实践、经验与研究、构建当下需求与未来职业展望之间的平衡。

2. 构建产业为导向的人才提升渠道

团队构建了以产业为导向的人才提升渠道，旨在将基础设计产业研究、应用设计产业研究与国家传统文化传承、未来智能产业发展紧密联系起来。

（1）产业项目实践

基于文化创意产业的特点，团队导师通过参与项目的方式进行模拟教学和实践。将企业项目应用到实践教学的方式不仅培养了学生的创新精神和意识，更重要的是填补了传统理论教学模式中被动学习的缺陷，强调了师生的共同学习的良好学习循环。项目引导式教学的方式能够促进学生与社会需求接轨，更容易培养学生的独立能力，激发学生的创业意识。

（2）工作坊教学模式

工作坊教学模式是项目引导教学的又一方法，该模式有利于学生对自身专业能力、设计工作流程、实际项目协作等方面进行思考与评估。工作坊教学模式效仿了当前一些知名设计企业的运行模式，让学生在参与工作坊的过程中体会到如何进行项目分工、项目协作、项目评估，能够真切感受到在工作岗位上切实的实践氛围。工作坊教学模式能够帮助学生了解文化创意产业链是如何运作的，并在毕业后能够快速适应，做出相应调整。

（3）订单式培养方案

订单式培养是基于协议式培养模式，由导师团队持续与相关企业共同制订人才培养计划。合作企业或单位通过为学生提供实习和就业机会的方式，参与培养方案中的实践教学，安排有经验、有技术，又有一定理论修养的员工对学生进行指导。

3. 构建多维度育人模式

（1）"传道成人"全方位育人

导师团队强调对人才的全面性培养，"德智体美劳"作为教育的基础应贯彻始终，同时教育应随着时代的发展变化做出相应的调整。导师团队自行购买相关设计类、管理类书籍，让学生在课堂教学之外通过阅读掌握更多实践所需的知识。

（2）"有教有类"个性化育人

为给学生增加更多的实践经验，导师团队带领学生完成多项专业比赛和科研项目的攻关，荣获"中国建筑与艺术青年设计师奖""省普通高等学校本专科优秀毕业设计"等多个奖项。

（3）"多轨并行"多角度育人

导师团队将线下课堂教育和网络课堂相互结合，目前已经开展在线网络课程的建设，在目前现有的教学模式上加强对学生学习状态的了解与监管，保证育人工作的完整严密，从学业指导跟踪、能力培养、素质提升等角度对学生进行相关的指导。

（三）取得成效

1. 立德树人方面

在立德树人方面，自团队 2019 年获批立项后，团队成员获得十佳教师 1 人次，优秀研究生导师 1 人次，优秀学业导师 1 人次，优秀党员 1 人次，优秀毕业设计导师 2 人次，优秀竞赛指导教师数次。

2. 教学科研方面

在教学科研方面，2019 年以来，团队获江苏省工业设计学会江苏设计贡献奖提名，举办镇江与中国艺术史会议，申报江苏大学"一院一品"校园文化建设精品项目。课题结题共 5 项，其中省级课题 3 项，镇江市课题 2 项。在研课题 12 项。其中，国家社科 1 项，国家教育部 1 项，其他省厅级课题 13 项，其中完成和在研横向课题 5 项；发表各类论文 16 篇，其中 A&HCI 检索 1 篇，CSSCI 检索 2 篇，其他论文 SCD 检索 2 篇，中文核心 5 篇。

3. 学术实践和交流方面

在学术实践与交流方面，自团队 2019 年获批立项之后，教师作品共获奖

7 项,包括行业协会的学术奖、作品的入选奖、文学奖及版权奖等多种形式。教师参加学术交流及跨学科交流 5 项,包括参加国际学术会议,在国际高峰论坛发表演讲,协助教务处及工业中心组织开展创新设计竞赛,申请软件著作权等。

4. 指导学生方面

在指导学生方面,自团队 2019 年批准立项后,指导学生参加各类竞赛获奖 55 项,包括国际竞赛"法国国际创新奖"1 项,大广赛、大学生计算机竞赛等国家级竞赛奖 15 项,其他省市厅级竞赛奖 39 项。团队老师指导学生科研立项 6 项,包括教务处组织的大创项目和团委组织的"科研立项"等项目。

(四)经验启示

1. 重视文化传承

导师团队充分认识到传统文化在艺术设计中的重要性,将艺术设计的视角与中国传统本土艺术紧密结合。一方面,通过指导学生对中华优秀传统文化进行学习和研究,使得学生能够从中吸收营养,获得传统文化的感染和熏陶。另一方面,充分挖掘优秀传统文化课程资源,注重艺术设计教育的区域特色,开展特色教学实践。此外,运用丰富多样的教学方式实施传统文化教育,激发学生对传统文化内涵的理解,形成对传统形象,本土样式、文化风格特定的认知,借此引导发展学生的创造力和求知欲。

2. 聚焦培养过程

导师团队注重培养学生适应产业转型的能力。适应产业转型的关键在于培养学生与时俱进的意识,在思维上开发学生的想象力、理解力和独立思考力。同时,锻炼学生分析和解决问题的能力,使学生能灵活地将所学知识应用于时代发展脚步下的具体产业需求中去。应通过"导师引导—学生研究"的方式,为学生搭建独立学习环境,使学生可以独立完成设计任务并学会创造性地解决问题。在培养过程中,导师在教学中明确学生的学习目标并为学生搭建自主学习框架与学习模式。此外,团队导师通过设计型学习来驱动学生进行创造,使学生理解并独立体验整个设计理论到设计实践的过程。

3. 关注应用能力

导师团队在实际教学中重点关注应用型人才的培养,致力于为产业界培养应用型人才。艺术设计本身反映了设计专业学生主体的知识储备、文化感知力和创新能力，并以独特性和不可复制性的形式呈现。设计教育必须与时俱进，关注当前技术趋势，引导学生和市场进行有机结合。第一，团队应观察市场经济的发展，制定适合文化创意产业发展的艺术设计人才培养目标。第二，团队应通过市场调研充分了解文化创意产业发展实际情况，以及其对人才培养的具体要求，根据实际需要及时进行调整。第三，团队的相关课程设置应符合实际市场条件，及时动态调整课程体系。重视培养学生的实际动手能力，运用"引导式"教学模式，构建学科作业的主题与教师申请的科研项目相连接的模式。在学生设计作业的考查上，不仅应注重最终呈现的完整作品，也应注重考查学生的素材收集、设计草稿、设计思维等内容，从实践项目中综合考查学生思考、学习、创作的过程，对其团队协作及解决问题的能力进行评价。

结　语

　　"三全育人"理念并非凭空产生的，它遵循思想政治工作规律，有着深厚的理论渊源，围绕立德树人根本任务，应对高校教育主要矛盾转化，致力于培育素质型时代新人，提升高校育人工作实效。高校"三全育人"工作具有长期性，并非只依靠单个力量能够实现的，应在科学理论指导和实践经验借鉴下，通过育人主体协同配合，育人过程不断完善，育人方位逐渐健全，打造联动、衔接、立体化的教育体系。当前高校"三全育人"工作处于发展阶段，在育人主体、育人过程和育人方位存在短板弱项，育人主体范围狭窄，育人过程存在断点，育人方位不够全面，应构建科学完善的高校"三全育人"运行机制，健全领导机制、协同机制、保障机制、评价机制等，推进"三全育人"工作。

　　本书以相关理论问题为起点，分析"三全育人"的基本内涵，阐释其基本特征，着重探究高校开展"三全育人"的必要性，进一步分析高校"三全育人"的理论渊源，把握其存在的理论依据，探究高校"三全育人"工作的基本要素，包括目标、内容、载体、方法等，分析"三全育人"工作的现状和存在的问题，探讨"三全育人"工作的实施路径和运行机制，最后以江苏大学"三全育人"工作的实践探索为落脚点，对相关典型案例进行了经验总结，以期为后来的"三全育人"工作开展提供借鉴和参考。

　　如何不断提升高校"三全育人"实效，提高培育时代新人工作质量，培养德智体美劳全面发展的社会主义建设者和接班人，是理论创新和实践探索的重要任务。本书以高校"三全育人"为主题，以相关理论问题为研究起点，以现实问题为研究关键，以实现路径和实践探索为研究落脚点进行了总结和研究，但仅仅做了些许粗浅的思考，还存在不足和不成熟的地方，比如国内高校"三全育人"实施运行的成功实例引鉴不多，研究视野也还不够开阔，相关论述也不够深入等。

研究高校"三全育人"工作的使命在于：探索和把握育人实践活动的规律，为人们进行思想政治教育提供一种系统的方法，并通过自身的整体性、协同性及动态性引领教育改革的未来。"三全育人"要解决的最基本的问题是"培养什么人""为谁培养人""怎样培养人"，在未来，高校"三全育人"工作要突出系统性、整体性、协同性，不断推进形成育人新格局。

一要寻求"三全育人"的整体性和要素之间的协作性。高校"三全育人"工作涉及多种要素，各要素相互联系、相互作用，构成一个有机的联动系统。其运行过程是由该系统的各要素（或子系统）互相联系、互相作用、共同作用的结果。育人过程是由相互关联的若干阶段、若干环节组成，在充分考虑过程的基本要素的同时，也要遵循品德形成的各个阶段目标。构建"三全育人"体制机制就是要协调与控制各种影响因素使之同向同行地发挥作用，促进各个要素在目标方向上相互配合、在实施过程中相互促进、在内外资源上共建共享，聚焦总目标进行发力。

二要注重"三全育人"工作实施路径的整体推进。高校"三全育人"既要坚持整体推进，又要坚持重点突破。抓主要矛盾和矛盾的主要方面，要抓住"教育者—受教育者"这对主要关系，从传统的"主—客"二分关系转变为"主—主"主体间性关系，实现双方共享话语权、共促教学相长。全面凝聚各种育人力量和统筹各领域的育人资源，要从建立多元主体共同参与的协同工作机制，着力打造学生从成长到全面发展的连续性教育与非连续性教育相结合的全程教育链，从由课程教学空间、哲学社会科学空间、校园文化空间、实践育人空间等方面架构多维的全方位"三全育人"空间体系，以及完善高校党组织育人工作机制等方面形成合力，从而构建起高校"三全育人"全员全过程全方位保障的系统化运行机制。

三要突出立德树人系统化运行机制的开放性与环境的协调性。"三全育人"不是一个孤立的自我封闭的系统，而是一个与其他社会系统有着交互联系的开放系统。高校"三全育人"系统的开放性体现在其与外部环境之间存在着交互关系，与社会环境因素紧密相关，离不开社会各种力量的支持。为此，各级党委和政府要为高校创建良好的育人环境，需要从优化家校关系与合作机制、拓宽社会力量参与立德树人渠道、加强和完善社会监督与约束体系以及构建全媒体育人生态系统等方面全面提升"系统社会教育力"。

四要构建"五育并举"的课程体系和创新实践平台。"三全育人"要大力发展素质教育，建立德智体美劳五育并举的教育体系，这是立德树人的价值所在。学生的思想政治教育须贯穿课程教学、校园文化、课外活动全过程，做到课堂教学与课外素质拓展活动相结合、学生思想政治工作与校园文化建设相结合。对学生的素质教育还应融入文化知识教育、思想道德教育、社会综合实践教育，贯穿学校教育、社会教育、终身教育全领域。应充分挖掘"五育"之间互为关联、互为促进、互为补充的育人价值，更新教学理念、创新育人方式、变革育人策略，最终构建特色鲜明的"三全育人""五育并举"的课程体系和创新实践平台。

　　五要强调"三全育人"工作的协同性。落实"三全育人"政策离不开教育体系的支撑。要形成多元主体协同参与的"立德树人"强大合力。应打破以前的旧观念，形成家庭、学校、社会、政府协同育人的新格局。家庭教育是基础，家长要给孩子讲好"人生第一课"，"帮助扣好人生第一粒扣子"。学校教育是关键，学校要把"三全育人"作为教育工作的主要原则，在学科、教学、教材和管理体系各环节中，融入思想道德教育、文化知识教育、社会实践教育，把思想政治教育融于学校管理体制之中，建设体现社会主义核心价值观、符合时代特征和学校特色的校园文化。在充分发挥学校教师、党团组织的教育引导作用的同时，要鼓励大学生主动进行自我教育、自我管理、自我服务。另外，社会教育是思政教育的重要影响源，政府要做好统筹协调，社会要做好督促和引导。家庭、学校、政府及社会要共同担负起立德树人的责任，建立协同育人机制，形成协同育人新格局。

　　总之，高校"三全育人"工作坚持以"人"为逻辑起点，以"人"为核心要素，需要用系统思维方法来推进育人模式的改革。只有运用系统思维方法对育人的"整体性""系统性"加以研究，才能探索出高校思想政治工作、教师教书育人和学生成长成才的方法与途径，真正实现全员、全过程、全方位育人。

参考文献

［1］车辉. "三全育人"视阈下高校思政教育工作有效路径探析［J］. 广西社会科学. 2020（12）：186 – 190.

［2］顾雁飞, 刘仕晨. 高校德育"三全育人"的内涵及主体研究［J］. 教育现代化, 2020, 7（43）：108 – 111.

［3］张伟, 陈怡琴. 高校院系多主体"三全育人"理念创新与实施路径［J］. 中国高等教育, 2020（10）：11 – 13.

［4］刘承功. 高校"三全育人"的核心要求、目标任务和实现路径［J］. 思想理论教育, 2019（11）：92 – 95, 111.

［5］杨晓慧. 高等教育"三全育人"：理论意蕴、现实难题与实践路径［J］. 中国高等教育, 2018（18）：4 – 8.

［6］张宁, 王伟强. 改革开放以来高校"三全育人"研究综述［J］. 中国校外教育, 2018（24）：56, 79.

［7］邓军, 旷永青, 赵铁. 高校思想政治工作质量提升理论与实践［M］. 桂林：广西师范大学出版社, 2019.

［8］中共教育部党组. 高校思想政治工作质量提升工程实施纲要（教党〔2017〕62 号）.